高校思想政治理论课教学辅导系列丛书

ZHONGGUO JINXIANDAISHI GANGYAO ZHUANTI JIEDU

中国近现代史纲要专题解读

主　编　桑利娥
副主编　刘　欣

西北大学出版社
·西安·

高校思想政治理论课教学辅导系列丛书

编委会

主　任　姚文柱　和新盈

副主任　耿潇潇　苏兴利

总主编　桑利娥　刘登攀

委　员　李亚芳　王　进　王　红　胡晓霞
　　　　张明霞　刘　晨　刘　欣　于慧丽

序　言

2020年第17期《求是》杂志刊发了习近平总书记的重要文章《思政课是落实立德树人根本任务的关键课程》。文章强调，思政课是落实立德树人根本任务的关键课程，思政课作用不可替代，思政课教师队伍责任重大。

党的二十大报告明确指出，教育是国之大计、党之大计。培养什么人、怎样培养人、为谁培养人是教育的根本问题。育人的根本在于立德。坚持为党育人、为国育才，全面贯彻党的教育方针，落实立德树人根本任务，培养德智体美劳全面发展的社会主义建设者和接班人。

近年来，西安医学院思政课建设成效是显著的，教学方法不断创新，教师乐教善教、潜心育人，教师队伍规模和素质稳步提升。同时，我们也要看到，思政课建设中的一些问题亟待解决。譬如：课堂教学效果还需要提升，教学研究力度需要加大、思路需要拓展；教材内容还不够鲜活，针对性、可读性、实效性有待增强；比较典型的问题是教材的理论性很强而内容鲜活性不够、生动性不足，致使教材体系向教学体系的转化不太顺畅，教师教学重点不够突出，学生学习的主动性、积极性不高，从而使得教学和学习效果不佳，育人实效不显著。

鉴于此，为落实新时代思政课改革创新要求，不断增强思政课教学的亲和力、针对性，有效帮助学生学习理解思政课教学的重难点，西安医学院马克思主义学院组织精干力量编撰了"高校思想政治理论课教学辅导系列丛书"。丛书主要由《思想道德与法治专题解读》《马克思主义基本原理专题解读》《中国近现代史纲要专题解读》《毛泽东思想与中国特色社会主义思想概论专题解读》《习近平新时代中国特色社会主义思想概论专题解读》《新时代医学院校思想政治理论课综合实践教程》六本辅导用书组成。丛书力求紧贴国家思政课专用教材，从学习目的与教学目标、重难点解析、经典案例分析、拓展阅读及习题练习等五个方面对章节内容进行系统凝练、分析阐释与拓展巩固，希冀为广大教师提供教学参考，帮助广大学生厘清学习目标、理顺思路、抓住学习重点难点，有针对性地掌握理解教学内容，为推动高质量完成思政课教学任务做出积极的贡献。

是为序。

姚文柱　和新盈
2022 年 12 月于西安医学院

前 言

培养什么人、怎样培养人、为谁培养人，是教育的根本问题。立德树人、培养社会主义建设者和接班人，关系我们党的事业薪火相传、后继有人。习近平总书记指出："思想政治理论课是落实立德树人根本任务的关键课程。""'观今宜鉴古，无古不成今。'历史是一面镜子，它照亮现实，也照亮未来。了解历史、尊重历史才能更好把握当下，以史为鉴、与时俱进才能更好走向未来。"《中国近现代史纲要》是全国高等学校本科生必修的一门思想政治理论课，通过本课程的学习，使学生深刻领会历史和人民选择马克思主义、选择中国共产党、选择社会主义道路、选择改革开放的必然性；深刻领会中国共产党为什么能、马克思主义为什么行、中国特色社会主义为什么好，更加坚定地在中国共产党坚强领导下为实现中华民族伟大复兴而不懈奋斗。

为帮助学生更好地把握教材内容，扩展历史知识，增强历史使命感和责任感，更加科学有效地学好本门课程，在遵循教材基本框架和基本观点的前提下，我们编写了《中国近现代史纲要专题解读》一书，作为高校思想政治理论课全国统编教材《中国近现代史纲要》的配套辅助教材使用。

本书由西安医学院马克思主义学院院长桑利娥教授担任主编，刘欣担任副主编。各专题编写分工如下：导论，桑利娥；专题一、专题二，刘欣；专题三、专题四，华璠；专题五、专题六，左兰；专题七、专题八，罗玉洁；专题九、专题十，王茗萱；所有专题之后的习题由郭耕延、何亚琪整理，并统稿校对全书。

本书在编写过程中，得到了有关专家的指导、建议和支持以及西安医学院领导的支持和帮助，书中参考了大量相关书籍和资料，在此，向所有给予我们编写组支持和帮助的领导、专家及作者表示衷心感谢！

鉴于编者知识水平有限，书中难免诸多不足和疏漏之处，希望广大读者不吝赐教，提出宝贵意见，以便我们在今后的工作中不断完善和提高。

西安医学院中国近现代史基本问题研究教研室
2023年6月20日

目 录

导 论 …………………………………………………………… 1

专题一
封建王朝衰落与西方资本—帝国主义入侵的交织 ………… 13

专题二
为什么对国家出路的早期探索都失败了 …………………… 30

专题三
为什么说辛亥革命既成功了又失败了 ……………………… 45

专题四
为什么说中国共产党的成立是开天辟地的大事变 ………… 64

专题五
中国革命新道路是怎样形成的 ……………………………… 87

专题六
为什么说中国共产党是抗日战争的中流砥柱 ……………… 112

专题七
为什么说"没有共产党，就没有新中国" ………………… 129

专题八
怎样理解社会主义制度的确立是历史和人民的选择 ……… 154

专题九
改革开放与中国特色社会主义的开创与发展 ……………… 181

专题十
中国特色社会主义进入新时代 ……………………………… 203

导 论

一、大学所学习的"中国近现代史纲要"与中学所学习的"中国近现代史"两门课程有何不同

中国近现代史指的是我国自 1840 年以来至今的历史,而在此之前的历史,都属于中国古代史。从 1840 年鸦片战争爆发到 1949 年中华人民共和国成立,是中国的近代史时期;1949 年中华人民共和国成立以来的历史,是中国的现代史时期。那么,大学期间所学习的"中国近现代史纲要"(以下简称"纲要")和中学所学的"中国近现代史"课程有什么区别?

第一,两门课程学习的层次和要求有所不同。中学阶段所学习的《中国近现代史》,主要目的是告诉大家,1840 年之后的中国发生了什么重大事件,具有怎样的影响以及发生这些事件背后的原因是什么。简单地说,中学学习这段历史围绕的是"是什么"和"为什么"的问题。而大学期间所学习的"纲要",是在马克思主义历史观的引导下,探究近代以来中国历史发展的规律,准确捕捉未来的发展方向。这就要求我们从一个更高的层次,建立科学系统的认识历史的方法论,达到对历史更为深刻的理解。大学阶段学习这段历史的核心任务是从现象到本质,建立对历史认知的抽象思维,形成成熟的历史观——唯物主义历史观。可以说,中学到大学对近现代中国历史的学习,是一个连续的、能力要求不断提升的过程。

第二,两门课程性质和目的根本不同。中学历史学习的是过去的人、事、物以及其相互联系,这些内容大体属于历史学科的研究范畴,是为了学习过去都发生了什么;"纲要"具有鲜明的思想政治属性,性质是一门思想政治理论课,即用马克思主义的政治观点、社会主义核心价值的道德规范,对同学们进行有目的、有计划、有组织的影响,使大家形成符合社会主义社会所要求的思想品德。具体到"纲要"来说,就是要求大家在中国近现代

基本史实的基础上,"深刻领会历史和人民是怎样选择了马克思主义、选择了中国共产党、选择了社会主义道路、选择了改革开放,深刻领会中国共产党为什么能、马克思主义为什么行、中国特色社会主义为什么好,更加坚定地在中国共产党坚强领导下为实现中华民族伟大复兴而不懈奋斗"。

简而言之,"纲要"课不是历史课,它的知识基础虽然建立在历史知识之上,但它是一门对同学们的历史观念进行培养,面向现实和未来的,为党育人、为国育才的思想政治课。"纲要"课的学习目的是:培养青年大学生对中国共产党、中国特色社会主义制度的深刻认识理解和内心的正向情感倾向。

习近平说:"只有回看走过的路、比较别人的路、远眺前行的路,弄清楚我们从哪儿来、往哪儿去,很多问题才能看得深、把得准。"当前,我们正处于迈向第二个百年目标,为实现中国特色社会主义全面现代化、中华民族伟大复兴而努力奋斗的新征程,风险挑战与机会机遇同时并存。中国共产党的领导、中国特色社会主义道路是确保我们实现这一切目标的根本保证和制度基础。这是经过近代以来的历史和现实所一再证实的,也是我们这门课程将向大家所揭示的结论。面对百年未有之大变局,我们完全可以从以往历史的经验中,尤其是中国共产党人百年奋斗史的精神谱系中,汲取无尽的前进力量,充满信心地迈向第二个百年目标,实现中华民族伟大复兴的中国梦。

大学时期正是青年朋友们人生观、世界观和价值观形成的关键时期,学好包括"纲要"课在内的思想政治课,塑造正确、健康的三观,系好人生的"第一粒扣子",意义也尤为重要。

二、"中国近现代史纲要"的主题和主线

从 1840 年到今天,已过去了一百八十多年。在此期间,中国经历了一系列重大历史事件:从封建帝制向民主共和的转变,在风雨飘摇中产生了中国共产党,全民族组成的血肉长城抗击日寇侵略并取得胜利,新兴的中华人民共和国在百废待兴中成立,社会主义制度的建立和探索,拨乱反正和改革开放,中国特色社会主义进入新时代,全面小康在中国大地最终实现……在中国近现代跌宕起伏、波澜壮阔的历史进程中,发生了无数大事件,涌现出无数英雄人物。面对纷繁复杂的历史,我们在"纲要"短短一学期的学习过程中把握了线索,就抓住了课程重点和关键。

"中国近现代史纲要"课程名称中的"纲"字,本意指的是串联一张大网之中最重要

的一条线，因为只有找到并抓着这条关键的线，整张网才可以轻而易举地全部提起来，无所遗留。"纲"字的引申义为事物中最为重要和关键的部分。"要"字同样解释为重要、关键。因此，从本课程名称可以看到，"纲要"学习的是中国近现代史中最为关键和重要的那些内容和部分。这个"要"的标准就是这门课的主题和主线。

"纲要"的历史主题是中华民族伟大复兴。2012年11月29日，习近平在参观《复兴之路》展览时提出："每个人都有理想和追求，都有自己的梦想。现在，大家都在讨论中国梦，我以为，实现中华民族伟大复兴，就是中华民族近代以来最伟大的梦想。这个梦想，凝聚了几代中国人的夙愿，体现了中华民族和中国人民的整体利益，是每一个中华儿女的共同期盼。"在2021年7月1日建党百年庆祝大会上，习近平指出："中国共产党团结带领中国人民进行的一切奋斗、一切牺牲、一切创造，归结起来就是一个主题：实现中华民族伟大复兴。"

1840年是中国近代史的开端，中国逐步沦为半殖民地半封建社会，国家蒙辱、人民蒙难、文明蒙尘，中华民族遭受了前所未有的劫难。为了拯救民族危亡，中国人民奋起反抗，仁人志士奔走呐喊，进行了可歌可泣的斗争。从旧民主主义革命时期到新民主主义革命，从新中国的建立和社会主义制度的发展完善，从改革开放摸着石头过河到社会主义现代化建设不断开拓发展，从中国特色社会主义道路的开创到进入新时代，以中国式现代化全面推进中华民族伟大复兴，这些伟大复兴关键点无一不显示出一代又一代的中国人，在中国共产党领导下不懈奋斗，为挽救国家民族危机、实现国富民强，为中国寻求现代化道路的光辉历程。这些奋斗所共同指向的目标，就是实现中华民族伟大复兴这个中华民族近代以来最伟大的梦想。

在这个伟大历史主题之下，我们的学习不是无的放矢，必须紧紧围绕着民族复兴的伟大时代主题，探究无数仁人志士在近现代历史中寻求国家出路的种种经验和教训，尤其是在中国共产党成立后为实现民族复兴伟业先后相继的奋斗历程。我们要从中华民族伟大复兴的历史视角，形成近代以来一条完整的历史逻辑线索，在更宏观的角度和长时段的历史时空中得到重要的历史结论——只有中国共产党才能救中国、发展中国，充分认识和理解重要的历史规律——只有中国特色社会主义才能实现中华民族伟大复兴的中国梦。

在实现中华民族伟大复兴这一历史主题之下，在近代以来一百八十多年的不同历史时期，中国人还面临其他的复杂挑战和阶段性的主要矛盾，因此还需要在不同条件下完成一个个阶段性任务，这些任务构成了"纲要"的历史主线群。它们互相连接，环环相扣，都编织在民族伟大复兴历史主题之上，形成合力，推动历史的发展。

"纲要"历史主线主要有以下四条：

第一，完成民族独立、人民解放的历史任务。近代中国面临的最迫切问题是国家民族的生存问题。在近代列强环伺、瓜分豆剖的险恶生存环境下活下来，是中华民族的第一要务。无论是清末不同社会力量对国家出路的探索，还是辛亥革命推翻封建专制体制建立民国，都没有从根本上解决这一迫在眉睫的危机。只有在中国共产党登上历史舞台、逐渐掌握历史发展方向之后，将帝国主义、封建主义、官僚资本主义作为革命对象，坚决予以斗争，才取得新民主主义革命的胜利，实现了民族独立、人民解放，为实现中华民族伟大复兴创造了根本社会条件。

第二，实现国家富强、人民幸福的历史任务。解决了民族国家生存根本问题，将人民从种种枷锁中解放出来，为发展创造了前提条件。社会主义革命和建设时期，中国共产党带领全国各族人民，实现从新民主主义到社会主义的转变，进行社会主义革命，推进社会主义建设，为实现中华民族伟大复兴奠定根本政治前提和制度基础。改革开放和社会主义现代化建设新时期，中国共产党继续探索中国建设社会主义的正确道路，解放和发展社会生产力，使人民摆脱贫困、富裕起来，为实现中华民族伟大复兴提供充满新的活力的体制保证和快速发展的物质条件。党的十八大以来，中国特色社会主义进入新时代，经过努力拼搏，实现了第一个百年奋斗目标，开启实现第二个百年奋斗目标新征程，朝着实现中华民族伟大复兴，实现中国特色社会主义全面现代化宏伟目标继续前进。

第三，道路选择的问题。方向决定道路，道路决定命运。近代中国惨痛的历史事实已经无数次告诉中国人，现代化方向是中国人别无选择的趋势，然而西方式的现代化道路对中国人而言，是一条永远都走不通的死路。中国人只能依靠自己走出一条自己的路。中国共产党领导新民主主义革命，完成了民族独立、人民解放的任务，为实现中华民族伟大复兴创造了根本社会条件。走上社会主义道路，为中国式现代化奠定了根本政治前提和制度基础。十八大以来中国共产党在理论和实践上的创新突破，成功推进和拓展了中国式现代化。面向未来，中国共产党的中心任务就是团结带领全国各族人民全面建成社会主义现代化强国、实现第二个百年奋斗目标，以中国式现代化全面推进中华民族伟大复兴。时至今日，我们得到这样的一条重要历史经验："中国幅员辽阔、人口众多，要想发展振兴，最重要的就是立足国情、走自己的路。"这条道路就是中国共产党领导下的中国特色社会主义道路。

第四，理论选择的问题。在近代中国陷入泥沼之时，中国人曾尝试了无数种外来理论和思想，希冀救亡图存，但这些尝试无一例外均告失败，直到马克思主义在中国广泛传播和以马克思列宁主义为理论指导的中国共产党诞生。马克思主义揭示了人类社会发展规律，是认识世界、改造世界的科学真理。同时，坚持和发展马克思主义，从理论到实践都需要全世界的马克思主义者进行极为艰巨、极具挑战性的努力。中国由低谷走向上升、从贫穷走向富强的过程，实质是马克思主义基本原理和中国革命、建设、改革开放的实践不断结合的过程，也是马克思主义中国化、时代化的过程。马克思主义的科学性和真理性在中国得以充分检验，马克思主义的人民性和实践性在中国得到充分贯彻，马克思主义的开放性和时代性在中国得到充分彰显。中国共产党为什么能，中国特色社会主义为什么好，归根到底是因为中国化、时代化的马克思主义行。

简而言之，纵观近代以来一百八十多年的历史，民族复兴是一个萦绕在所有中国人心中的核心主题，真正接过这个艰巨的历史任务，并不断推进其发展的是中国共产党。在民族复兴历史主题和不同历史主线之下，我们要抓住近现代历史发展的大方向、大趋势，抓住时代发展的主流和主要方面，把学习的主要关注点放到中国共产党近代以来所走过的路，深入理解体会中国共产党对中华民族伟大复兴所作出的丰功伟绩和宝贵经验。

三、"中国近现代史纲要"的学习建议

首先，将历史唯物主义方法论和"中国近现代史纲要"学习联系在一起。从"纲要"的思想政治课性质来看，本课程的学习目的是培养大家认识评价历史的能力，形成正确的唯物史观。马克思主义对历史的认识基于历史唯物主义的认识论和方法论。历史唯物主义是马克思主义的重要组成部分，是马克思主义对历史的观点看法。历史唯物主义有许多耳熟能详的著名论题，比如，物质生活方式决定社会生活、政治生活和精神生活的一般过程；社会存在决定社会意识，后者同时也在塑造、改变社会存在；生产力与生产关系、经济基础与上层建筑的互相作用推动社会发展；在阶级社会里，阶级矛盾是社会发展的动力，阶级矛盾的最高发展形式是社会革命和夺取国家政权；社会发展的历史是人民群众实践活动的历史，但受一定历史阶段经济、政治和思想条件的制约……对我们课程的学习而言，历史唯物主义观点方法是我们学习的根本依据和出发点。

其次，将中国近现代历史和世界历史的发展联系在一起。马克思曾在对西方资本主义发展研究中提出，随着资本主义在全球的扩张，打破了自然和疆界阻隔，历史的发展也随之进入"世界史"的发展阶段。近代以来中国的变化发展与西方国家的入侵、资本主义对中国的侵蚀等外界因素的影响密不可分。作为生活在全球化时代当下的我们，更需要有一

种放眼世界的眼光，在学习的过程中需要以研究中国为圆心，将视野拓展到更为广阔的世界之中。

再次，将马克思主义理论和现实联系在一起。读万卷书，行万里路。书中方寸还需与广阔天地相联通。我们在课本所见所感所悟，其实离我们并不遥远。历史与今日的联系不可能了无痕迹，我们的今天都是每一个昨天的积累和沉淀。今日中国蓄势待发的伟岸雄姿，离不开为中国奉献出一切的所有先辈的鲜血和汗水。"纲要"课程所传达的抽象理论，需要和我们现实生活结合在一起，这样就可以为理论赋予鲜活的现实灵魂。这需要我们在学习过程中保持积极思考，善于联系，建立敏感的历史思维，不断积累历史智慧。

最后，将本课程和其他思政课程学习联系在一起。作为大学思想政治课程体系中的一门课程，"纲要"是其他思政课程的基础，为其他思政课程提供较为全面的历史逻辑和宏观历史线索，是思政课理论升华的起点之一。所以，学好"纲要"，将极有益于之后的思政课的系统学习。更为重要的是，"纲要"和其他思政课一道用党的科学理论武装青年，激励广大青年立志做有理想、敢担当、能吃苦、肯奋斗的新时代好青年，让青春在全面建设社会主义现代化国家的火热实践中绽放绚丽之花。

四、拓展阅读

中国共产党百年奋斗的历史阶段、历史意义及宝贵历史经验：

一、夺取新民主主义革命伟大胜利

新民主主义革命时期，党面临的主要任务是，反对帝国主义、封建主义、官僚资本主义，争取民族独立、人民解放，为实现中华民族伟大复兴创造根本社会条件。

中华民族是世界上古老而伟大的民族，创造了绵延五千多年的灿烂文明，为人类文明进步作出了不可磨灭的贡献。一八四〇年鸦片战争以后，由于西方列强入侵和封建统治腐败，中国逐步成为半殖民地半封建社会，国家蒙辱、人民蒙难、文明蒙尘，中华民族遭受了前所未有的劫难。为了拯救民族危亡，中国人民奋起反抗，仁人志士奔走呐喊，进行了可歌可泣的斗争。太平天国运动、洋务运动、戊戌变法、义和团运动接连而起，各种救国方案轮番出台，但都以失败告终。孙中山先生领导的辛亥革命推翻了统治中国几千年的君主专制制度，但未能改变中国半殖民地半封建的社会性质和中国人民的悲惨命运。中国迫切需要新的思想引领救亡运动，迫切需要新的组织凝聚革命力量。

十月革命一声炮响，给中国送来了马克思列宁主义。五四运动促进了马克思主义在中国的传播。在中国人民和中华民族的伟大觉醒中，在马克思列宁主义同中国工人运动的紧密结合中，一九二一年七月中国共产党应运而生。中国产生了共产党，这是开天辟地的大事变，中国革命的面貌从此焕然一新。

党深刻认识到，近代中国社会主要矛盾是帝国主义和中华民族的矛盾、封建主义和人民大众的矛盾。实现中华民族伟大复兴，必须进行反帝反封建斗争。

……

经过二十八年浴血奋斗，党领导人民，在各民主党派和无党派民主人士积极合作下，于一九四九年十月一日宣告成立中华人民共和国，实现民族独立、人民解放，彻底结束了旧中国半殖民地半封建社会的历史，彻底结束了极少数剥削者统治广大劳动人民的历史，彻底结束了旧中国一盘散沙的局面，彻底废除了列强强加给中国的不平等条约和帝国主义在中国的一切特权，实现了中国从几千年封建专制政治向人民民主的伟大飞跃，也极大改变了世界政治格局，鼓舞了全世界被压迫民族和被压迫人民争取解放的斗争。

实践充分说明，历史和人民选择了中国共产党，没有中国共产党领导，民族独立、人民解放是不可能实现的。中国共产党和中国人民以英勇顽强的奋斗向世界庄严宣告，中国人民从此站起来了，中华民族任人宰割、饱受欺凌的时代一去不复返了，中国发展从此开启了新纪元。

二、完成社会主义革命和推进社会主义建设

社会主义革命和建设时期，党面临的主要任务是，实现从新民主主义到社会主义的转变，进行社会主义革命，推进社会主义建设，为实现中华民族伟大复兴奠定根本政治前提和制度基础。

……

党充分预见到在全国执政面临的新挑战，早在解放战争取得全国胜利前夕召开的党的七届二中全会就向全党提出，务必继续保持谦虚、谨慎、不骄、不躁的作风，务必继续保持艰苦奋斗的作风。新中国成立后，党着重提出执政条件下党的建设的重大课题，从思想上组织上作风上加强党的建设、巩固党的领导。党加强干部理论学习和知识培训，提高党的领导水平，要求全党特别是党的高级干部增强维护党的团结统一的自觉性。党开展整风整党，加强党内教育，整顿基层党组织，提高党员条件，反对官僚主义、命令主

义和贪污浪费。党高度警惕并着力防范党员干部腐化变质，坚决惩治腐败。这些重要举措，增强了党的纯洁性和全党的团结，密切了党同人民群众的联系，积累了执政党建设的初步经验。

在这个时期，毛泽东同志提出把马克思列宁主义基本原理同中国具体实际进行"第二次结合"，以毛泽东同志为主要代表的中国共产党人，结合新的实际丰富和发展毛泽东思想，提出关于社会主义建设的一系列重要思想，包括社会主义社会是一个很长的历史阶段，严格区分和正确处理敌我矛盾和人民内部矛盾，正确处理我国社会主义建设的十大关系，走出一条适合我国国情的工业化道路，尊重价值规律，在党与民主党派的关系上实行"长期共存、互相监督"的方针，在科学文化工作中实行"百花齐放、百家争鸣"的方针等。这些独创性理论成果至今仍有重要指导意义。

毛泽东思想是马克思列宁主义在中国的创造性运用和发展，是被实践证明了的关于中国革命和建设的正确的理论原则和经验总结，是马克思主义中国化的第一次历史性飞跃。毛泽东思想的活的灵魂是贯穿于各个组成部分的立场、观点、方法，体现为实事求是、群众路线、独立自主三个基本方面，为党和人民事业发展提供了科学指引。

......

从新中国成立到改革开放前夕，党领导人民完成社会主义革命，消灭一切剥削制度，实现了中华民族有史以来最为广泛而深刻的社会变革，实现了一穷二白、人口众多的东方大国大步迈进社会主义社会的伟大飞跃。在探索过程中，虽然经历了严重曲折，但党在社会主义革命和建设中取得的独创性理论成果和巨大成就，为在新的历史时期开创中国特色社会主义提供了宝贵经验、理论准备、物质基础。

中国共产党和中国人民以英勇顽强的奋斗向世界庄严宣告，中国人民不但善于破坏一个旧世界，也善于建设一个新世界，只有社会主义才能救中国，只有社会主义才能发展中国。

三、进行改革开放和社会主义现代化建设

改革开放和社会主义现代化建设新时期，党面临的主要任务是，继续探索中国建设社会主义的正确道路，解放和发展社会生产力，使人民摆脱贫困、尽快富裕起来，为实现中华民族伟大复兴提供充满新的活力的体制保证和快速发展的物质条件。

......

为了推进改革开放，党重新确立马克思主义的思想路线、政治路线、组织路线，彻底

否定"两个凡是"的错误方针,正确评价毛泽东同志的历史地位和毛泽东思想的科学体系。党明确提出我国社会的主要矛盾是人民日益增长的物质文化需要同落后的社会生产之间的矛盾,解决这个主要矛盾就是我们的中心任务,并由此提出小康社会目标。党在各方面工作中恢复并制定一系列正确政策,调整国民经济。党领导全面开展思想、政治、组织等领域拨乱反正,大规模平反冤假错案和调整社会关系。党制定《关于建国以来党的若干历史问题的决议》,标志着党在指导思想上的拨乱反正胜利完成。

党深刻认识到,开创改革开放和社会主义现代化建设新局面,必须以理论创新引领事业发展。邓小平同志指出,一个党,一个国家,一个民族,如果一切从本本出发,思想僵化,迷信盛行,那它就不能前进,它的生机就停止了,就要亡党亡国。党领导和支持开展真理标准问题大讨论,从新的实践和时代特征出发坚持和发展马克思主义,科学回答了建设中国特色社会主义的发展道路、发展阶段、根本任务、发展动力、发展战略、政治保证、祖国统一、外交和国际战略、领导力量和依靠力量等一系列基本问题,形成中国特色社会主义理论体系,实现了马克思主义中国化新的飞跃。

……

改革开放四十周年之际,党中央隆重举行庆祝大会,习近平同志发表重要讲话,全面总结四十年改革开放取得的伟大成就和宝贵经验,强调改革开放是党的一次伟大觉醒,是中国人民和中华民族发展史上一次伟大革命,发出将改革开放进行到底的伟大号召。改革开放和社会主义现代化建设的伟大成就举世瞩目,我国实现了从生产力相对落后的状况到经济总量跃居世界第二的历史性突破,实现了人民生活从温饱不足到总体小康、奔向全面小康的历史性跨越,推进了中华民族从站起来到富起来的伟大飞跃。

中国共产党和中国人民以英勇顽强的奋斗向世界庄严宣告,改革开放是决定当代中国前途命运的关键一招,中国特色社会主义道路是指引中国发展繁荣的正确道路,中国大踏步赶上了时代。

四、开创中国特色社会主义新时代

党的十八大以来,中国特色社会主义进入新时代。党面临的主要任务是,实现第一个百年奋斗目标,开启实现第二个百年奋斗目标新征程,朝着实现中华民族伟大复兴的宏伟目标继续前进。

以习近平同志为核心的党中央统筹把握中华民族伟大复兴战略全局和世界百年未有之大变局,强调中国特色社会主义新时代是承前启后、继往开来、在新的历史条件下继续夺取中国特色社会主义伟大胜利的时代,是决胜全面建成小康社会、进而全面建设社会主义现代化强国的时代,是全国各族人民团结奋斗、不断创造美好生活、逐步实现全体人民共同富裕的时代,是全体中华儿女勠力同心、奋力实现中华民族伟大复兴中国梦的时代,是我国不断为人类作出更大贡献的时代。中国特色社会主义新时代是我国发展新的历史方位。

……

习近平同志对关系新时代党和国家事业发展的一系列重大理论和实践问题进行了深邃思考和科学判断,就新时代坚持和发展什么样的中国特色社会主义、怎样坚持和发展中国特色社会主义,建设什么样的社会主义现代化强国、怎样建设社会主义现代化强国,建设什么样的长期执政的马克思主义政党、怎样建设长期执政的马克思主义政党等重大时代课题,提出一系列原创性的治国理政新理念新思想新战略,是习近平新时代中国特色社会主义思想的主要创立者。习近平新时代中国特色社会主义思想是当代中国马克思主义、二十一世纪马克思主义,是中华文化和中国精神的时代精华,实现了马克思主义中国化新的飞跃。党确立习近平同志党中央的核心、全党的核心地位,确立习近平新时代中国特色社会主义思想的指导地位,反映了全党全军全国各族人民共同心愿,对新时代党和国家事业发展、对推进中华民族伟大复兴历史进程具有决定性意义。

……

五、中国共产党百年奋斗的历史意义

一百年来,党始终践行初心使命,团结带领全国各族人民绘就了人类发展史上的壮美画卷,中华民族伟大复兴展现出前所未有的光明前景。

(一)党的百年奋斗从根本上改变了中国人民的前途命运。

(二)党的百年奋斗开辟了实现中华民族伟大复兴的正确道路。

(三)党的百年奋斗展示了马克思主义的强大生命力。

(四)党的百年奋斗深刻影响了世界历史进程。

(五)党的百年奋斗锻造了走在时代前列的中国共产党。

六、中国共产党百年奋斗的历史经验

一百年来,党领导人民进行伟大奋斗,在进取中突破,于挫折中奋起,从总结中提高,积累了宝贵的历史经验。

(一)坚持党的领导。

（二）坚持人民至上。

（三）坚持理论创新。

（四）坚持独立自主。

（五）坚持中国道路。

（六）坚持胸怀天下。

（七）坚持开拓创新。

（八）坚持敢于斗争。

（九）坚持统一战线。

（十）坚持自我革命。

以上十个方面，是经过长期实践积累的宝贵经验，是党和人民共同创造的精神财富，必须倍加珍惜、长期坚持，并在新时代实践中不断丰富和发展。

七、新时代的中国共产党

不忘初心，方得始终。中国共产党立志于中华民族千秋伟业，百年恰是风华正茂。过去一百年，党向人民、向历史交出了一份优异的答卷。现在，党团结带领中国人民又踏上了实现第二个百年奋斗目标新的赶考之路。时代是出卷人，我们是答卷人，人民是阅卷人。我们一定要继续考出好成绩，在新时代新征程上展现新气象新作为。

……

党和人民事业发展需要一代代中国共产党人接续奋斗，必须抓好后继有人这个根本大计。要坚持用习近平新时代中国特色社会主义思想教育人，用党的理想信念凝聚人，用社会主义核心价值观培育人，用中华民族伟大复兴历史使命激励人，培养造就大批堪当时代重任的接班人。要源源不断培养选拔德才兼备、忠诚干净担当的高素质专业化干部特别是优秀年轻干部，教育引导广大党员、干部自觉做习近平新时代中国特色社会主义思想的坚定信仰者和忠实实践者，牢记空谈误国、实干兴邦的道理，树立不负人民的家国情怀、追求崇高的思想境界、增强过硬的担当本领。要源源不断把各方面先进分子特别是优秀青年吸收到党内来，教育引导青年党员永远以党的旗帜为旗帜、以党的方向为方向、以党的意志为意志，赓续党的红色血脉，弘扬党的优良传统，在斗争中经风雨、见世面、壮筋骨、长才干。要源源不断培养造就爱国奉献、勇于创新的优秀人才，真心爱才、悉心育才、精心用才，把各方面优秀人才集聚到党和人民的伟大奋斗中来。

——节选自《中共中央关于党的百年奋斗重大成就和历史经验的决议》(2021年11月11日中国共产党第十九届中央委员会第六次全体会议通过)。

【解析】中国共产党立志千秋伟业,百年正是风华正茂。回顾历史,我们豪情万丈;展望未来,我们心潮澎湃。历史是从昨天走到今天再走向明天的,历史的联系不可割断。中国共产党建党百年,已经团结带领中国人民创造了历史的辉煌。中国共产党今天取得的辉煌,为明天取得更大的辉煌提供了前提,创造了条件,奠定了基础。"今天,我们比历史上任何时期都更接近、更有信心和能力实现中华民族伟大复兴的目的。"不忘初心、牢记使命、永远奋斗,中国共产党一定会在执政百年即中华人民共和国成立一百年时,谱写新的篇章,创造出新的更大辉煌。历史在人民的探索和奋斗中造就了中国共产党,中国共产党团结和带领人民创造了历史的辉煌。"看历史,就会看到前途。"学习重温中国共产党百年历史,我们应该坚定中国共产党历史自信,同时,坚定中国人民和中华民族未来自信。

专题一 封建王朝衰落与西方资本—帝国主义入侵的交织

一、学习目的

分析西方资本—帝国主义入侵给中华民族带来的沉重灾难，引起中国社会深刻变化。认识中国封建社会晚期的腐朽与资本主义世界体系野蛮扩张的激烈碰撞，是中国逐步沦为半殖民地半封建社会的根本原因，认识中国由盛而衰的根本原因。

针对一段时间出现的历史虚无主义的错误观念，解析其极端错误之处，帮助学生形成正确的历史观，批驳"侵略有理""侵略有功"错误，深刻认识西方侵略对中国造成的沉重伤害。

深入理解鸦片战争前后的中国与世界，以及西方列强入侵中国及其与中国封建势力相勾结给中华民族带来的深重灾难，继承和发扬以爱国主义为核心的民族精神，理解近代以来追求中华民族伟大复兴的重要意义。

二、重难点解析

（一）鸦片战争与中国历来战争相比有何特殊之处

作为古代农业文明登峰造极的代表，中华文明自诞生以来，不断发展壮大，延续数千年。这是人类文明史的奇迹，是我们所有中国人引以为傲之事。在中华文明的漫长历史中，发生过无数次战争，为何发生在公元 1840 年的这场中英鸦片战争会引起中国社会最为深刻的变化，成为中国历史由古代向近代发展的转折点呢？

自 1840 年鸦片战争起，一系列对华侵略战争纷至沓来，一次次的惨败让中国人以往的成功和骄傲被彻底粉碎，中华文明曾经的荣光被击得粉碎。一败再败的惨剧不断上演，这种屈辱在数千年的中华文明史中前所未有。鸦片战争的失利，在当时中国人眼中，似乎只是一场对外战争的小小失败，并未在清王朝内部引起更多的反响。直到鸦片战争之后30余年，有人才终于反应过来，认识到那次同西方人的战争已经完全不同于中国人历代所遭遇的战争。李鸿章在19世纪70年代的奏折中，慨叹中国面临着"三千余年一大变局也"。

进入近代，对当时中国人冲击最大的是世界观的颠覆和对中国以往地位的震撼：在长期封闭的东亚地缘政治格局中，中华文明受到西方文明的剧烈冲击，中国所处的东亚地理地缘格局被彻底打破，中国所面对的是来自西方的进攻和深入骨髓的侵略和冲击。

传统中国的心理认知来自中国独特的地理、文化因素。从地理环境上看，中国在欧亚大陆东端，西面和南面险峻高山阻隔，东临大海。地域广阔，气候带多样，适合低生产力水平的自给自足小农生产方式，缺乏对外经济交往的需要和冲动。从文化形态看，中国地理形势的隔绝使中华文明长期居于较为封闭的环境中，中国古代先人创造出先进的文明制度，中华文明一枝独秀，长期领先于周边，因而渐渐形成了封闭内向的文化心理。

鸦片战争将中国撕开一个缺口，凌厉刺骨的西风不断吹进了古老东方国家虚弱的肌体内部。此时清王朝也正处于摇摇欲坠的飘摇中，康乾盛世早已成为过往，封建王朝已经进入周期性衰弱阶段，社会矛盾急剧上升，社会压力不断积攒和爆发。1840年之后，中国所面临的是外部强力冲击和内部矛盾爆发的双重叠加状态，导致近代中国社会加速崩溃，内外交困。

从世界格局看，在鸦片战争连天的炮声中，中国从封闭状态被强行纳入新的世界体系之中。这个千年未有变局中的新的世界体系，是由西方资本主义所主导的殖民主义在全球的疯狂扩张，西方资产阶级按照自己的野心重塑的世界。可以说，鸦片战争所代表的不仅仅是发生在中国和英国之间的一场战争，还是中国人对自身的认识、对外部世界认识发生普遍的、根本的颠覆的开始，更是中国人寻找生存发展路径、寻求民族复兴的起点。

（二）西方列强对中国的侵略给中国带来了什么

"一八四〇年鸦片战争以后，由于西方列强入侵和封建统治腐败，中国逐步成为半殖民地半封建社会，国家蒙辱、人民蒙难、文明蒙尘，中华民族遭受了前所未有的劫难。"

西方资本—帝国主义对中国的侵略方式主要有：军事侵略、政治控制、经济掠夺、文化渗透。

西方资本—帝国主义的入侵，造成中国近代的贫穷和落后。首先，西方资本—帝国主义列强对中国发动一系列侵略战争，迫使清政府签订不平等条约，勒索大量战争赔款，直接侵占中国大片领土，设立租界，强占租借地，划分势力范围。严重破坏了中国领土完整和主权。其次，西方列强通过驻华公使直接向清政府发号施令，通过领事裁判权破坏中国司法主权，通过控制中国海关直接干预中国内政外交。西方列强和封建势力一起共同镇压中国人民的反帝反封建斗争，将中国当权者变成自己的代理人和驯服工具。再次，西方列强通过不平等条约的特权，在中国各处设立通商口岸；通过协定关税，使中国在对外贸易中处于被宰割地位。通过大规模商品倾销和资本输入，使中国逐步沦为外国商品销售市场和原料产地，操纵了中国的经济命脉。最后，西方列强还对中国文化进行渗透，一些传教士披着宗教外衣，宣扬"黄祸论"的种族主义观念，为帝国主义入侵制造理论依据。

尽管西方列强在侵华过程中充当了历史的不自觉的工具，把西方资本主义及其技术带入中国，客观上刺激了中国资本主义的产生，但其主观上并不希望中国成为独立自主的现代化国家。因此，千方百计阻碍中国民族资本主义的发展，破坏中国社会的进步。西方资本—帝国主义的入侵，阻滞了中国现代化的进程。这一切来自西方帝国主义国家的霸权主义本性。

西方资本主义在全球扩张，妄图霸占全球资源，建立以其所主导的经济秩序和政治、文化秩序，将地球上所有民族都裹挟在内。在西方所主导的近现代国际关系中，其他非西方的国家和民族仅仅被视为西方殖民扩张的客体、对象、工具，没有自我独立的生存空间。西方高调宣扬的自由、平等、博爱的所谓普世价值，落后民族、国家是没有资格享有的。在西方侵略的过程中，西方人向我们展示的强大现代化力量仅仅是服务于其殖民侵略扩张目的的，所以现代化的实现只能靠我们自己的奋斗。

鸦片战争之后的近代中国，所面临的最大问题就是生存问题（"民族独立，人民解放"）和发展问题（"国家富强，人民幸福"），前者是后者的前提，后者是前者的目标，不可颠倒。近代以来科学救国、农业救国、医学救国等主张层出不穷，尽管初衷动机都很良善，也是希望中国能够迅速富强起来，但是没有解决民族国家的独立和自由问题，是不可能结出任何现代化果实的。

中国近代以来的现代化探索历史证明，只有推翻帝国主义、封建主义和官僚资本主义在中国的残酷统治，完成政治社会革命的历史任务，中国才有可能开始经济和社会建设，走向富强，走向现代化的未来。

（三）近代中国反侵略斗争失败的根本原因是什么

近代中国反侵略失败的原因，从中国内部因素来分析，主要有以下两个方面：一是社会制度的腐败,二是经济与技术的落后,而前者是根本的原因。正是社会制度的腐败,才使得经济与技术落后的状况长期得不到改善。

正是腐败的半殖民地半封建的社会制度,阻碍了中国人民群众的广泛动员和抵抗,这是近代中国反侵略战争屡遭失败的最重要的原因。

经济与技术的落后是近代中国反侵略战争失败的另一个重要原因,就是国家综合实力特别是经济与技术和作战能力的落后。19世纪中叶,西方资本主义强国经过工业革命,经济与技术飞速发展,封建的中国已被远远抛在后面。

毛泽东指出经济与技术的落后是中国反侵略战争失败的重要原因,并不意味着经济与技术落后的中国就不应当进行反侵略战争或在战争中一定打败仗。因为"武器是战争的重要的因素,但不是决定的因素。决定的因素是人不是物"。当时的中国,不仅武器装备很落后,而且反动统治阶级实行错误的方针、政策,并压制人民群众的动员。这样,中国的反侵略战争一再遭到挫折,才成为不可避免的。

近代中国反侵略战争失败带给我们的教训是,必须把反对帝国主义的民族独立斗争和反对封建主义的人民解放斗争结合在一起,才有可能完成近代中国革命的任务。

三、经典案例分析

案例一 从来未有事,竟出大清朝

清朝在历经"康乾盛世"之后,衰败的迹象在鸦片战争之前很早就开始显现。鸦片战争发生于道光年间,在道光皇帝之前,嘉庆皇帝在位期间,就先后发生过两场举世震惊的大案。

嘉庆八年(1803年),陈德刺杀案。1803年,闰二月二十日的时候,嘉庆从圆明园回紫禁城,正当嘉庆准备换轿辇从神武门内的顺贞门进入紫禁城的时候,忽然从神武门内西厢房的南墙后面冲出了一个彪形大汉。大汉手持短刀,冲着嘉庆直奔过来。当时神武门的侍卫见状吓得呆若木鸡,无人敢救驾,唯有6位大臣上前护驾,经过搏斗,嘉庆安然无恙,刺客束手就擒。

嘉庆皇帝下令一定要彻查此事。经过调查,行刺的大汉名叫陈德,当时45岁,31岁时到北京来谋生,在内务府当过5年厨子,对出入皇宫的路线比较熟悉。其妻已经去世,家中有两个未成年的儿子,一个瘫痪在床的岳母。据陈德讲,因不久前被原来的主子辞退,

生活没有着落,活不下去,想自杀,但又想"自寻短见,无人知道"岂不枉死!听说皇上今日进宫,就跟着人群混进神武门。"看见皇帝到来,就手持身佩小刀往前一跑,原想我犯了惊驾之罪,当下必奉旨叫侍卫大臣把我乱刀剁死,图个痛快,也死个明白。"闰二月二十四日己丑(1803年4月15日)嘉庆下旨,陈德在菜市口法场被凌迟处死,其两子也被绞死。

嘉庆十八年(1813年),天理教案。当时嘉庆离京前往热河围猎,北京防务空虚,北方爆发天理教起义,把守紫禁城第一道防线午门的将领率先逃跑,部分天理教教徒在太监接应下冲进皇宫。当时正在宫内的皇次子绵宁(后来的道光皇帝)用鸟枪打死了两个天理教徒,镇国公奕灏调来火器营、健锐营士兵入宫,天理教徒被全部消灭。嘉庆回京后便展开一系列调查,调查后发现了更加令人吃惊的真相:早在事变前几天,已有人向官府告发天理教教徒的密谋和行动,但守备北京的清官员的反应是,"还差着好几天呢,急什么,等皇帝回来再说""存心给太平盛世抹黑"。收到调查结果,嘉庆在目瞪口呆之余,发出了"从来未有事,竟出大清朝"的感叹,一是惊叹于民间武装攻打皇宫,二是愤怒于官场风气的推诿懈怠。

【案例分析】

这两场同时发生在嘉庆时期的惊天大案有两个共同点:

第一,发生紧急事变时,官员的反应迟钝麻木。陈德持刀杀出,平日耀武扬威的侍卫,面对紧急情况却束手无措。天理教进攻皇城,守卫军官首先弃城而逃,守卫士兵一片混乱;天理教密谋进攻的情报被告发后,所有高级官员麻木不仁,习惯性甩锅。

第二,封建社会末期,社会暗流涌动,专制统治根基不稳。清朝统治时期的军机处、文字狱、粘杆处、密折制等都反映出专制者的独裁手段和牵制手段的严密,这种高压气氛形成了多做多错、少做少错、不做不错的不负责任的官场风气。这带来的必然是官僚眼睛朝上,对底层人民的漠视和镇压。长时期暗流涌动的矛盾被掩盖、被忽视,一旦积少成多,就会如山洪般爆发,封建王朝必然手足无措,慌张应对。

历代封建王朝都曾经历过一个"创业—盛世—守成—坍塌—崩溃"的完整历史周期,清朝在所谓"康乾盛世"过后,也很快呈现出衰落的诸多迹象。嘉庆皇帝所经历的所谓"异象",发出"从来未有事,竟出大清朝"的哀叹,预示着中国封建王朝的种种危机积重难返,即将全面爆发。正当封建社会衰落之际,西方列强侵略的乌云也在迫近压城,来自西方列强的侵略,将大大颠覆当时所有中国人的认识。

案例二　第一次鸦片战争中英舰船实力的真实差距

英国海军为当时世界之最强，拥有各类舰船 400 余艘。其主要作战军舰仍为木质风帆动力，似与清军同类，但相较之下，英舰有下列特点：第一，用坚实木料制作，能抗风浪而涉远洋；第二，船体下部为双层，抗沉性能好（当时中国人称"夹板船"），且用铜片等金属材料包裹，防蛀防朽防火；第三，船上有两桅或三桅，悬挂数十具风帆，能利用各种风向航行；第四，军舰吨位较大，排水量从百余吨至千余吨；第五，安炮较多，从 10 门至 120 门不等。此外，诞生于工业革命末期的蒸汽动力铁壳明轮船，也于 19 世纪 30 年代起装备海军。尽管此时的轮船吨位小、安炮少，在西方正式海战中难期得力，在海军中也不占主导地位，但因其航速快、机动性能强、吃水浅等特点，在武器装备落后的中国沿海和内河横行肆虐。

清军的海军，时称"水师"，主要有两支：一支为福建水师，一支为广东水师。其他沿海省份，亦有执行水师任务的镇、协、营，如浙江的定海水师镇，盛京的旅顺水师营，等等。但清军水师的任务却非出洋作战，而是近海巡缉，守卫海岸。"天朝"的水师并不以哪一国的舰队为作战对象，其对手仅仅是海盗。用今天的标准来衡量，清朝水师算不上是一支正式的海军，大体相当于海岸警卫队。

从数量上讲，清军水师舰船也有数百艘之多；从种类上讲，清军战船样式亦达数十种。但是，其最基本的特点就是船吨位小。清军最大之战船，其吨位尚不如英军等外级军舰，清军安炮最多之战船，其火炮数量也只相当于英军安炮最少之军舰。

当时中国的造船业不是只能达到这个水平，中国也造出过比战船更大更坚固的远洋商船。清朝的战船样式大体是在乾隆年间以"部定则例"固定下来的，并用"工部军器则例""户部军需则例"等条规确定其样式和修造军费。这就自我限制了战船的发展。各地没有更多的钱去制造更大更好的军舰。为了保持水师战船对民船的某种优势，清朝规定了民船的大小尺寸，限定民船出海时火器、粮食、淡水的携带数量。这么一个循环，严重滞碍了中国造船业、航海业的进步。

如此落后的清水师舰船，其在航率还很低。例如，鸦片战争前，福建水师共有大小战船 242 艘，除去修理、应届修期、被风击碎者外，在营驾驶者 118 艘，在航率仅 48.8%。又如，浙江定海水师镇共有战船 77 艘，遭风击碎、修理未竣者达 30 艘，在航率仅 61%。

中英舰船水平的巨大差距，使得清军在鸦片战争中根本不敢以水师出海迎战英军军舰队,以致放弃海上交锋而专注于陆地。这种由装备而限定的战略决策,实际使清军丧失了战争的主动权。英军凭借其强大海军,横行于中国海面,决定了战役战斗的时间、地点、规模。

——节选自茅海建.天朝的崩溃——鸦片战争再研究[M].北京:三联书店,2014:24—30.

【案例分析】

从舰船兵器技术水平对比来看,英军比清军确实占有一定优势,但也还没有形成足以达到"代际差"的程度,也就是说,在此时,中国和英国之间的科技差距还没有那么大,但是英国的科技优势已有一定的显现,比如其钢铁工业的进步使其火炮的射速和口径都有所提高等。在作战决心和军事技战术上,英军也优于清军。装备和技战术的优势叠加起来,给英军带来了全面的优势,这是他们打败清军的重要原因。

当然,决定战争胜负的根本原因是人不是物,如果当时的清朝皇帝雄才大略,其官员又全如林则徐这样杰出的话,即便清军的装备水平略差,他们也是能依靠在战场上及时调整战术,扬长避短,打败敌军的。很多学者指出,中国人民志愿军在朝鲜战场上装备远不及美军,但最终取得了胜利,就是这个道理。上自国家领导人,下到军队的各级将领、士兵,上下一条心,当然能打胜仗。

反观鸦片战争时期,就是因为从皇帝到官员体系的愚昧落后,所以才造成了装备和军事技战术水平的落后,以这么一群糊涂虫去驱动已经落后半步的军队与英军作战,不失败反而不正常了。

总之,导致鸦片战争失败的原因并不是军事科技水平上的落后,而是从官到民的整体性落后,人的落后才造成装备和军事技战术水平的落后,并最终导致失败。

案例三 中日甲午战争失败原因探究

为了弄清这个结局,一方面,让我们了解 1885—1894 年清政府海防经费是如何使用的。1875—1884 年添置新战舰的资金共 444 万两白银,超出北洋水师总支出的 34%,而1885—1894 年间,这项费用仅 280 万两白银,占这一时期北洋水师总支出的 12%。另一方面,1885—1894 年间,北洋舰队向中外雇员发放的薪水将近 900 万两,超出总支出的37%,而此前 10 年间这项支出仅为 200 万两,占总支出的 15%。很明显,这支水师本该把更多的钱用于提高战斗力而非人事方面。

不幸的是，自北洋水师建成后，由于高昂的人事经费，以及清廷挪用海防资金用于自身消遣，北洋水师便停止采购新的军舰和升级其武器系统。……日本政府决心在海军装备上超越中国，大力追加对海军的投资，从1880年晚期每年约500万日元，增加到1891年的1000万日元，此后大约占每年日本支出的10%，迅速缩小了同中国舰队的差距。到中日战争爆发时，从舰只数量、总吨位和战斗力来看，两国海军旗鼓相当。

当然，清朝廷投入不足，并非甲午战争失败的唯一原因。正如朝廷所指出的，北洋水师失败的更重要原因是军官指挥不力、战场表现糟糕，以及战前缺乏充分而恰当的训练，同时也影响到了战时指挥官的士气。

——节选自李怀印. 清朝的千里海防为何溃败［J］. 炎黄春秋，2022（8）：42.

【案例分析】

尽管中国在两次鸦片战争中败于西方，但统治者们并未认清现实。只有不断提升自己的军力，改良各方面的制度，才能在世界竞争中生存。统治者们对支撑清朝国家和整个社会的基本制度的有效性和正当性信心满满。因此，治国的理想目标仍是通过重建在动荡岁月里遭到侵蚀的体制来维系现状，或者通过学习西方的先进技术来强化和保护那些体制。一旦在内政、外交方面达到了恢复和维系现状的目标，他们便失去了继续改善和优化现有制度的动力，更谈不上动员整个国家与他国展开竞争。清朝统治者的这种精神状态，说明了为什么清朝廷暂时达到了国内稳定和地缘政治安全的目标后，便不再增加海防投入。直到清政府在甲午战争中惨败，丢失了台湾，支付了巨额战争赔款，清朝的统治阶层才最终从"中兴"的幻觉中清醒过来。

四、拓展阅读

（一）中国半殖民地半封建社会的历史特点

帝国主义列强侵略中国，在一方面促使中国封建社会解体，促使中国发生了资本主义因素，把一个封建社会变成了一个半封建的社会；但是在另一方面，它们又残酷地统治了中国，把一个独立的中国变成了一个半殖民地和殖民地的中国。将这两个方面的情形综合起来说，我们这个殖民地、半殖民地、半封建的社会，有如下的几个特点：

一、封建时代的自给自足的自然经济基础是被破坏了，但是，封建剥削制度的根基——地主阶级对农民的剥削，不但依旧保持着，而且同买办资本和高利贷资本的剥削结合在一起，在中国的社会经济生活中，占着显然的优势。

二、民族资本主义有了某些发展，并在中国政治的、文化的生活中起了颇大的作用；但是，它没有成为中国社会经济的主要形式，它的力量是很软弱的，它的大部分是对于外国帝国主义和国内封建主义都有或多或少的联系的。

三、皇帝和贵族的专制政权是被推翻了，代之而起的先是地主阶级的军阀官僚的统治，接着是地主阶级和大资产阶级联盟的专政。在沦陷区，则是日本帝国主义及其傀儡的统治。

四、帝国主义不但操纵了中国的财政和经济的命脉，并且操纵了中国的政治和军事的力量。在沦陷区，则一切被日本帝国主义所独占。

五、由于中国是在许多帝国主义国家的统治或半统治之下，由于中国实际上处于长期的不统一状态，又由于中国的土地广大，中国的经济、政治和文化的发展，表现出极端的不平衡。

六、由于帝国主义和封建主义的双重压迫，特别是由于日本帝国主义的大举进攻，中国的广大人民，尤其是农民，日益贫困化以致大批地破产，他们过着饥寒交迫的和毫无政治权力的生活。中国人民的贫困和不自由的程度，是世界所少见的。

这些就是殖民地、半殖民地、半封建的中国社会的特点。决定这种情况的，主要的是日本帝国主义和其他帝国主义的势力，是外国帝国主义和国内封建主义相结合的结果。

帝国主义和中华民族的矛盾，封建主义和人民大众的矛盾，这些就是近代中国社会的主要的矛盾。当然还有别的矛盾，例如资产阶级和无产阶级的矛盾，反动统治阶级内部的矛盾。而帝国主义和中华民族的矛盾，乃是各种矛盾中的最主要的矛盾。这些矛盾的斗争极其尖锐化，就不能不造成日益发展的革命运动。伟大的近代和现代的中国革命，是在这些基本矛盾的基础之上发生和发展起来的。

……

第二节　中国革命的对象

依照第一章第三节的分析，我们已经知道中国现时的社会，是一个殖民地、半殖民地、半封建性质的社会。只有认清中国社会的性质，才能认清中国革命的对象、中国革命的任务、中国革命的动力、中国革命的性质、中国革命的前途和转变。所以，认清中国社会的性质，就是说，认清中国的国情，乃是认清一切革命问题的基本的根据。

中国现时社会的性质，既然是殖民地、半殖民地、半封建的性质，那末，中国现阶段革命的主要对象或主要敌人，究竟是谁呢？

不是别的，就是帝国主义和封建主义，就是帝国主义国家的资产阶级和本国的地主阶级。因为，在现阶段的中国社会中，压迫和阻止中国社会向前发展的主要的东西，不是别的，正是它们二者。二者互相勾结以压迫中国人民，而以帝国主义的民族压迫为最大的压迫，因而帝国主义是中国人民的第一个和最凶恶的敌人。

……

第三节 中国革命的任务

既然现阶段上中国革命的敌人主要的是帝国主义和封建地主阶级，那末，现阶段上中国革命的任务是什么呢？

毫无疑义，主要地就是打击这两个敌人，就是对外推翻帝国主义压迫的民族革命和对内推翻封建地主压迫的民主革命，而最主要的任务是推翻帝国主义的民族革命。

中国革命的两大任务，是互相关联的。如果不推翻帝国主义的统治，就不能消灭封建地主阶级的统治，因为帝国主义是封建地主阶级的主要支持者。反之，因为封建地主阶级是帝国主义统治中国的主要社会基础，而农民则是中国革命的主力军，如果不帮助农民推翻封建地主阶级，就不能组成中国革命的强大的队伍而推翻帝国主义的统治。所以，民族革命和民主革命这样两个基本任务，是互相区别，又是互相统一的。

……

第五节 中国革命的性质

我们已经明白了中国社会的性质，亦即中国的特殊的国情，这是解决中国一切革命问题的最基本的根据。我们又明白了中国革命的对象、中国革命的任务、中国革命的动力，这些都是由于中国社会的特殊性质，由于中国的特殊国情而发生的关于现阶段中国革命的基本问题。在明白了所有这些之后，那末，我们就可以明白现阶段中国革命的另一个基本问题，即中国革命的性质是什么了。

现阶段的中国革命究竟是一种什么性质的革命呢？资产阶级民主主义的革命，还是无产阶级社会主义的革命呢？显然地，不是后者，而是前者。

既然中国社会还是一个殖民地、半殖民地、半封建的社会，既然中国革命的敌人主要的还是帝国主义和封建势力，既然中国革命的任务是为了推翻这两个主要敌人的民族革命和民主革命，而推翻这两个敌人的革命，有时还有资产阶级参加，即使大资产阶级背叛革命而成了革命的敌人，革命的锋芒也不是向着一般的资本主义和资本主义的私有财产，而是向着帝国主义和封建主义，既然如此，所以，现阶段中国革命的性质，不是无产阶级社会主义的，而是资产阶级民主主义的。

但是，现时中国的资产阶级民主主义的革命，已不是旧式的一般的资产阶级民主主义的革命，这种革命已经过时了，而是新式的特殊的资产阶级民主主义的革命。这种革命正在中国和一切殖民地半殖民地国家发展起来，我们称这种革命为新民主主义的革命。这种新民主主义的革命是世界无产阶级社会主义革命的一部分，它是坚决地反对帝国主义即国际资本主义的。它在政治上是几个革命阶级联合起来对于帝国主义者和汉奸反动派的专政，反对把中国社会造成资产阶级专政的社会。它在经济上是把帝国主义者和汉奸反动派的大资本大企业收归国家经营，把地主阶级的土地分配给农民所有，同时保存一般的私人资本主义的企业，并不废除富农经济。因此，这种新式的民主革命，虽然在一方面是替资本主义扫清道路，但在另一方面又是替社会主义创造前提。中国现时的革命阶段，是为了终结殖民地、半殖民地、半封建社会和建立社会主义社会之间的一个过渡的阶段，是一个新民主主义的革命过程。这个过程是从第一次世界大战和俄国十月革命之后才发生的，在中国则是从一九一九年五四运动开始的。所谓新民主主义的革命，就是在无产阶级领导之下的人民大众的反帝反封建的革命。中国的社会必须经过这个革命，才能进一步发展到社会主义的社会去，否则是不可能的。

……

第七节　中国革命的两重任务和中国共产党

总结本章各节所述，我们可以明白，整个中国革命是包含着两重任务的。这就是说，中国革命是包括资产阶级民主主义性质的革命（新民主主义的革命）和无产阶级社会主义性质的革命、现在阶段的革命和将来阶段的革命这样两重任务的。而这两重革命任务的领导，都是担负在中国无产阶级的政党——中国共产党的双肩之上，离开了中国共产党的领导，任何革命都不能成功。

——节选自毛泽东. 中国革命和中国共产党［M］//毛泽东选集：第二卷. 北京：人民出版社，1991：635.

【解析】革命与运动是历史进步的真正动力，它们能够变动社会生产关系，推动社会生产力的发展，但中国历史上农民革命与战争却总是被地主贵族利用，不能成功。毛泽东认为，封建社会农民革命总是失败的原因在于得不到先进阶级与政党的领导。毛泽东在《中国革命和中国共产党》中明确提出"新民主主义革命"的概念，发表了对革命对象、任务、动力、性质、前途的新见解。重新定义革命动力是新民主主义革命论的点睛之处，即以联合和斗争的辩证策略与谨慎的态度，寻求"敌人"和"朋友"之间的阶级联盟。毛泽东具体解释了新民主主义革命的内涵。他认为，资产阶级是反帝反封建的革命动力，那么现阶段的革命性质仍是资产阶级的民主革命，但不是旧式的革命形式，而是新民主主义革命。《中国革命和中国共产党》科学分析了中国革命的任务与性质，指出了中国共产党的重任，在此基础上产生的新民主主义革命论正确指导中国革命的发展。

对中国社会性质的认识是解决近代中国问题，完成社会革命的第一步。毛泽东在马克思主义指导下，结合中国实际，创造性地提出中国半殖民地半封建社会性质，透彻地揭示了中国革命的目标和任务，把马克思列宁主义基本原理同中国具体实际相结合，创立了毛泽东思想，为夺取新民主主义革命胜利指明了正确方向。

（二）实现中华民族伟大复兴就是最伟大的中国梦

《复兴之路》这个展览，回顾了中华民族的昨天，展示了中华民族的今天，宣示了中华民族的明天，给人以深刻教育和启示。中华民族的昨天，可以说是"雄关漫道真如铁"。近代以后，中华民族遭受的苦难之重、付出的牺牲之大，在世界历史上都是罕见的。但是，中国人民从不屈服，不断奋起抗争，终于掌握了自己的命运，开始了建设自己国家的伟大进程，充分展示了以爱国主义为核心的伟大民族精神。中华民族的今天，正可谓"人间正道是沧桑"。改革开放以来，我们总结历史经验，不断艰辛探索，终于找到了实现中华民族伟大复兴的正确道路，取得了举世瞩目的成果。这条道路就是中国特色社会主义。中华民族的明天，可以说是"长风破浪会有时"。经过鸦片战争以来170多年的持续奋斗，中华民族伟大复兴展现出光明的前景。现在，我们比历史上任何时期都更接近中华民族伟大复兴的目标，比历史上任何时期都更有信心、有能力实现这个目标。

回首过去，全党同志必须牢记，落后就要挨打，发展才能自强。审视现在，全党同志必须牢记，道路决定命运，找到一条正确的道路多么不容易，我们必须坚定不移走下去。展望未来，全党同志必须牢记，要把蓝图变为现实，还有很长的路要走，需要我们付出长期艰苦的努力。

每个人都有理想和追求，都有自己的梦想。现在，大家都在讨论中国梦，我以为，实现中华民族伟大复兴，就是中华民族近代以来最伟大的梦想。这个梦想，凝聚了几代中国人的夙愿，体现了中华民族和中国人民的整体利益，是每一个中华儿女的共同期盼。历史告诉我们，每个人的前途命运都与国家和民族的前途命运紧密相连。国家好，民族好，大家才会好。实现中华民族伟大复兴是一项光荣而艰巨的事业，需要一代又一代中国人共同为之努力。空谈误国，实干兴邦。我们这一代共产党人一定要承前启后、继往开来，把我们的党建设好，团结全体中华儿女把我们国家建设好，把我们民族发展好，继续朝着中华民族伟大复兴的目标奋勇前进。

我坚信，到中国共产党成立 100 年时全面建成小康社会的目标一定能实现，到新中国成立 100 年时建成富强民主文明和谐的社会主义现代化国家的目标一定能实现，中华民族伟大复兴的梦想一定能实现。

——节选自习近平参观《复兴之路》展览的讲话（2012 年 11 月 29 日）。

【解析】走西方的路不能实现我们的中国梦，这是中国近代以来民族复兴曲折发展历史所告诉我们的重要经验教训。在中国共产党带领下，我们找到了一条适合自己的道路——中国特色社会主义。习近平说，我们党领导人民不仅创造了举世所罕见的经济快速发展和社会长期稳定两大奇迹，而且成功走出了中国式现代化道路，创造了人类文明新形态。这些前无古人的创举，破解了人类社会发展的诸多难题，摒弃了西方以资本为中心的现代化、两极分化的现代化、物质主义膨胀的现代化、对外扩张掠夺的现代化老路，拓展了发展中国家走向现代化的途径，为人类对更好社会制度的探索提供了中国方案。

五、习题练习

1.（单选）近代中国半殖民地半封建社会的矛盾，呈现出错综复杂的状况，其中，贯穿整个中国半殖民地半封建社会的始终，并对中国近代社会的发展变化起到决定性作用的最主要的矛盾是（   ）。

A. 帝国主义和中华民族的矛盾
B. 无产阶级和资产阶级的矛盾
C. 封建主义和人民大众的矛盾
D. 农民阶级和地主阶级的矛盾

【答案】A
【考点】近代中国的主要矛盾
【解析】近代中国半殖民地半封建社会的矛盾呈现出错综复杂的状况，占支配地位的主要矛盾是帝国主义和中华民族的矛盾、封建主义和人民大众的矛盾，最主要的矛盾是帝国主义和中华民族的矛盾。故 A 选项为正确答案。BCD 选项不符合题意。

2.（单选）近代以来中华民族面临着争取民族独立、人民解放和实现国家富强、人民富裕两大历史任务。近代中国的历史表明，要争得民族独立和人民解放，必须首先（　　）。

A．发展教育提高国民素质

B．废除封建地主土地所有制

C．改变经济技术落后的面貌

D．进行反帝反封建的民主革命

【答案】D

【考点】近代中国的两大历史任务

【解析】近代以来中华民族面临的两大历史任务，就是争取民族独立、人民解放和实现国家富强、人民富裕。争取民族独立和人民解放要从根本上推翻半殖民地半封建统治，进行反帝反封建的民主革命。ABC选项不符合题意，故D选项为正确答案。

3．（单选）近代中国，一些爱国人士提出过工业救国、教育救国、科学救国等主张，并为此进行过努力，但这些主张并不能从根本上给濒临危亡的中国指明正确的出路，这是因为他们没有认识到（　　）。

A．争取民族独立和人民解放是实现民族复兴的前提

B．中国已经被卷入世界资本主义经济体系和世界市场中

C．中国是一个经济政治发展不平衡的国家

D．资本主义制度已经过时

【答案】A

【考点】近代中华民族的历史任务

【解析】近代以来中华民族面临的两大历史任务，就是争取民族独立、人民解放和实现国家富强、人民富裕。这两个任务是互相区别又紧密联系的，前一个任务为后一个任务扫清障碍，创造必要的前提；后一个任务是前一个任务的最终目的和必然要求。故A选项为正确答案。BCD选项不符合题意。

4．（单选）19世纪40年代以后，西方资本—帝国主义势力一次又一次地发动对中国的侵略战争，妄图瓜分中国、灭亡中国。但是，帝国主义列强并没有能够实现他们的这一图谋，其根本原因是（　　）。

A．中西文化存在巨大差异

B．中国经济政治发展不平衡

C．帝国主义列强之间的矛盾和互相制约

D．中华民族进行的不屈不挠的反侵略斗争

【答案】D

【考点】帝国主义列强未能实现瓜分中国图谋的原因

【解析】帝国主义列强不能灭亡和瓜分中国,最根本的原因是中华民族进行的不屈不挠的反侵略斗争。故 D 选项为正确答案。ABC 选项不符合题意。

5.（单选）帝国主义侵略中国的最终目的,是要瓜分中国、灭亡中国。中国在甲午战争中战败后,列强掀起了瓜分中国的狂潮,这集中体现在（　　）。

A. 从侵占中国周边邻国发展到蚕食中国边疆地区

B. 设立完全由外国人直接控制和统治的租界

C. 外国资本在中国近代工业中争夺垄断地位

D. 竞相租借港湾和划分势力范围

【答案】D

【考点】帝国主义的侵略

【解析】帝国主义对中国的侵略手段包括进行军事侵略、政治控制、经济掠夺和文化渗透。德、俄、英、法、日等国于 1898 年至 1899 年竞相租借港湾和划分势力范围,掀起了瓜分中国的狂潮。故 D 选项为正确答案。ABC 选项不符合题意。

6.（多选）1840 年,英国发动了鸦片战争,中国历史的发展从此发生重大转折。鸦片战争成为中国近代史的起点,这是因为,随着西方列强的入侵（　　）。

A. 中国的封建社会逐步变成了半殖民地半封建社会

B. 中国开始落后于西方资本主义国家

C. 中国人民逐渐开始了反帝反封建的资产阶级民主革命

D. 无产阶级与资产阶级的矛盾上升为占支配地位的主要矛盾

【答案】AC

【考点】中国社会性质变化的开始

【解析】鸦片战争成为中国近代史的开端,主要是因为鸦片战争结束后,我国由一个闭关锁国的封建国家逐步沦为半殖民地半封建国家。主要社会矛盾发生转变,即中国人民开始了反帝反封建的资产阶级民主革命。故 AC 选项为正确答案。BD 选项不符合题意。

7.（多选）鸦片战争以后,西方资本—帝国主义列强通过发动侵略战争,强迫中国签订一系列不平等条约,破坏中国的领土主权、领海主权、关税主权、司法主权等,中国丧失了完全独立的地位。但列强也没有能够如英国在印度那样,对中国实行直接的殖民统治,这是因为（　　）。

A. 中国人民进行了持久的反抗

B. 列强在争夺中的矛盾不平衡、不协调

C. 中国封建势力拒绝与列强合作

D. 中国长期以来是一个统一大国

【答案】ABD

【考点】近代中国社会的半殖民地半封建性质

【解析】帝国主义列强之所以没有能够实现瓜分中国的图谋，原因在于帝国主义列强之间的矛盾和互相制约。最根本的原因在于中国历史上长期是一个统一大国，中华民族进行的不屈不挠的反侵略斗争。中国的买办势力、封建势力与帝国主义势力相勾结，共同剥削、压迫中国人民，镇压中国革命，C选项错误。故ABD选项为正确答案。

8.（多选）中英《南京条约》签订后，美、法趁火打劫，相继逼迫清政府签订的不平等条约有（　　）。

A.《虎门条约》　　　　　　B.《望厦条约》

C.《黄埔条约》　　　　　　D.《天津条约》

【答案】BC

【考点】帝国主义对中国的侵略

【解析】1840年，鸦片战争爆发，经过两年战争，以清政府的失败告终。1842年8月29日清政府派钦差大臣耆英、伊里布与英国签订了中国近代史上第一个不平等条约《南京条约》。《望厦条约》是1844年7月中美签订的不平等条约，又称《中美五口贸易章程》。1844年10月，中法签订了《黄埔条约》又称《五口贸易章程：海关税则》。故BC选项为正确答案。《虎门条约》是1843年10月中英签订的不平等条约，是《南京条约》的补充条款。《天津条约》是第二次鸦片战争期间，英、法、俄、美强迫清政府在天津签订的。故AD选项不符合题意。

9.（多选）在半殖民地半封建社会的条件下，中国不可能在独立的基础上与外国发生经济往来。西方资本—帝国主义列强同中国发生经济关系，不是为了推动中国经济的发展，而是为了控制中国的经济。列强控制中国经济的方式有（　　）。

A. 控制中国的交通运输业　　　　B. 在中国设立银行

C. 控制中国的关税和盐税　　　　D. 在中国设立出版机构宣传西学

【答案】ABC

【考点】帝国主义侵略中国、控制经济的方式

【解析】帝国主义操纵中国经济命脉的具体方式表现为：第一，勒索赔款。中国政府通过以关税和盐税为担保来偿付这些赔款。第二，在中国设立银行。第三，控制中国的交通运输业。综上所述，故 ABC 选项为正确答案。而在中国设立出版机构宣传西学是文化方面的渗透，不是经济方面的内容，故 D 选项错误。

10.（多选）以下哪几项属于半殖民地半封建中国社会的特征（　　）。

A. 西方资本—帝国主义侵略势力日益成为支配中国的决定性力量

B. 中国封建势力日益衰败

C. 中国封建剥削制度的根基在广大地区内保持着

D. 中国新兴民族资本主义发展缓慢、力量薄弱

【答案】ABCD

【考点】近代中国半殖民地半封建社会特征

【解析】随着帝国主义侵略的深入和各种直接和间接的影响，帝国主义成为影响中国国内政治局势的关键性力量，特别是北洋时期军阀混战的背后均有各个帝国主义的影响。此消彼长之下，中国封建势力不断受到侵蚀，其经济、政治、社会等影响力不断下降，但是封建统治的经济基础——地主土地占有制仍在资本主义经济冲击下顽固地存在。中国民族资本主义发展先天不足，在封建主义和帝国主义夹缝中艰难生长，始终难以形成影响中国发展方向的决定性力量。故 ABCD 选项均正确。

专题二　为什么对国家出路的早期探索都失败了

一、学习目的

为了拯救民族危亡，中国人民奋起反抗，仁人志士奔走呐喊，进行了可歌可泣的斗争。太平天国运动、洋务运动、戊戌变法、义和团运动接踵而起，各种救国方案轮番出台，但都以失败告终。这些失败也就成为新民主主义革命发生的历史背景和逻辑前提。

通过学习，同学们必须充分认识农民阶级、洋务运动、资产阶级维新派的阶级局限性和历史局限性，深刻理解只有通过革命手段才能推翻封建专制统治，只有进行革命才能解决中国的政治危机。

以辩证唯物主义和历史唯物主义的立场、观点、方法，客观认识太平天国运动、洋务运动和戊戌变法运动的进步性和局限性，驳斥历史虚无主义观点。

二、重难点解析

（一）对太平天国运动失败原因的分析

作为近代农民阶级运动，太平天国运动的积极方面主要有以下几点：其一，起义时间长达几十年，余部又坚持4年，加速了清政府的衰败。其二，中国旧式农民战争最高峰。既有传统农民战争对土地的诉求，又有比较系统发展资本主义的方案，反映在近代中国半殖民地半封建社会背景下，农民阶级对内外冲击所作出的反应。其三，在意识形态上冲击了传统意识形态。太平天国运动的拜上帝教的宗教意识，冲击儒家思想的正统权威。

但是，太平天国运动也存在着农民阶级自身无法克服的局限性，主要表现在以下几方面：第一，农民阶级作为小生产者，不是新的生产力和生产关系的代表，他们无法克服小生产者所固有的阶级局限性，不能彻底摧毁封建制度而建立起新的社会制度；他们没有科学的世界观指导，不可能提出切实可行的社会改革方案，尽管颁布了《天朝田亩制度》这样的纲领，但它终究是不切实际的乌托邦。第二，太平天国是以宗教来发动、组织群众的，然而拜上帝教教义不仅不能正确指导斗争，反而给农民战争带来了危害。这揭示出在当时半殖民地半封建社会性质条件下，寻找从农业国家到工业国家的现代化发展出路，就必须要有新的科学理论作为革命行动的引领，这个理论的基础不可能在小农经济为基础的意识形态中找到。这就带来了向西方学习的必要性问题。第三，太平天国未能正确地对待儒学。近代以后在中国现代化转型过程中，文化转型是最为关键也是最为艰难一环。传统文化的强大惯性和心理影响，难以一刀两断地彻底否定。文化不可能一刀切断，我们今日"四个自信"中的"文化自信"就包括中华优秀传统文化，这是中国实现现代化中不可或缺的一部分。第四，太平天国的领袖们对于西方资本主义侵略者还缺乏理性的认识。在中国现代化道路探索中，西方永远不可能真心实意帮助我们，路只能靠自己走。从中国整个的现代化道路探索过程看，一切的现代化成就只能由中国人自己奋斗而得来。

（二）洋务（自强）运动的自救与不足

洋务运动，又称自强运动，是在19世纪60年代初清政府镇压太平天国运动的过程中和第二次鸦片战争结束后兴起的。

洋务运动兴起的最直接原因就是清王朝的封建统治秩序出现了严重危机。在镇压太平天国运动初期，清军屡遭失败，太平天国占据了南方大半富庶地区。一部分原因是太平军士气旺盛，势如破竹，同时太平天国与西方国家秘密交易先进武器，清军装备远远落后于太平军。在镇压太平天国运动的同时，第二次鸦片战争爆发，清政府的屈辱性失败进一步减损了其统治权威。

统治阶级内部的一部分人开始反思内外交困的原因。他们认为失败的主要原因是武器装备的落后。因而，在坚持原有封建专制基础上，着力解决技术层面问题，就成为洋务运动的方向。洋务运动的口号是"自强求富"，核心思想是"中体西用"。这体现了当时统治阶级的一部分人在半殖民地半封建社会条件下，对中国出路提出的一种探索思路——通过技术上的更新，延续原有的统治秩序和统治方式。

洋务运动的发生，意味着中国人开始一改对西方技术文明的蔑视，承认西方在武器、机器制造等方面的优势，开始引入西方机器制造方式，生产制造武器、船舶等。但这些尝试性的举动仍招致守旧派攻击掣肘。这深刻反映传统文化的巨大惯性，以及封建统治秩序下既得利益者的短视，揭示出封建专制制度的致命缺陷：在近代国家危在旦夕、列强虎视眈眈之际，专制制度下的少数既得利益者仍以一己之私，罔顾民族国家大义，妄图逆时代潮流，以保有个人利益为出发点，妄图从局部对封建制度修修补补以延续封建制度。洋务运动揭示出封建专制统治者的顽固保守和不可救药，甲午战争的惨败宣告了洋务运动的彻底失败，中国的民族危机进一步加深了。因此，彻底推翻专制主义制度，进行民主主义革命就成为历史的必然。

（三）维新运动失败的原因和启示

维新派希望通过与封建皇帝的合作，学习西方和日本，从制度层面进行改革。这显示了近代中国人对国家出路思考的进一步深入，相比洋务运动，对解决中国危机的关注点从技术层面转移到了政治层面。但专制皇权对权力的天然的敏感，使这场变法运动从一开始就埋下了失败的伏笔。如康有为上书中提倡的开议院、定宪法的分权主张均未被光绪采纳。在实施阶段，维新派选择的皇帝是一个没有实权和政治能力有缺陷的傀儡皇帝，所有的维新措施又过于激进，比如效仿西方政治制度进行的官制改革，裁撤机构部门和人员，得罪了大量官僚阶层，难于获得广泛支持。变革根基的薄弱致使保守势力轻易便可废除变法、中断维新运动。

戊戌维新运动失败的主观原因主要有以下几方面：维新派自身组织非常松散，难以形成政治上的影响力；维新派思想意识存在固有限制，作为传统的精英知识分子，维新派没有意识更没有能力去发动底层群众支持变法，使维新运动成为纯粹的上层运动；维新派政治经验不足，政策密集出台，根本没有考虑到一个传统社会面临系统改革的复杂性和接受度。

戊戌维新运动的失败给我们的启示是，在半殖民地半封建的旧中国，企图通过统治者走自上而下的改良的道路，是行不通的。要想争取国家的独立、民主、富强，必须用革命的手段，推翻帝国主义、封建主义联合统治的半殖民地半封建的政治制度。终于在1911年，孙中山先生领导的辛亥革命推翻了统治中国几千年的君主专制制度。

三、经典案例分析

案例一 《天朝田亩制度》与《资政新编》

《天朝田亩制度》是最能体现太平天国社会理想和这次农民起义特色的纲领性文件，与历次农民起义一样，均以土地的平均分配作为起义目的。根据"凡天下田，天下人同耕"的原则，将土地按亩产高低划分为九等，优劣搭配，按人口平均分配。凡 16 岁以上的男女，每人皆可分得一份数量相同的土地，不满 16 岁的减半。这是中国近代农民阶级以解决土地问题为中心的社会改革方案。其积极意义在于否定封建地主土地所有制，体现农民要求平均分配土地的强烈愿望，继承历代农民起义对"均平"的追求。但是也存在明显的局限，对土地的平均分配反映出小农经济下的小生产者的狭隘，这种回到自然经济、杜绝商品交换的想法已落后于时代。另外，绝对平均的社会理想，建立在自然经济低下生产力基础上的"均贫"，没有看到近代以后工业进步物质财富倍增下的"均富"可能性。

《资政新篇》是受西方影响的洪秀全的族弟洪仁玕所著，他在广州等地受到西方传教士影响，了解到较多西方国家的发展状况。洪仁玕对于西方国家的一定了解和积极评价在当时是比较少见的。因此，洪仁玕提出政治上学习西方法律、制度，经济上提倡发展工业，文化上兴学办报办医院，与西方国家进行平等外交交往。这些措施说明，洪仁玕已经跳出农民阶级小农意识，以对西方的观察和自己的理解，提出不同于以往农民起义的新的要求和设想，即在中国发展资本主义的方案，这深刻反映出近代半殖民地半封建社会背景对中国农民阶层思想观念上产生的冲击和影响，但他提出的主张仅仅停留在思想意识层面，从未得到太平天国高层的认可，在太平天国运动期间也从未得到实施。

【案例分析】

从以上太平天国运动两个不同方案可以看出，近代半殖民地半封建社会背景下农民运动有了新的因素，作为中国旧式农民起义最高峰，太平天国运动既有传统农民起义对土地的诉求，又出现了发展资本主义的方案，这反映了太平天国某些领导人试图通过向国外学习来寻找出路的一种努力。因此，太平天国运动具有了不同于以往农民起义的新的历史特点。

在近代中国千年未有之大变局的背景下，农民阶级中少数受西方影响的上层人物，如洪仁玕，提出了历来农民起义中从未出现过的新观点，接受和学习西方的先进之处，其核心是在中国发展资本主义工商业。洪仁玕本人在太平天国高层中昙花一现，其观点实际并没有得到大家任何反响和回应，也并没有改变农民起义的本质和方向。但是这种想法的出现，显示出农民阶级在近代中国屡遭屈辱情况下所作出的痛苦反思，他们不但从生产者角度，继续提出对于生产资料土地的诉求，而且也从新的社会历史趋势中，尝试性地提出新的可能发展方向，试图为中国开出药方。

但是，由于农民阶级自身阶级局限性，他们难以跳出历史循环论的魔咒，太平天国农民起义不可避免陷入封建化定势。在定都天京后，整个统治集团内部骄奢淫逸，争权夺利，相互残杀，不思进取，在中外敌对势力的联合绞杀之下，运动最终失败。太平天国运动的落幕，同时也宣告了在中国延续几千年的旧式农民运动的结束。

案例二 洋务运动军工产业的成绩与失败

在镇压太平天国运动的过程中，曾国藩、李鸿章发现他们的团练武装还停留在大刀长矛的冷兵器时代，而太平军则装备了西洋火器，在军事对抗中对清军具有碾压性优势。有感于此，清朝统治者不得不放下了高傲的身段，不再看不起外国的"奇技淫巧"，开始从国外进口先进兵器。洋务运动引入西方武器的根本目的在于延续专制统治的寿命，一方面可以和太平军作战，平定国内动荡局势，另一方面也可应对西方国家的侵略。

优良的武器需要付出高昂的代价。当时清政府进口一枝单发后膛枪，需要花费白银24两6钱，一枚英国12磅炮弹，需要花费约30两白银，这相当于清朝普通四口之家一年的收入。从1862年到1864年，淮军军费开支达1130万两白银，大部分都花在了武器装备上。根据中国清史研究所戴逸考证，即便在所谓盛世的乾隆时期，一个拥有50亩土地的中小地主全年收入不超过36两白银，而全家全年开销在33～38两白银之间。换言之，一个家里拥有50亩土地的小地主，一年最多只能攒下3两白银。到晚清时，内忧外患、战乱频仍，清政府收入受到很大的影响，装备西方武器不啻一笔巨资。

外国武器虽然好用，但经不住长期作战下的巨额开销。于是，清政府中的一部分官员，如李鸿章等，冲破重重压力，将西方机器制造，尤其是武器制造业引入了中国。从1861年到1911年，洋务派共建立44所军械所，进行枪械仿制、火炮仿制、火药生产、舰船建造等，部分武器制造水平甚至紧追先进西方国家。

但是，好景不长，号称亚洲第一的清朝军事工业，在甲午海战中却未能挽救北洋水师的覆灭，日本一跃成为新晋帝国主义国家，加入瓜分中国的行列中，近代中国的民族危机进一步加深了，洋务派的自强运动以失败而告终。

【案例分析】

整个洋务运动中，清政府管理与统筹能力薄弱，实施均由地方官员中少数思想先进者实验性开展。工业化发展所需的规模化效应难以形成。运动由地方官员推动，不可避免带有个人色彩和私利考虑，加之在统治者专制制度下，中央、地方、一些贵族对主导洋务运动的汉族官员的限制猜忌，使洋务运动的实效大打折扣。

洋务运动之前，中国人多以为武器不济才遭遇接连失败，但近代海陆军队的建立、工业机器的引入仍没有解决中国的民族危机。这就让人不得不认真思考，近代中国的一系列失败恐怕不是简单的"器不如人"。洋务派不管是出自真心还是不敢直视"中体"，他们顽固认为政治方面的变革没有必要，只希望在原有的政治体系上，嫁接西方先进武器、技术，使所谓"优良传统"的政治体系得到西方先进技术的支撑，将人类所有"精华"集于一体，从而避过败亡的命运。一段时间以来，通过技术的改进，以及与西方帝国主义关系暂时的缓和，一度让洋务派认为已经安然渡过内外交困的危机，但甲午战争的惨败及日本的兴起，让这种陈腐的专制政治体系嫁接先进技术的美梦彻底破灭。

洋务运动的失败其实也预示了，所谓的那些科技救国、技术救国、商业救国、医学救国……难以真正解决中国社会的主要矛盾，使中国摆脱民族危机。此时对民族独立和人民解放的救国道路的探索，中国人还在苦苦摸索中。

案例三　清末"公车上书"与清初"哭庙案"

甲午战争的惨败，1895年日本逼迫清政府签订《马关条约》，割占领土之广，赔偿数额之高，令当时在京参加会试的举人愤慨不已。康有为、梁启超联合部分举人联名上书，阻止签约，史称"公车上书"。此举标志着维新救亡政治运动的开始，揭开维新运动的序幕。

清统治者对知识分子采取严格的控制打击，这种文化专制来自对明朝覆灭的经验吸取。他们将明末知识分子上下联络、左右政局的情况，视为明亡原因之一。清统治者认为，这种在皇权体系之外声气相通的异己力量，是对皇权不可侵犯理念的严重侵扰。因此，清统治者对知识分子互相联络、影响社会的情况非常警惕，不择手段进行严厉镇压。

在清朝严厉的文化专制之下，甲午战争后竟然出现了士人上书、议论朝政，在社会中引发了巨大影响。"公车上书"显示了清朝专制统治对知识分子"莫谈国事"的长期压制出现了松动。这让人不得不想起200多年前的一场知识分子抗议所遭受的屠戮惨剧。

清朝初年曾发生过一桩涉及知识分子议论朝政的大案——"哭庙案"。案件主角是金圣叹，他为人狂放不羁，能文善诗，性格诙谐。他科举中第后，目睹社会黑暗，放弃仕途，以读书著述为乐，长于文学批评，评《水浒传》《西厢记》见解独到，是中国白话文学运动的先驱。

顺治十八年（1661年），吴县新任县令任维初为追收欠税，鞭打百姓，亏空常平仓的漕粮，激起苏州士人愤怒。三月初，金圣叹与100多个士人到孔庙聚集，悼念顺治帝驾崩，借机发泄积愤，到衙门给江苏巡抚朱国治上呈状纸，控诉任维初，要求罢免其职。朱国治下令逮捕其中11人，并为任维初遮瞒回护，上报京城诸生倡乱抗税，并惊动先帝之灵。清朝统治者有意威慑，再逮捕金圣叹等7名士人，在江宁会审，严刑拷问，后以叛逆罪判处斩首，于七月十三日行刑，是为哭庙案。

【案例分析】

对比清初的"哭庙案"和清末的"公车上书"两场运动，均由知识分子群体参与、组织，表达对现有政治秩序的不满。不同在于，清初知识分子遭严厉镇压，清末知识分子则掀起一股强烈的社会风潮，部分核心人物进入统治者小圈子，试图展开政治变革。原因何在？简单说，近代之后封建专制行将就木，对社会控制能力相对减弱，清政府一再丧权辱国，威信不断受损，对社会的高压控制已难以奏效。更重要的是，随着近代中国民族危机的不断加深，社会有了变革的呼声，已经到了不得不改革的地步，关注焦点也从技术层面转移到了政治层面。这反映了近代中国人对现代化的理解不断加深，对现代化道路的探索进入新的层次，清算封建专制制度成为一股不可遏抑的浪潮，不断冲击着腐朽封建王朝的根基。

四、拓展阅读

（一）对历史的评价应放到当时历史条件下分析

毛泽东同志等老一辈革命家，都是从近代以来中国历史发展的时势中产生的伟大人物，都是从近代以来中国人民抵御外敌入侵、反抗民族压迫和阶级压迫的艰苦卓绝斗争中产生的伟大人物，都是走在中华民族和世界进步潮流前列的伟大人物。

中华民族，具有5000多年绵延不绝的文明历史，为人类文明进步作出了不可磨灭的贡献。但是，由于封建制度的腐朽没落，中国在近代被世界快速发展的浪潮甩在了后面。1840年鸦片战争以后，在西方列强坚船利炮袭击下，中国危机四起、人民苦难深重，陷入半殖民地半封建社会的黑暗深渊。

实现中华民族伟大复兴始终是近代以来中国人民最伟大的梦想。无数志士仁人前仆后继、不懈探索，寻找救国救民道路，却在很长时间内都抱憾而终。太平天国运动、戊戌变法、义和团运动、辛亥革命接连而起,但农民起义、君主立宪、资产阶级共和制等种种救国方案都相继失败了。战乱频仍,民生凋敝,丧权辱国,成了旧中国长期无法消除的病疴。

中华民族是一个有志气的民族。为了探求救亡图存的正确道路,中国的先进分子带领中国人民始终坚持在苦难和挫折中求索、在风雨飘摇中前进,敢于挽狂澜于既倒、扶大厦之将倾,表现出了百折不挠的英雄气概。

……

对历史人物的评价,应该放在其所处时代和社会的历史条件下去分析,不能离开对历史条件、历史过程的全面认识和对历史规律的科学把握,不能忽略历史必然性和历史偶然性的关系。不能把历史顺境中的成功简单归功于个人,也不能把历史逆境中的挫折简单归咎于个人。不能用今天的时代条件、发展水平、认识水平去衡量和要求前人,不能苛求前人干出只有后人才能干出的业绩来。

——节选自习近平《在纪念毛泽东同志诞辰120周年座谈会上的讲话》(2013年12月26日)。

【解析】 以什么样的路径实现中华民族伟大复兴的梦想,是近代中国的历史课题。毛泽东同志最伟大的功绩,就是自觉担当起探索民族复兴道路的历史重任,夺取新民主主义革命胜利,创建新中国,实现了几代中国人梦寐以求的民族独立和人民解放,开启了民族复兴的新征程。

人是历史的产物,任何人都不可能脱离其所处的时代条件去创造历史、改变历史,而只能在具体的历史条件下活动,哪怕是像毛泽东同志这样的历史伟人也概莫能外。对此,习近平同志特别强调,"革命领袖是人不是神"。尽管他们拥有很高的理论水平、丰富的斗争经验、卓越的领导才能,但这并不意味着他们的认识和行动可以不受时代条件限制。因此,我们"不能因为他们伟大就把他们像神那样顶礼膜拜,不容许提出并纠正他们的失误和错误;也不能因为他们有失误和错误就全盘否定,抹杀他们的历史功绩,陷入虚无主义的泥潭"。总之,历史就是历史,历史不能任意选择。我们总结和吸取历史教训,目的是以史为鉴、更好前进。这样的一种客观历史认知也同样适用于我们看近代历史事件和人物。

(二)梁启超:《变法通议·自序》

法何以必变?凡在天地之间者,莫不变:昼夜变而成日,寒暑变而成岁;大地肇起,流质炎炎;热镕冰迁,累变而成地球;海草螺蛤,大木大鸟,飞鱼飞鼍,袋兽脊兽,彼生此灭,更代迭变,而成世界;紫血红血,流注体内,呼炭吸养,刻刻相续,一日千变,而成生人。藉曰不变,则天地人类并时而息矣。故夫变者,古今之公理也。贡助之法变为租庸调,租庸调变为两税,两税变为一条鞭。井乘之法变为府兵,府兵变为旷骑,旷骑变为禁军。学校升造之法变为荐辟,荐辟变为九品中正,九品变为科目。上下千岁,无时不变,无事不变,公理有固然,非夫人之为也。为不变之说者,动曰"守古,守古",庸讵知自太古、上古、中古、近古以至今日,固已不知万百千变。今日所目为古法而守之者,其于古人之意,相去岂可以道里计哉!

今夫自然之变,天之道也;或变则善,或变则敝,有人道焉,则智者之所审也。语曰:"学者上达,不学下达。"惟治亦然。委心任运,听其流变,则日趋于敝;振刷整顿,斟酌通变,则日趋于善。吾揆之于古,一姓受命,创法立制,数叶以后,其子孙之所奉行,必有以异于其祖父矣。而彼君民上下,犹偭焉以为吾今日之法,吾祖前者以之治天下而治,蘁然守之,因循不察,渐移渐变,百事废弛,卒至疲敝,不可收拾。代兴者审其敝而变之,斯为新王矣。苟其子孙达于此义,自审其敝而自变之,斯号中兴矣。汉唐中兴,斯固然矣!《诗》曰:"周虽旧邦,其命维新。"言治旧国必用新法也。其事甚顺,其义至明;有可为之机,有可取之法,有不得不行之势,有不容少缓之故。为不变之说者,犹曰"守古,守古",坐视其因循废弛,而漠然无所动于中。呜呼,可不谓大惑不解者乎!《易》曰:"穷则变,变则通,通则久。"伊尹曰:"用其新,去其陈,病乃不存,夜不炳烛则昧,冬不御裘则寒,渡河而乘陆车者危,易证而尝旧方者死。"今专标斯义,大声疾呼,上循土训、诵训之遗,下依蒙讽、鼓谏之义,言之无罪,闻者足兴。为十篇,分类十二。知我罪我,其无辞焉。

——节选自梁启超. 饮冰室全集[M]. 北京:中华书局,1982:358—359.

【解析】 清统治时期,长期奉行的闭关锁国政策培植了保守的基因,愚昧、落后的阴云密布九州大地。戊戌变法运动如同一声惊雷划破长空,给人们的思想带来巨大的冲击。光绪二十二年(1896)七月,黄遵宪等维新人士创办《时务报》,以梁启超为主笔,慷慨陈词,宣传维新变法,产生了热烈的反响。《变法通议》就是其中的重要著作,内容包括《自序》《论不变法之害》《论变法不知本原之害》等14篇,总计7万余字。这部著作有力地论述了变法的必要性与迫切性,对"学校""科举""学会"等问题进行了探讨,要求清政府仿效日本维新实行变法,免遭被列强瓜分之祸。作品在《时务报》陆续刊出,一时间举国趋之,有力地配合了变法运动,成为这一运动的纲领性著作。

(三)严复:《原强》(节选)

达尔文者,英之讲动植之学者也。承其家学,少之时,周历寰瀛。凡殊品诡质之草木禽鱼,窠集甚福,穷精眇虑。垂数十年而著一书,曰《物种探原》。自其书出,欧美二洲几于家有其书,而泰西之学术政教,一时斐变。论者谓之达氏之学,其一新耳目,更革心思,甚于奈端(牛顿)氏之格致天算,殆非虚言。其书谓:物类繁殊,始惟一本,其降而日异者,大抵以牵天系地之不同,与夫生理之常趋于微异;洎源远流分,遂阔绝相悬,不可复一。然而此皆后天之事,因夫自然,驯致如是,而非太始生理之本然也。

其书之二篇为尤著,西洋缀闻之士皆能言之,谈理之家摭为口实。其一篇曰"物竞",又其一曰"天择"。物竞者,物争自存也;天择者,存其宜种也。意谓民物于世,樊然并生,同食天地自然之利矣。然与接为构,民民物物,各争有以自存。及其稍进,则群与群争,弱者常为强肉,愚者常为智役。及其有以自存而遗种也,必强忍魁桀,趫捷巧慧,而与其一时之天时地利人事最其相宜者也。此其为争也,不必爪牙用而杀伐行也。习于安者使之为劳,狃于山者使之居泽,以是以与其习于劳、狃于泽者争,将不数传而其种尽矣。物竞之事,如是而已。是故每有太古最繁之种,风气渐革,越数百年数千年,消磨歇绝,至于靡有孑遗,如矿学家缩减之古兽古禽是已。动植如此,民人亦然。民人者,固动物之类也。达氏总有生之物,标其宗旨,论其大凡如此。至于证阐明确,犁然有当于人心,则非亲见其书者,莫能信也。此所谓以天演之学言生物之道者也。

......

夫如是,则一种之所以强,一群之所以立,本斯而谈,断可识矣。盖生民之大要三,而强弱存亡莫不视此:一曰血气体力之强,二曰聪明智虑之强,三曰德性义仁之强。

——节选自严复. 严复全集[M]. 福州:福建教育出版社,2015:147—148.

【解析】 受社会达尔文主义的影响,严复产生了"原强"的思想,即人及其人在竞争中潜在能力的发挥,是最为重要的。严复于1895年在天津的《直报》上发表了《原强》一文,阐述了其"鼓民力,开民智,新民德"的变法维新主张。严复在《原强》一文中提出,一个国家的强弱存亡决定于三个基本条件:"一曰血气体力之强,二曰聪明智慧之强,三曰德性义仁之强。"他幻想通过资产阶级的体、智、德三方面教育增强国威。"是以今日要政统于三端:一曰鼓民力,二曰开民智,三曰新民德"。所谓鼓民力,就是全国人民要有健康的体魄,要禁绝鸦片和禁止缠足恶习;所谓开民智,主要是以西学代替科举;所谓新民德，主要是废除专制统治，实行君主立宪，倡导"尊民"。要实现这三项要政的前提是承认竞争的价值，并且需使民彼此皆可基于平等原则由自治而自由。毋庸置疑，严复在向国人传播近代欧洲思想方面的作用是巨大的，尽管之前传教士和其他人士对西方思想观念有过一定的介绍，但若从"物竞天择，适者生存"这一著名的进化论观念对中国思想界的重大影响而言，恐怕还无出其右者。不仅梁启超受进化论的影响，新文化时期激进思想家们和青年学生（如毛泽东）大多也受严复译著和进化论的影响，表现出与传统彻底决裂的勇气和战斗精神。可以说，严复的工作本身就是革命性的，让中国当时的一批有志之士相信人的力量和思想的力量可以助中国求自强。实际上，严复是按照自己的理解对进化论及其"物竞天择""适者生存"给出了中国式的理解。

五、习题练习

1.（单选）19世纪60年代到90年代，清朝统治阶级内部的洋务派兴办近代企业，建立新式海陆军，创办新式学堂，派遣留学生。洋务派兴办洋务新政的主要目的是（　　）。

A. 迎合帝国主义

B. 维护封建统治

C. 对抗顽固派

D. 发展资本主义

【答案】B

【考点】洋务派兴办洋务事业的目的

【解析】洋务运动的指导思想是"中学为体，西学为用"，即以中国封建统治秩序为主体，用西方的近代工业和技术为辅助，并以前者来支配后者。由此可见，洋务派兴办洋务事业的主要目的是挽救清政府的统治危机，维护封建统治，而非对抗顽固派。故B选项为正确答案。ACD选项不符合题意。

2.（单选）1840年鸦片战争以后，中国不断遭受西方列强"船坚炮利"的欺凌，中华民族面临生死存亡的形势日益严峻，中国"睡狮"在西方列强的隆隆炮声中逐渐苏醒，标志中国人民的民族意识开始普遍觉醒的重大事件是（　　）。

A. 日本全面侵略战争

B. 中日甲午战争

C. 八国联军侵华战争

D. 中法战争

【答案】B

【考点】中国人民的民族意识普遍觉醒

【解析】鸦片战争以后，中国还只是少部分人有朦胧的民族觉醒意识。1895年《马关条约》的签订，殖民列强对中国的瓜分使得中华民族面临前所未有的危机，这时中国人才开始有了普遍的民族意识的觉醒。故B选项为正确答案。ACD选项不符合题意。

3.（单选）由于民族危机越来越严重，在维新派的推动和策划下，1898年6月11日，光绪皇帝颁布了"明定国是"谕旨，宣布开始变法，并在此后的103天中，接连发布了一系列推行新政的政令，史称"戊戌变法"，又称"百日维新"。"戊戌变法"是一场资产阶级性质的改良运动，这是因为变法的政令（　　）。

A. 触及封建制度根本

B. 果断采纳了维新派提出的开国会等政治主张

C. 一定程度上反映了资产阶级的政治和经济诉求

D. 带有彻底性和不妥协性

【答案】C

【考点】戊戌变法运动

【解析】戊戌变法运动是一次爱国救亡运动，是一场资产阶级性质的政治改良运动，试图用君主立宪制取代君主专制制度，虽然未能成功建立起资本主义的君主立宪制，其颁布的促进民族资本主义发展的若干措施也未能生效，但在政治、经济等领域冲击了封建制度，同时也是一场思想启蒙运动。故C选项为正确答案。ABD选项不符合题意。

4.（单选）甲午战争后，维新运动迅速兴起，针对洋务派提出的"中体西用"的方针，维新派指出，"体"与"用"是密不可分的。中学有中学的"体"与"用"，西学有西学的"体"与"用"，把中学之"体"与西学之"用"混在一起，就如同让"牛体"产生"马用"一样荒谬。维新派与洋务派分歧的实质是（　　）。

A. 要不要社会革命

B. 要不要以革命手段推翻清王朝

C. 要不要在中国兴办近代企业

D. 要不要学习西方的政治制度与思想文化

【答案】D

【考点】维新派与守旧派的论战

【解析】维新派与守旧派的论战主要围绕三个问题展开：第一，要不要变法；第二，要不要兴民权、设议院、实行君主立宪；第三，要不要废八股，改科举和兴西学。洋务派坚持"中体西用"，但维新派要求引用和学习西方的政治制度与思想文化，双方在这一点上的分歧是最根本的。这是资产阶级思想与封建主义思想在中国的第一次正面交锋。故 D 选项为正确答案。ABC 选项不符合题意。

5.（单选）戊戌维新运动是一次爱国救亡运动，也是一次资产阶级性质的政治改良运动。维新派尽管不敢从根本上否定封建主义，但突破了洋务派"中体西用"思想的局限，主张（　　）。

A. 用君主立宪制取代君主专制制度

B. 用民主共和制取代封建专制制度

C. 用总统共和制取代君主立宪制

D. 用议会共和制取代君主立宪制

【答案】A

【考点】百日维新

【解析】戊戌维新运动是一场资产阶级性质的政治改良运动。维新派突破洋务派"中体西用"思想的局限，主张改革君主专制制度。他们鼓吹民权并提出开议院的主张，也就是要用君主立宪制取代君主专制制度。戊戌维新运动虽然未能成功地建立起资本主义的君主立宪制度，其颁布的促进民族资本主义发展的若干措施也未能生效，但在政治、经济等领域一定程度上冲击了封建制度。B 选项是辛亥革命的主张，进行政治革命，建立资产阶级共和国。CD 选项与中国革命历史无关，均排除。故 A 选项为正确答案。

6.（多选）第二次鸦片战争后，清朝统治集团内部一部分人震惊于西方列强的"船坚炮利"，主张学习西方以求"自强"，洋务运动由此兴起。洋务运动的一个重要内容就是创办新式学堂，主要有（　　）。

A. 翻译学堂

B. 工艺学堂

C. 军事学堂

D. 法政学堂

【答案】ABC

【考点】洋务运动

【解析】洋务派主张学习西方以求"自强"，洋务运动由此兴起，创办新式学堂是洋务派操办的洋务事业之一。从19世纪60年代到90年代的30多年间，洋务派共创办新式学堂30余所，主要有三种：翻译学堂、工艺学堂和军事学堂。综上所述，ABC选项为正确答案，D选项法政学堂不为洋务派所创办，故错误。

7.（多选）甲午战争，对中国人民和中华民族具有特殊含义，在我国近代史上也具有特殊含义。1894年7月，日本发动甲午战争，清朝在战争中战败。这场战争对中国的影响主要有（　　）。

　　A. 中国海关的行政权落入外国人手中

　　B. 中国人开始有了普遍的民族意识觉醒

　　C. 台湾岛被日本侵占

　　D. 帝国主义列强掀起瓜分中国的狂潮

【答案】BCD

【考点】甲午战争

【解析】中日甲午战争后，签订了《马关条约》，割让台湾岛给日本，帝国主义列强对中国争夺和瓜分的图谋也在甲午战争爆发后达到高潮，更使中华民族的各阶级、各阶层普遍产生了亡国灭种的危机感。甲午战争后，中国的民族意识开始普遍觉醒。综上所述，BCD选项为正确答案。而中国海关的行政权落入外国人手中是在鸦片战争后，比中日甲午战争的时间要早，故A选项错误。

8.（多选）1898年的"百日维新"如昙花一现，只经历103天就夭折了。谭嗣同在慷慨就义前仰天长叹："有心杀贼，无力回天。"维新派"无力回天"的原因主要是（　　）。

　　A. 他们提倡全面学习"西学"，彻底否定"中学"

　　B. 他们遭到了以慈禧太后为首的强大的守旧势力的反击和镇压

　　C. 他们不敢触动封建主义的经济基础

　　D. 他们惧怕人民群众，把改革的全部希望寄托在一个没有实权的皇帝身上

【答案】BCD

【考点】百日维新

【解析】维新派试图通过光绪皇帝推行的改革方案遭到了封建守旧势力的激烈反对，最终在以慈禧太后为首的强大的守旧势力的反击和镇压中失败。戊戌维新运动的失败，主要是由于他们不敢否定封建主义。他们在政治上不敢根本否定封建君主制度；在经济上，他们虽然要求发展民族资本主义，却未触及封建主义的经济基础。同时他们惧怕人民群众，把改革的全部希望寄托在一个没有实权的皇帝身上。综上所述，BCD选项为正确答案。A

选项不符合题意。

9. （多选）洋务运动最终以失败而告结束，是因为自身的缺陷限制了其发展，这些自身的缺陷有（   ）。

    A. 洋务运动具有封建性

    B. 洋务运动对西方列强具有依赖性

    C. 洋务企业的管理具有腐朽性

    D. 对企业的工人具有剥削性

【答案】ABC

【考点】洋务运动

【解析】洋务运动是地主阶级的一场自救运动，希望以西方科学技术继续维护其封建统治，因而具有封建性。洋务派的实用主义立场，使他们将大部分的发展希望寄托在西方列强身上，在技术的发展上完全仰人鼻息。洋务运动之中，封建官僚直接或间接参与到企业管理中，以陈腐的官场文化腐蚀了新出现的企业文化。故 ABC 选项为正确答案。对工人的剥削并不是洋务派本身的缺陷，而是雇佣劳动关系中资本占有者对出卖劳力工人的剥削，故 D 选项错误。

10. （多选）戊戌维新运动在中国近代史上的重大历史意义主要体现在戊戌维新运动是（   ）。

    A. 一场反帝反封建的革命运动

    B. 一场爱国救亡运动

    C. 一场资产阶级性质的政治改良运动

    D. 一场思想启蒙运动

【答案】BCD

【考点】百日维新

【解析】中国共产党是近代各政治力量中唯一能够提出反帝反封建历史任务的政党，当时的戊戌维新派尚不具有这种认识，故 A 选项错误。戊戌维新运动发生在甲午战争战败后，以挽救国家危亡为目的，故 B 选项正确。戊戌维新所提出的开议会、定宪法等主张，具有资产阶级改良运动性质，故 C 选项正确。戊戌维新运动推动了西方思想学说在中国的传播，打破了当时中国闭塞的气氛，故 D 选项正确。

专题三　为什么说辛亥革命既成功了又失败了

一、学习目的

全面了解辛亥革命爆发的历史背景；熟悉武昌起义、帝制覆亡、民国建立与袁世凯窃国的过程；掌握以孙中山为代表的资产阶级革命派的主要活动、基本理论及其与改良派论战的基本情况；分析辛亥革命的历史意义与失败原因，对辛亥革命进行正确认识和全面评价。

能够以辩证唯物主义和历史唯物主义的立场、观点、方法，客观评价辛亥革命的成功与失败，正确认识和全面评价辛亥革命的历史意义。

能够认识到孙中山是伟大的民族英雄，是中国民主革命的先行者，他率先喊出"振兴中华"的口号，领导中国实现 20 世纪伟大历史性巨变；结合辛亥革命的失败，理解资产阶级共和国方案为什么在中国行不通，中国革命为什么必须在中国共产党的领导下，以马克思主义为指导，紧紧依靠人民群众，开展武装斗争，才能取得胜利。

二、重难点解析

（一）辛亥革命的历史意义

辛亥革命是一次比较完全意义上的资产阶级民主革命。它是中国人民为救亡图存、振兴中华而奋起革命的一个里程碑，是 20 世纪中国的第一次历史性巨变，具有伟大的历史意义。

1. 辛亥革命赶跑了封建皇帝，推翻了统治中国 260 多年的清王朝，废除了在中国延续了 2000 多年的封建君主专制制度，建立了中国历史上第一个资产阶级共和政府，使民主共和的观念开始深入人心，并在中国形成了"敢有帝制自为者，天下共击之"的民主主义观念。正因为如此，当袁世凯、张勋先后复辟时，均受到了社会舆论的强烈谴责和人民群众的坚决反抗。

2. 辛亥革命推翻了清政府，沉重打击了帝国主义的侵略势力。辛亥革命之后，帝国主义不得不一再更换他们的在华代理人，但再也找不到能够控制全局的统治工具，再也无力在中国建立比较稳定的统治秩序。

3. 辛亥革命推动了中国民族资本主义经济的发展。南京临时政府成立后，以振兴实业为目标设立了实业部，先后颁布了一系列有利于工商业发展的政策和措施，推动了民族资本主义经济的发展。

4. 辛亥革命解放了人们的思想，掀起了中国近代史上又一次思想解放潮流。自古以来，皇帝被看作至高无上、神圣不可侵犯的绝对权威，如今连皇帝都可以被打倒，那么还有什么陈腐的东西不可以被怀疑、不可以被抛弃？辛亥革命激发了中国人民的爱国热情，打开了思想进步的闸门。

5. 辛亥革命促使社会经济、思想观念和社会风俗等方面发生了新的积极变化。南京临时政府成立后，颁布了一系列新的政策法令和革新措施，主要包括：革除社会陋习，如禁止蓄辫、缠足、赌博，严禁种植和吸食鸦片；树立民主新风，如官员、官民之间均为平等关系，废除清朝官场称呼"大人、老爷"的恶习，废除跪拜之礼，改行鞠躬礼；保障人权平等，允许女子参政，禁止买卖奴婢，禁绝贩卖华工，禁止刑讯、体罚等；实行教育改革，提倡男女同校、奖励女学，将各种旧式学堂改为学校，禁止使用清廷学部颁行的教科书，增设自然科学、工商业和工艺方面的课程。毫无疑问，这些措施的推行，对社会经济、思想观念和社会风俗等方面产生了新的积极的影响。

6. 辛亥革命对亚洲和世界人民的民族解放运动产生了重要影响。在辛亥革命的推动下，越南、印度尼西亚、菲律宾等国人民都掀起了争取民族解放的运动，形成了亚洲民族解放运动的一次高潮。

（二）辛亥革命失败的原因和教训

以袁世凯为首的北洋军阀窃取了辛亥革命的果实，资产阶级领导的旧民主主义革命以失败而告终。而旧民主主义革命的失败，有其深刻的社会历史原因：帝国主义决不允许中国成为一个独立、富强的资产阶级共和国，它们对中国革命采取破坏、不支持的政策；封建主义在军事实力、政治经验及社会基础等方面都大大超过革命派，这是其失败的客观原因；资产阶级革命派政治上的软弱性和妥协性，则是革命失败的主观原因。其具体表现是：

第一,资产阶级革命派没有提出彻底的反帝反封建的革命纲领。从辛亥革命整个过程中我们看到,同盟会反清、反对君主政体,却放过了主要敌人,因此,在清皇帝退位后,就失去了前进的目标。他们不敢和外国资本主义进行正面斗争,幻想以妥协和退让得到外国资本主义的同情与支持,结果革命却被外国资本主义所绞杀。他们只关注建立"共和"政权,没有认识到必须反对封建地主阶级,结果让袁世凯篡夺了革命果实。第二,资产阶级革命派不能充分发动和依靠人民群众。辛亥革命没有触动半殖民地半封建社会的经济基础,不能充分发动和依靠群众特别是农民群众。他们利用会党、新军,却不发动广大农民群众,在革命的高潮时期,甚至镇压农民的反封建斗争。第三,资产阶级革命派没有建立一个坚强的革命政党,难以形成团结一切革命力量的强有力的核心。中国同盟会从成立时起,思想上就缺乏统一信仰,组织上也不够巩固和团结。历史事实证明,这样的政党是不可能领导资产阶级革命走向胜利的。第四,没有建立自己的军队。要革命就必须建立一支革命的武装,没有军队的支持,推翻反动政权,改造社会,只能是一句空话。

辛亥革命失败的教训:革命尚未成功,同志仍需努力。"革命尚未成功"就是指资产阶级共和国方案在中国行不通;"同志仍需努力"就是指中国革命必须在中国共产党的领导下,以马克思主义为指导,紧紧依靠人民群众,开展武装斗争,才能取得胜利。

(三)正确评价"三民主义"的意义和局限

孙中山在《民报》发刊词中,将同盟会纲领概括为"民族、民权、民生",这是第一个资产阶级革命纲领,也是第一个资产阶级共和国方案。

民族主义包括"驱除鞑虏,恢复中华"两项内容,即推翻清王朝、变半殖民地半封建的中国为独立富强的中国,也就是孙中山所说的民族革命。这里尤其强调,民族主义并不是简单的"排满"主义,或者"反清复明",要将民族主义同种族复仇主义区别开来。在当时,腐朽的清王朝已成为帝国主义统治中国的工具,中华民族与帝国主义的矛盾、人民大众与封建主义的矛盾,已集中体现在中国人民与清统治阶级的矛盾上。因此,要拯救危亡,争取民族独立,就必须推翻清王朝的统治。民权主义的内容是"创立民国",即推翻君主专制制度,建立资产阶级性质的民主共和国,也就是孙中山所说的政治革命。其目标是按照自由、平等、博爱的精神,给国民以权利,建立"国民的国家"。民生主义的内容为"平均地权",也就是孙中山所说的社会革命,也是同盟会的经济主张。它旨在取消土地垄断,实现土地国有,具体做法是:国家对土地核定地价,把革命后因社会经济发展增长的地价归国家所有,并由国家逐步向地主收买土地。孙中山认为当时西方资本主义国家暴露出来的各种矛盾和弊病,其根本原因在于未能解决土地问题。为了能够使中国在革命成功后避免资本主义的祸害,以致造成新的社会危机,他提出民生主义,希望能够"举政治革命、社会革命毕其功于一役"。

三民主义的意义和局限。三民主义是第一个比较完整的资产阶级民主革命纲领,它的提出对统一革命党人的思想和动员、号召群众起到了巨大的积极作用。但是,三民主义依然存在着一些缺陷,例如,主张民族主义却没有明确提出反对帝国主义的口号;主张民权主义但又不敢依靠广大工农群众;主张民生主义而又缺乏使农民获得土地的内容。因此,同盟会成员对这一纲领的理解存在着分歧,有的单纯从"反满"的角度去理解民族主义;有的不赞成民生主义,而只接受民族、民权主义;有的虽然接受了三民主义,但在具体解释上却有着很大的差异。

三、经典案例分析

案例一 "中山装"的细节

作为反清革命的领袖,孙中山深谙改易服装的政治象征意义,将断发易服视为革命性标志。在日常生活中,孙中山深感西装穿着不便,而中国原有的服装过于陈旧、拖沓,因此致力于新服装的创制。孙中山在创制中山装的过程中,对衣服上诸多细节的设计既颇具匠心又含义丰富。衣服上衣外置的四个口袋代表"国之四维"之意,即礼、义、廉、耻;衣袋上面弧形中间突出的袋盖,笔山形代表对知识分子的重视;前襟的五粒纽扣和五个口袋(其中一个隐藏在衣襟的内侧)代表五权宪法,即行政权、立法权、司法权、考试权、监察权(其中代表监察权的纽扣和口袋在领口和内里,以彰显监察权的监督作用和监察的重要性);前襟四个口袋上的四粒纽扣则表示人民所拥有的四权,即选举权、创制权、罢免权、复决权;衣服袖口上的三粒纽扣代表着民族、民生、民权的三民主义;衣领为翻领封闭式,表示严谨的治国理念;衣服的背部不缝缝,表示国家和平统一之大义。

【案例分析】

孙中山先生是站在时代前列的历史伟人,是伟大的爱国主义者,是中国民主革命的伟大先驱。他为追求民族独立、民主自由和民生幸福贡献了毕生精力。他主张"适乎世界之潮流,合乎人群之需要",敢于向几千年来被视为神圣不可侵犯的皇权制度和一切阻碍社会进步的反动势力宣战。为了建立真正的资产阶级民主共和国,孙中山从其设计的中山装细微处着手,处处体现民主共和的观念,同时又重视理论建构,全方位为未来的新国家绘制出宏伟蓝图。

案例二 孙中山的三封遗嘱

《家事遗嘱》:"余因尽瘁国事,不治家产。其所遗之书籍、衣物、住宅等,一切均付吾妻宋庆龄,以为纪念。余之儿女已长成能自立,望各自爱,以继余志。此嘱!"

《国事遗嘱》:"余致力国民革命,凡四十年,其目的在求中国之自由平等。积四十年之经验,深知欲达到此目的,必须唤起民众及联合世界上以平等待我之民族,共同奋斗。现在革命尚未成功。凡我同志,务须依照余所著《建国方略》《建国大纲》《三民主义》及《第一次全国代表大会宣言》,继续努力,以求贯彻。最近主张召开国民会议及废除不平等条约,尤须于最短期间,促其实现。是所至嘱!"

以上两篇遗嘱为孙先生口述。

最后一篇是写给苏联政府的遗书——《致苏俄遗书》,孙先生用英语口述,由苏联顾问鲍罗廷、宋子文、陈友仁、孙科记录写成,全文如下:

苏维埃社会主义共和国大联合中央执行委员会亲爱的同志:

我在此身患不治之症。我的心念此时转向于你们,转向于我党及我国的将来。

你们是自由的共和国大联合之首领,此自由的共和国大联合,是不朽的列宁遗产与被压迫民族的世界之真遗产。帝国主义下的难民,将藉此以保卫其自由,从以古代奴役战争偏私为基础之国际制度中谋解放。

我遗下的是国民党,我希望国民党在完成其由帝国主义制度解放中国及其他被侵略国之历史的工作中,与你们合力共作。命运使我必须放下我未竟之业,移交于彼谨守国民党主义与教训而组织我真正同志之人。故我已嘱咐国民党进行民族革命运动之工作,俾中国可免帝国主义加诸中国的半殖民地状况之羁缚。为达到此项目的起见,我已命国民党长此继续与你们提携。我深信你们政府亦必继续前此予我国之援助。

亲爱的同志,当此与你们诀别之际,我愿表示我热烈的希望,希望不久即将破晓,斯时苏联以良友及盟国而欢迎强盛独立之中国,两国在争世界被压迫民族自由之大战中,携手并进以取得胜利。

谨以兄弟之谊,祝你们平安!

【案例分析】

从孙中山遗嘱中我们可以看到，孙中山的爱国之心溢于言表，直到生命的最后一刻，还在为国为民担忧。1918年后，孙中山开始改变自己此前关于辛亥革命已获成功的论断，这使他晚年的思想和革命策略都发生了很大变化，而促使他思想发生重大变化的一个重要原因，是1917年俄国十月革命的胜利为他提供了新的参照。孙中山十分羡慕俄国革命彻底扫除封建专制、直接建立社会主义共和国家的成果，并以此为对照，得出辛亥革命进行得不彻底的结论："我们革命党只推翻大皇帝，那些小皇帝还没有推翻，故民国徒有民国之名，仍受专制之实。这个毛病是在中国革命不彻底，不能像俄国一样，不能把那旧皇室的官僚武人一概肃清。"他还说："中国之革命党经验不多，遂令反对派得尽其技，没有俄国那种好方法以防范反革命派，使其不能从中破坏。故俄国虽迟我六年革命而已成功，我虽早六年而仍失败。"从这时起，孙中山逐步认识到，建立美国、法国式共和政府为首要目标的革命未必走得通，他对中国革命路径的探索方向发生了重大转变，俄国社会主义革命成为孙中山追求中国民主、独立、富强之路的新范本。因此，他热烈地欢迎苏联和中国共产党的帮助，和中国共产党建立革命的统一战线，把"旧三民主义"发展为"新三民主义"，提出了"联俄、联共、扶助农工"的口号。然而令人扼腕的是，孙中山未能看到国民革命军北伐胜利，更没有机会实践与验证他的民生主义即"国家社会主义"道路就病逝了。他终生未竟的革命理想，不仅是要建成一个与欧美并驾齐驱的富强国家，还要建成一个超越欧美的幸福社会，这些，作为孙中山真正继承者的中国共产党人，始终没有停止探索与追求。孙中山先生逝世后，中国共产党人继承他的遗愿，同一切忠于他的事业的人们继续奋斗，不断实现和发展了孙中山先生和辛亥革命先驱的伟大抱负。

案例三 "西北革命巨柱"井勿幕

井勿幕（1888—1918），原名泉，字文渊，后通用勿幕。陕西蒲城人，祖居广阳镇井家塬村（今属铜川市印台区）。

少年时，家道衰落。光绪二十九年（1903）十一月，井勿幕东渡日本，先后入东京大成中学及经纬学堂求学。中国同盟会在东京成立时井即加入。光绪三十一年（1905）冬，年仅17岁的青年英杰井勿幕，从日本留学回陕，奉孙中山命在陕西建立同盟会组织，并被孙中山委任为同盟会陕西支部部长。1906年春在三原北极宫召开同盟会陕西会员全体会议。同年夏，再度赴日，在东京联络陕西籍同盟会会员，组建陕西同盟会分会。据《西安市志》记载:"光绪三十三年(1907)二月,井勿幕由日本国回陕,在西安东大街开元寺召开第一次同盟会会员大会。"于是,开元寺在辛亥革命中成为西安推翻清帝制的点燃火种之地。同年九月初九,即1907年10月15日,井勿幕与陕西各界反清人士秘密恭祭轩辕黄帝,他们在祭文中明确提出:"驱除鞑虏,光复故物;扫除专制政权,建立共和国体"的奋斗纲领。

不久,井勿幕第三次赴日本。光绪三十四年(1908)正月,陕西留日学生在东京创办《夏声》杂志,井勿幕是主要负责人之一,曾以"侠魔"的笔名发表文章多篇,揭露清政府的黑暗统治和帝国主义列强瓜分中国的阴谋。井勿幕和吴玉章等人经常联系,支撑同盟会工作。

光绪三十四年九月(1908年10月),井勿幕投入并领导了席卷全省的反清学生运动;清宣统二年(1910)春,井勿幕奉孙中山令从上海回陕,在泾阳柏氏花园召集同盟会领导人和哥老会、刀客代表会议,传达总部对陕西起义的指示,讨论在陕西起义的方法。六月初三(7月9日),同盟会领导人和哥老会首领等30余人,在西安大雁塔歃血结盟,共图起义大举。同年秋,井勿幕和吴玉章、熊克武等人赴香港,与黄兴共同筹划广州起义。宣统三年(1911年4月27日)广州起义爆发,次日失败。井勿幕因在陕西还没出发而得免遇难。

辛亥革命西安起义前,因陕西军政当局得到武昌起义消息防范甚严,又改定由井勿幕、胡景翼率刀客在渭北发难,钱鼎等策动新军在西安响应。井勿幕遂赶赴渭北部署,并在黄龙山组训骑兵。接着西安起义提前。井勿幕在渭北得到消息,即赴三原召集武装十余营响应。西安光复后,有同盟会会员提议井勿幕为大都督,井勿幕坚决推辞,遂就任陕西北路宣慰安抚招讨使,负责渭北各县军务。12月,他奉陕西军政府命令率部赴山西增援,攻克运城,解山西革命军之围。陕西西路告急,井勿幕又率部回陕增援作战,并和宋向辰、王一山等组织炸弹队,在西路保卫战中发挥了重要作用。

1912年8月,井勿幕在西安五味什字的湖广会馆召开会议,决定同盟会陕西支部与统一共和党陕西支部合并成立中国国民党秦支部,井勿幕被选为支部长。随后井勿幕离陕赴沪,随章太炎研习古文。"二次革命"爆发,井勿幕约曹印侯共谋讨袁,失败后,井勿幕避居日本。而后又在上海和云南继续参加反袁斗争。先后任护国军第一梯团司令刘一峰部队参谋和川、滇护国联军总司令熊克武部队参谋长,奔走于蔡锷和熊克武两军之间。1916年3月,袁世凯被迫取消帝制,再称大总统。井勿幕又联合民党进步人士,以19省公民名义发表宣言,反对袁世凯再称总统,指出"袁逆不死,大祸不止"。

1916年7月李根源出任陕西省省长，力请井勿幕协助，井勿幕遂于次年3月回陕就任关中道道尹。任职期间，以禁烟闻名于军民，对财政、教育各端屡有建议，但均因陈树藩阻挠而难以实施。

1917年至1918年间陕西各地起义树靖国军旗帜，反段（祺瑞）倒陈（树藩）。陈树藩极为惊慌，于1918年11月派井勿幕去三原，欲借井勿幕的威望统驭陕西靖国军。因井勿幕在陕西深孚众望，果然一到三原，即被推举为陕西靖国军总指挥，陈树藩的阴谋破产了。不幸的是11月21日井勿幕在陕西兴平县南仁堡被奸人设谋，遇刺身亡，时年31岁。

陕西靖国军总司令于右任含泪握笔，将井勿幕烈士的英勇事迹，呈文上报广州革命政府，文中说："名家龙虎，关中凤鸾，奔走南北者十余年，经营蜀、秦者可百余战。慨虎口之久居，已乌头之早白。淮阴入汉，旋登上将之坛；士会渡河，胥慰吾人之望。武侯之指挥未定，君叔之志俱歼。于11月21日被刺于兴平之南仁堡，莫归先轸之元，空洒平陵之泪。"

经广州革命政府决议，将井勿幕生平事迹，宣付国民党党史委员会立传，并由国民政府明令褒扬。又由井勿幕曾在上海跟随研习古文的著名民主革命家、国学大师章太炎撰《井勿幕墓志铭》。

1930年12月，陕西省政府主席杨虎城为井勿幕烈士撰写《井先生纪念碑铭》。

——节选自记忆老西安：第一卷［M］．北京：线装书局，2019：123—124．

【案例分析】

井勿幕一生致力于民主革命，是陕西辛亥革命重要的领导，他推动了陕西辛亥革命的发展，使陕西成为全国最早响应武昌起义的省份之一，最终铸就共和伟业。民国建立后，他不计得失，放弃权力，追求学业，显示出高尚风范和人格操守。面对袁世凯的倒行逆施，井勿幕又毅然重新投身波涛汹涌的军政界，最终为民主共和理想献出宝贵生命。井勿幕的人生是短暂的，但他所留下的爱国爱家的精神财富却是丰富的。以井勿幕为代表的为国家民族独立而英勇献身的所有英烈值得我们永远铭记和缅怀。

四、拓展阅读

（一）孙中山与"三民主义"

近时杂志之作者亦夥矣。姱词以为美，嚣听而无所终，摘埴索涂不获，则反复其词而自惑。求其斟时弊以立言，如古人所谓对症发药者，已不可见，而况夫孤怀宏识、远瞩将来者乎？夫缮群之道，与群俱进，而择别取舍，惟其最宜。此群之历史既与彼群殊，则所以掖而进之之阶级，不无后先进止之别。由之不贰，此所以为舆论之母也。

余维欧美之进化，凡以三大主义：曰民族，曰民权，曰民生。罗马之亡，民族主义兴，而欧洲各国以独立。洎自帝其国，威行专制，在下者不堪其苦，则民权主义起。十八世纪之末，十九世纪之初，专制仆而立宪政体殖焉。世界开化，人智益蒸，物质发舒，百年锐于千载，经济问题继政治问题之后，则民生主义跃跃然动，二十世纪不得不为民生主义之擅场时代也。是三大主义皆基本于民，递嬗变易，而欧美之人种胥冶化焉。其他旋维于小己大群之间而成为故说者，皆此三者之充满发挥而旁及者耳。

今者中国以千年专制之毒而不解，异种残之，外邦逼之，民族主义、民权主义殆不可以须臾缓。而民生主义，欧美所虑积重难返者，中国独受病未深，而去之易。是故或于人为既往之陈迹，或于我为方来之大患，要为缮吾群所有事，则不可不并时而弛张之。嗟夫！所陟卑者其所视不远，游五都之市，见美服而求之，忘其身之未称也，又但以当前者为至美。近时志士舌敝唇枯，惟企强中国以比欧美。然而欧美强矣，其民实困，观大同盟罢工与无政府党、社会党之日炽，社会革命其将不远。吾国纵能媲迹于欧美，犹不能免于第二次之革命，而况追逐于人已然之末轨者之终无成耶！夫欧美社会之祸，伏之数十年，及今而后发见之，又不能使之遽去。吾国治民生主义者，发达最先，睹其祸害于未萌，诚可举政治革命、社会革命毕其功于一役。还视欧美，彼且瞠乎后也。

翳我祖国，以最大之民族，聪明强力，超绝等伦，而沉梦不起，万事堕坏；幸为风潮所激，醒其渴睡，旦夕之间，奋发振强，励精不已，则半事倍功，良非夸嫚。惟夫一群之中，有少数最良之心理能策其群而进之，使最宜之治法适应于吾群，吾群之进步适应于世界，此先知先觉之天职，而吾《民报》所为作也。抑非常革新之学说，其理想输灌于人心而化为常识，则其去实行也近。吾于《民报》之出世觇之。

——节选自孙中山全集：第一卷［M］．北京：中华书局，1985：110—112.

【解析】 1905 年,孙中山在日本东京发起成立了中国同盟会,并决定创办《民报》为同盟会的机关刊物。1905 年 10 月 20 日,孙中山在《民报》创刊号发刊词中,把同盟会的政治纲领阐发为"民族""民权""民生"三大主义,简称"三民主义"。在发刊词中,孙中山就三民主义的由来及现状做了分析,同时又分析了欧美各国推行三民主义使国家强盛的事实以及三民主义在当时中国可以实现的途径,表达了他对推行三民主义的愿望。

(二)中国共产党人是孙中山革命事业的继承者

110 年前,以孙中山先生为代表的革命党人发动了震惊世界的辛亥革命,推翻了清朝政府,结束了在中国延续几千年的君主专制制度,近代以来中国发生的深刻社会变革由此拉开了序幕。这是中国人民和中国先进分子为实现民族独立、人民解放进行的一次伟大而艰辛探索。

今年是辛亥革命 110 周年,是中国共产党成立 100 周年,中国人民正意气风发向着全面建成社会主义现代化强国的第二个百年奋斗目标迈进。在这个重要时刻,我们在这里隆重集会,缅怀孙中山先生等革命先驱的历史功勋,就是要学习和弘扬他们为振兴中华而矢志不渝的崇高精神,激励和团结海内外全体中华儿女为实现中华民族伟大复兴而共同奋斗。

……

孙中山先生是伟大的民族英雄、伟大的爱国主义者、中国民主革命的伟大先驱。孙中山先生大声疾呼"亟拯斯民于水火,切扶大厦之将倾",高扬反对封建专制统治的斗争旗帜,提出民族、民权、民生的三民主义政治纲领,率先发出"振兴中华"的呐喊。在孙中山先生领导和影响下,大批革命党人和无数爱国志士集聚在振兴中华旗帜之下,广泛传播革命思想,积极兴起进步浪潮,连续发动武装起义,推动了革命大势的形成。

……

中国共产党人是孙中山先生革命事业最坚定的支持者、最忠诚的合作者、最忠实的继承者。中国共产党在成立之初就提出反帝反封建的民主革命纲领,并同孙中山先生领导的中国国民党携手合作,帮助国民党完成改组,建立最广泛的革命统一战线,掀起轰轰烈烈的大革命,给北洋军阀反动统治以沉重打击。

孙中山先生逝世后,中国共产党人继承他的遗愿,同一切忠于他的事业的人们继续奋斗,不断实现和发展了孙中山先生和辛亥革命先驱的伟大抱负。中国共产党团结带领中国人民浴血奋战、百折不挠,打败国内外一切反动势力,取得了新民主主义革命伟大胜利,建立了人民当家做主的中华人民共和国,完成了民族独立、人民解放的历史任务,开启了中华民族发展进步的历史新纪元。

新中国成立后,中国共产党团结带领中国人民,自力更生、发愤图强,创造了社会主义革命和建设的伟大成就;解放思想、锐意进取,创造了改革开放和社会主义现代化建设的伟大成就;自信自强、守正创新,统揽伟大斗争、伟大工程、伟大事业、伟大梦想,创造了新时代坚持和发展中国特色社会主义的伟大成就。

抚今追昔,孙中山先生振兴中华的深切夙愿,辛亥革命先驱对中华民族发展的美好憧憬,近代以来中国人民梦寐以求并为之奋斗的伟大梦想已经或正在成为现实,中华民族迎来了从站起来、富起来到强起来的伟大飞跃,中华民族伟大复兴进入了不可逆转的历史进程!

……

——辛亥革命110年来的历史启示我们,实现中华民族伟大复兴,必须有领导中国人民前进的坚强力量,这个坚强力量就是中国共产党。中国共产党领导是历史的选择、人民的选择,是党和国家的根本所在、命脉所在,是全国各族人民的利益所系、命运所系。没有中国共产党,就没有新中国,就没有中华民族伟大复兴。

……

——辛亥革命110年来的历史启示我们,实现中华民族伟大复兴,必须依靠中国人民自己的英勇奋斗。历史发展从来不是风平浪静的,而是充满曲折和艰辛的。正如毛泽东同志所说的:"我们的先人以不屈不挠的斗争反对内外压迫者,从来没有停止过","中国人民的不屈不挠的努力必将稳步地达到自己的目的"。

——节选自习近平《在纪念辛亥革命110周年大会上的讲话》(2021年10月9日)。

【解析】 孙中山先生领导辛亥革命的丰功伟绩,值得我们永远缅怀。他率先发出的"振兴中华"的呐喊,代表了近代以来无数中国人的最大心愿和奋斗目标。辛亥革命虽然推翻封建专制统治,但近代中国社会矛盾仍没有得到解决。中国共产党人是孙中山先生革命事业最坚定的支持者、最忠诚的合作者、最忠实的继承者。孙中山先生所提出的"振兴中华"的目标,将在今日中国共产党领导的中华民族伟大复兴事业中得到最终的实现。

(三)《在纪念孙中山先生诞辰150周年大会上的讲话》(节选)

今天,我们在这里隆重集会,纪念孙中山先生诞辰150周年,缅怀他为民族独立、社会进步、人民幸福建立的不朽功勋,弘扬他的革命精神和崇高品德,激励海内外中华儿女为实现中华民族伟大复兴而团结奋斗。

孙中山先生是伟大的民族英雄、伟大的爱国主义者、中国民主革命的伟大先驱，一生以革命为己任，立志救国救民，为中华民族作出了彪炳史册的贡献。

孙中山先生的伟大，不仅在于他领导了辛亥革命，而且在于他为了实现革命理想，与时俱进完善自己的革命理念和斗争方略，毫不妥协同逆时代潮流而动的各种势力进行斗争。他坚决反对军阀分裂割据，坚定维护民主共和制度和国家完整统一。十月革命爆发后，马克思列宁主义传入中国，为孙中山先生认识世界和中国打开了新的视野。中国共产党成立后，孙中山先生同中国共产党人真诚合作，在中国共产党帮助下，把旧三民主义发展为新三民主义，实行联俄、联共、扶助农工三大政策，改组中国国民党，推动北伐战争取得胜利，把反帝反封建的民主革命推向前进。毛泽东同志把三民主义纲领、统一战线政策、艰苦奋斗精神并称为孙中山先生"留给我们的最中心最本质最伟大的遗产"，是"对于中华民族最伟大的贡献"。

孙中山先生为当时中国的积贫积弱痛心疾首，第一个响亮喊出"振兴中华"的口号。他认为，"建设为革命之唯一目的"。他坚信，革命成功以后，经过全民族努力，中国一定能够迎头赶上世界先进国家。他满怀豪情地说："一旦我们革新中国的伟大目标得以完成，不但在我们的美丽的国家将会出现新纪元的曙光，整个人类也将得以共享更为光明的前景"。

……

中国共产党人是孙中山先生革命事业最坚定的支持者、最忠诚的合作者、最忠实的继承者。在他生前，中国共产党人坚定支持孙中山先生的事业。在他身后，中国共产党人忠实继承孙中山先生的遗志，团结带领全国各族人民英勇奋斗、继续前进，付出巨大牺牲，完成了孙中山先生的未竟事业，取得新民主主义革命胜利，建立了人民当家做主的中华人民共和国，实现了民族独立、人民解放。在这个基础上，中国共产党人团结带领中国人民继续奋斗，完成了社会主义革命，确立了社会主义制度。

新中国成立67年特别是改革开放30多年来，在中国共产党领导下，中国人民在社会主义道路上实现了一个又一个伟大飞跃，取得举世瞩目的伟大成就。今天，我们可以告慰孙中山先生的是，我们比历史上任何时期都更接近中华民族伟大复兴的目标，比历史上任何时期都更有信心、有能力实现这个目标。

我们对孙中山先生最好的纪念，就是学习和继承他的宝贵精神，团结一切可以团结的力量，调动一切可以调动的因素，为他梦寐以求的振兴中华而继续奋斗。

——我们要学习孙中山先生热爱祖国、献身祖国的崇高风范。孙中山先生最大的特点是热爱祖国，一生追求实现民族独立和发展振兴的理想，对此矢志不移、无比坚定。孙中山先生说："做人的最大事情是什么呢？就是要知道怎么样爱国"。他总是以"爱国若命""一息尚存，不忘救国"等鞭策自己。孙中山先生具有高度的民族自尊和民族自信，不泥古、不守旧，不崇洋、不媚外，强调"中国的社会既然是和欧美的不同，所以管理社会的政治自然也是和欧美不同"；"发展之权，操之在我则存，操之在人则亡"。他从坎坷人生经历和长期斗争实践中得出一个道理，就是改造中国必须从中国实际出发，走适合中国国情的道路。

古今中外的历史都告诉我们，世界上没有一个民族能够亦步亦趋走别人的道路实现自己的发展振兴，也没有一种一成不变的道路可以引导所有民族实现发展振兴；一切成功发展振兴的民族，都是找到了适合自己实际的道路的民族。今天，我们要开创中华民族伟大复兴新局面，必须大力弘扬伟大的爱国主义精神，坚信中华民族有能力走出一条成功的复兴之路。爱国主义是具体的、现实的。在当代中国，弘扬爱国主义就必须深刻认识到，中国共产党领导和中国社会主义制度必须长期坚持，不可动摇；中国共产党领导中国人民开辟的中国特色社会主义必须长期坚持，不可动摇；中国共产党和中国人民扎根中国大地、借鉴人类文明优秀成果、独立自主实现国家发展的大政方针必须长期坚持，不可动摇。我们要增强中国特色社会主义道路自信、理论自信、制度自信、文化自信，坚定不移沿着中国特色社会主义道路守护好、建设好我们伟大的国家。

——我们要学习孙中山先生天下为公、心系民众的博大情怀。孙中山先生有着深厚的为民情怀，一生坚持以"天下为公"为最高思想境界，致力于"除去人民的那些忧愁，替人民谋幸福"，对此矢志不移、无比坚定。孙中山先生深知人民是最伟大的力量，强调要实现革命的目的，必须唤起民众。他关心民众疾苦，强调"国家之本，在于人民"，"民生为社会进化的重心"，"人民所做不到的，我们要替他们去做；人民没有权利的，我们要替他们去争"。他谆谆告诫大家，"要立心做大事，不要立心做大官"。孙中山先生对人民的深厚感情，是他追求真理、矢志革命的力量源泉，是他奋斗不息、永不言弃的深厚基础。

任何一项伟大事业要成功，都必须从人民中找到根基，从人民中集聚力量，由人民共同来完成。违背人民意愿，脱离人民支持，任何事业都会成为无源之水、无本之木，都是不能成功的。今天，要开创中华民族伟大复兴新局面，我们党就必须始终把全心全意为人民服务作为根本宗旨，始终把人民拥护和支持作为力量源泉，坚持把人民放在心中最高位置。我们要坚持一切为了人民、一切依靠人民，永远保持对人民的赤子之心，永远同人民站在一起，推动改革发展成果更多更公平惠及全体人民，朝着实现全体人民共同富裕的目标不断迈进,把13亿多中国人民凝聚成推动中华民族发展壮大的磅礴力量。

——我们要学习孙中山先生追求真理、与时俱进的优秀品质。孙中山先生眼界宽广、胸襟开阔,一生追求真理、坚持真理,对此矢志不移、无比坚定。世界上没有先知先觉的人物。孙中山先生以"世界潮流,浩浩荡荡,顺之则昌,逆之则亡"为座右铭,善于从实践中学习,包括从失败的教训中学习,因而能够"适乎世界之潮流,合乎人群之需要"。他说:"我一生的嗜好,除了革命外,只有好读书,我一天不读书,便不能生活。"他从不停止探索前进的步伐,从不拒绝修正自己的思想和主张。他总是内审中国之情势,外察世界之潮流,兼收众长,益以新创,努力赶上时代潮流。无论是从社会改良主义者转变为坚定的民主革命者,还是把旧三民主义发展成新三民主义,都体现了他敢于突破局限、不断自我革新的可贵精神。

历史的车轮滚滚向前,跟不上的人必将成为落伍者,必将被历史所淘汰。历史只会眷顾坚定者、奋进者、搏击者,而不会等待犹豫者、懈怠者、畏难者。今天,我们要开创中华民族伟大复兴新局面,就必须树立宏大历史视野,把握世界发展大势,聆听时代声音,勇于坚持真理、修正错误,不断推进理论创新、实践创新、制度创新、文化创新以及其他各方面创新,在时代前进的洪流中书写中华民族发展新篇章。

——我们要学习孙中山先生坚韧不拔、百折不挠的奋斗精神。孙中山先生"致力国民革命凡四十年",一生坚持"吾志所向,一往无前,愈挫愈奋,再接再厉",对此矢志不移、无比坚定。孙中山先生说:"以吾人数十年必死之生命,立国家亿万年不死之根基,其价值之重可知。"孙中山先生的革命生涯屡经挫折、备尝艰辛,但为了"造成独立自由之国家,以拥护国家及民众之利益",他从不因失败而灰心,也从不因困难而退缩,坚信"吾心信其可行,则移山填海之难,终有成功之日;吾心信其不可行,则反掌折枝之易,亦无收效之期也",坚信只要"精神贯注,猛力向前,应乎世界进步之潮流,合乎善长恶消之天理,则终有最后成功之一日"。任何外来威胁、内部分裂、暂时失败都不能动摇孙中山先生的革命意志,直到卧病弥留之际,他念念不忘的仍是"和平、奋斗、救中国"。孙中山先生以毕生奋斗践行了他的誓言,表现出一个伟大革命者的英雄气概和执着追求。

伟大的事业之所以伟大,不仅因为这种事业是正义的、宏大的,而且因为这种事业不是一帆风顺的。伟大的人物之所以伟大,不仅因为这样的人物为人民、为民族、为人类建立了丰功伟绩,而且因为这样的人物在艰苦磨砺中铸就了坚强意志和高尚人格。今天,我们要开创中华民族伟大复兴新局面,就必须冷静审视深刻复杂变化的国际形势,全面把握艰巨繁重的改革发展稳定任务,进行长期不懈的艰苦努力,什么时候都不要想象可以敲锣打鼓、顺顺当当实现我们的奋斗目标。我们要把责任扛在肩上，时刻准备应对重大挑战、抵御重大风险、克服重大阻力、解决重大矛盾，以不畏艰险、攻坚克难的勇气，以昂扬向上、奋发有为的锐气，不断把中华民族伟大复兴事业推向前进。

……

孙中山先生始终坚定维护国家统一和民族团结，旗帜鲜明反对一切分裂国家、分裂民族的言论和行为。孙中山先生说："中国是一个统一的国家，这一点已牢牢地印在我国的历史意识之中，正是这种意识才使我们能作为一个国家而被保存下来。"他强调："'统一'是中国全体国民的希望。能够统一，全国人民便享福；不能统一，便要受害。"

实现祖国完全统一，是中华民族根本利益所在，也是全体中华儿女的共同愿望和神圣职责。确保国家完整不被分裂，维护中华民族根本利益，是全体中华儿女共同意志，是不可阻挡的历史潮流。

两岸同胞是血脉相连的骨肉兄弟。两岸是割舍不断的命运共同体。两岸关系和平发展是维护两岸和平、促进共同发展、造福两岸同胞的正确道路。我们坚持"九二共识"的共同政治基础，深化两岸经济社会融合，增进同胞福祉和亲情。台湾任何党派、团体、个人，无论过去主张过什么，只要承认"九二共识"，认同大陆和台湾同属一个中国，我们都愿意同其交往。

两岸同胞前途命运同中华民族伟大复兴密不可分。两岸同胞以及海内外全体中华儿女要携起手来，共同反对分裂势力，共同为两岸关系和平发展、实现祖国完全统一而努力，共同创造所有中国人的幸福生活和美好未来。

近代以来，中国经历了长达百余年的国破山河碎、同胞遭蹂躏的悲惨历史，所有中华儿女对此刻骨铭心。维护国家主权和领土完整，绝不容忍国家分裂的历史悲剧重演，是我们对历史和人民的庄严承诺。一切分裂国家的活动都必将遭到全体中国人民坚决反对。我们绝不允许任何人、任何组织、任何政党、在任何时候、以任何形式、把任何一块中国领土从中国分裂出去！

——节选自习近平《在纪念孙中山先生诞辰150周年大会上的讲话》（2016年11月11日）。

【解析】 这篇重要讲话深切缅怀了孙中山先生为民族独立、社会进步、人民幸福而不懈奋斗的光辉一生，同时也深刻阐明全体中华儿女共同致力实现中华民族伟大复兴中国梦的历史使命，引发海内外强烈反响。

五、习题练习

1.（单选）1905 年至 1907 年间，资产阶级革命派和改良派进行了一场大论战，双方论战的焦点是（   ）。

A. 要不要以革命手段推翻清王朝

B. 要不要推翻帝制实行共和

C. 要不要社会革命

D. 要不要发动广大民众

【答案】A

【解析】1905 年至 1907 年间，围绕中国究竟是采用革命手段还是改良方式这个问题，革命派与改良派展开了一场大论战。双方论战涉及的核心问题主要有三个：第一，要不要以革命手段推翻清王朝，这是双方论战的焦点；第二，要不要推翻帝制，实行共和；第三，要不要进行社会革命。故 A 选项为正确答案。BCD 选项不符合题意。

2.（单选）毛泽东在谈到辛亥革命时指出，辛亥革命有它胜利的地方，也有它失败的地方，"辛亥革命把皇帝赶跑，这不是胜利了吗？说它失败，是说辛亥革命只把一个皇帝赶跑了"。毛泽东这里所说的"只把一个皇帝赶跑"是指（   ）。

A. 没有推翻帝制

B. 反帝反封建的革命任务没有完成

C. 孙中山没有继续革命

D. 袁世凯窃夺了胜利果实

【答案】B

【解析】辛亥革命是一场比较完全意义上的革命，是资产阶级领导的反对封建君主专制制度的革命，辛亥革命虽然让中国发生了历史性巨变，但是没有完成反帝反封建的革命任务，这是辛亥革命的失败之处。故 B 选项为正确答案。ACD 选项不符合题意。

3.（单选）近代中国第一个资产阶级政党是（   ）。

A. 中国同盟会

B. 中华革命党

C. 中国国民党

D. 中国民主同盟

【答案】A

【解析】中国同盟会，亦为中国革命同盟会（由兴中会、华兴会、光复会合并而成），是清末由孙中山领导和组织的近代中国第一个统一的全国性资产阶级革命政党。故A选项为正确答案。BCD选项不符合题意。

4.（单选）辛亥革命的失败证明了（　　）。

A. 帝国主义和反动军阀力量太强大

B. 民族资产阶级不能领导中国民主革命取得彻底胜利

C. 中国不能走西方民主议会道路

D. 必须进行革命武装斗争

【答案】B

【解析】ABCD均为辛亥革命失败的教训，但B为更深刻的教训，故B选项为正确答案。

5.（单选）20世纪中国的第一次历史性巨变是（　　）。

A. 太平天国运动

B. 义和团运动

C. 辛亥革命

D. 戊戌变法运动

【答案】C

【解析】20世纪，中国有三次历史性巨变。第一次，孙中山发动辛亥革命，推翻了清王朝统治，废除了封建君主专制制度，建立了中华民国；第二次，毛泽东带领中国人民取得新民主主义革命胜利，并建立了新中国；第三次，邓小平提出实行改革开放，中国进入社会主义建设新时期。20世纪中国的第一次历史性巨变，是指1911年辛亥革命，ABD选项不符合题意，故C选项为正确答案。

6.（多选）辛亥革命时宣布独立但又被清政府控制的省是（　　）。

A. 江苏

B. 山西

C. 山东

D. 河南

【答案】CD

【解析】略

7.（多选）下列关于辛亥革命失败的原因中，哪一项是正确的（　　）。

A. 革命派提不出彻底的反帝反封建纲领

B. 辛亥革命没有解决农民的土地问题

C. 同盟会组织涣散,内部派系复杂

D. 革命派没有建立和掌握革命的武装

【答案】ABCD

【解析】ABCD选项均为正确答案,它们都是辛亥革命失败的原因。

8.(多选)辛亥革命与戊戌变法的不同之处是,辛亥革命（　　）。

A. 由资产阶级革命派领导和发动

B. 改变了中国的政体

C. 以挽救民族危机,发展资本主义为目的

D. 改变了中国的社会性质

【答案】AB

【解析】戊戌变法的领导者是资产阶级改良派,而辛亥革命的领导者是资产阶级革命派,故A选项正确；戊戌变法没有改变中国的政体,而辛亥革命推翻了封建帝制,建立起共和政体,故B选项正确；C选项是二者的相同点；D选项是错误的,虽然辛亥革命推翻了封建帝制,但中国半殖民地半封建社会的性质并没有改变。

9.(多选)下列关于辛亥革命的表述,正确的是（　　）。

A. 结束了中国的君主专制制度

B. 使人民获得了一些自由民主的权利

C. 实现了反对满洲贵族统治的目标

D. 推翻了中国两千多年来的封建制度

【答案】ABC

【解析】封建制度包括封建政治制度、经济制度、思想文化等各方面制度。封建君主专制制度只是封建政治制度的一种形式。辛亥革命推翻了皇帝的统治,仅仅结束了封建君主专制统治。其后,中国在政治、经济等方面依然实行的是封建统治。故ABC选项为正确答案。D选项表述错误。

10.(多选)下列对辛亥革命结果的叙述中,正确的一项是（　　）。

A. 结束了两千多年的封建君主专制制度

B. 推翻了清朝的统治

C. 改变了中国的社会性质

D. 完成了民主革命的任务

【答案】AB

【解析】辛亥革命并没有改变中国半殖民地半封建社会的社会性质，也没有完成反帝反封建的民主革命任务。故 AB 选项为正确答案。CD 选项不符合题意。

专题四　为什么说中国共产党的成立是开天辟地的大事变

一、学习目的

通过学习本专题，了解中国先进分子对资产阶级民主产生怀疑的原因，了解他们在十月革命以后怎样经过比较、探求选择了马克思主义，明确十月革命的意义及对中国的影响。正确认识中国共产党的成立是近代中国社会发展和革命发展的客观要求必然产物，是中国历史上开天辟地的大事变。

通过学习本专题，学会以辩证唯物主义和历史唯物主义的立场、观点、方法，客观评价新文化运动、五四运动、中国共产党成立的历史意义。

通过学习本专题，正确认识中国共产党成立的历史必然性，是中国历史上开天辟地的大事变；了解中国共产党的初心和使命，增强对中国共产党先进性的认识，坚定跟共产党走的信念。深入理解伟大建党精神是中国共产党的精神之源，其内涵是坚持真理、坚守理想，践行初心、担当使命，不怕牺牲、英勇斗争，对党忠诚、不负人民。

二、重难点解析

（一）新文化运动的性质及其影响

1. 新文化运动的内容。新文化运动高举"民主"和"科学"两面大旗，向封建思想和封建制度宣战，掀起了中国近代第一次思想解放运动。新文化运动的具体内容为提倡民主和科学，反对君主专制和迷信；提倡新思想和新道德，反对旧思想和旧道德；提倡新文学和白话文，反对旧文学和文言文。

2. 五四以前的新文化运动仍属于旧民主主义革命的范畴，在中国历史上具有重要的地位。第一，它给封建主义文化以空前的沉重打击，以孔学为中心的封建正统思想、纲常礼教受到无情的批判，破除了长期以来封建教条对人们头脑的禁锢，启发了人们的思想，大大提高了人们的民主主义觉悟，是一场有重大影响的资产阶级思想启蒙运动。第二，新文化运动在思想领域起到了振聋发聩的作用，它不仅回击了当时复辟帝制的思想逆流，而且为中国先进的知识分子寻求救国救民的真理打开了大门，为后来马克思主义的传播奠定了思想基础。

（二）五四运动的特点

1. 五四运动表现了反帝反封建的彻底性。近代以来，中国人民对帝国主义的认识经历了两个阶段：第一阶段是表面的感性认识的阶段，这典型地表现在义和团等笼统的排外主义的斗争上。第二阶段才进到理性的认识阶段，即看清了帝国主义内部和外部的各种矛盾，并看清了帝国主义联合中国买办阶级和封建阶级以压榨中国人民大众的实质，这种认识是从 1919 年五四运动前后才开始的。这表明，中国人民反帝反封建的斗争提升到一个新的水平线上了。

2. 五四运动是一次真正的群众运动。如果说辛亥革命的根本弱点之一，是没有广泛地动员和组织群众，那么，五四运动本身就是一场群众性的革命运动。

3. 五四运动促进了马克思主义在中国的传播及其与中国工人运动的结合。五四运动前，信仰马克思主义的还只是李大钊这样个别的人物。马克思主义是在五四运动的推动下才在中国传播开来的。

巴黎和会上中国的外交失败，有力地打破了人们对于资本主义列强的幻想。对于五四运动，瞿秋白当时就说："绝不能望文生义的去解释它。中国民族几十年来受剥削，到今日才感受殖民地化的滋味。帝国主义压迫的切骨的痛苦，触醒了空泛的民主主义的噩梦。学生运动的引子，山东问题，本来就包括在这里。工业先进国的现代问题是资本主义，在殖民地上就是帝国主义，所以学生运动倏然一变而倾向于社会主义。"而在这些倾向于社会主义的知识分子中，一些人经过比较，开始在马克思主义的旗帜下集合起来。

在五四运动中，工人阶级显示了伟大的力量。工人在斗争中发挥决定性的作用这个事实，给予先进的知识分子以真切的教育。上海学生联合会在告同胞书中说："学生罢课半月，政府不惟不理，且对待日益严厉""工界罢工不及五日，而曹、章、陆去"。正如邓中夏所说："五四运动中有一部分学生领袖，就是从这里出发'往民间去'，跑到工人中去办工人学校，去办工会。"那些接触了社会主义思潮，初步掌握了马克思主义的知识分子脱下学生装，穿上粗布衣，开始到工人中去进行宣传工作和组织工作。他们发挥了某种先锋和桥梁的作用。而先进知识分子与工人群众相结合的过程，也就是马克思主义与中国工人运动相结合的过程。这样，五四运动就为1921年中国共产党的成立做了思想上和干部上的准备。

正因为五四运动具备了上述新的历史特点，它也就成了中国革命的新阶段即新民主主义革命阶段的开端。

（三）十月革命的意义及对中国的影响

十月革命实现了社会主义从理想到现实、从理论到实践的伟大飞跃。列宁深刻洞悉帝国主义时代资本主义发展的新特征，把马克思主义基本原理与俄国革命具体实际结合起来，形成了列宁主义，创造性地提出社会主义可能在一国或数国首先取得胜利等一系列社会主义革命和社会主义建设理论，为帝国主义时代的无产阶级革命提供了强大思想武器。在列宁和布尔什维克党的领导下，俄国人民将资产阶级的民主革命转变为社会主义革命，通过武装斗争，打碎旧的资产阶级国家机器，取得了震惊世界的十月社会主义革命的伟大胜利，建立了无产阶级专政的苏维埃制度。正如列宁所说："苏维埃制度就是由一种革命发展为另一种革命的明证或表现之一。"

十月革命开辟了人类历史的新纪元。人类自原始社会以来，社会形态的演变、社会制度的更替，都是一个剥削社会代替另一个剥削社会，一个新的占统治地位的剥削阶级代替另一个原本占统治地位的剥削阶级。十月革命从根本上推翻了人剥削人、人压迫人的制度，推翻了剥削阶级统治，开始进入没有阶级剥削和压迫的社会，建立人民当家做主的国家制度，人民民主真正成为现实。从此以后，社会主义作为一种崭新的社会形态和社会制度登上历史舞台，引领着人类社会的发展方向。

十月革命给中国送来了马克思列宁主义。鸦片战争后，中国逐步沦为半殖民地半封建社会，中华民族遭受深重苦难，无数仁人志士为寻求救国救民真理而尝试各种主义和思潮，但都以失败告终。十月革命的胜利，使在黑暗中的中国先进分子受到极大震撼和激励，燃起了实现民族独立和人民解放的新希望。他们运用马克思列宁主义的立场观点方法，逐步认清了人类社会发展的潮流，认清了帝国主义瓜分世界并压迫中国的现实，认清了中国社会的性质和中国革命的目标，最终找到了挽救民族危亡的根本出路——走十月革命开辟的社会主义道路。

毛泽东同志曾深刻指出:"十月革命一声炮响,给我们送来了马克思列宁主义。十月革命帮助了全世界的也帮助了中国的先进分子,用无产阶级的宇宙观作为观察国家命运的工具,重新考虑自己的问题。走俄国人的路——这就是结论。"在把马克思列宁主义与中国工人运动相结合的过程中,中国的先进分子创建了中国共产党,中国革命的面貌从此焕然一新。在中国共产党的坚强领导下,原本一盘散沙状的中华民族从此牢不可破地团结凝聚起来,牢牢掌握了自己的前途和命运。在中国共产党的带领下,中国人民经过28年浴血奋战,夺取了新民主主义革命胜利,实现了民族独立和人民解放。毛泽东同志说:"中国共产党所领导的人民革命,从来就是十月革命所开始的世界无产阶级社会主义革命的一个组成部分。"中华人民共和国成立后,中国共产党又带领人民完成社会主义革命,确立社会主义制度,推进社会主义建设,实行改革开放,开创和不断发展中国特色社会主义,取得了举世瞩目的巨大成就。

(四)中国共产党的创建及其历史意义

1. 中国共产党第一次全国代表大会的召开。

中国共产党第一次全国代表大会于1921年7月23日在上海法租界望志路106号举行。其间由于开会会场受到暗探注意和法租界巡捕房搜查,最后一天的会议改在嘉兴南湖的游船上举行。这条游船后来被称为"红船"。

参加大会的代表,他们来自7个地方,代表50多名党员。他们分别是:来自上海的李达、李汉俊,来自北京的张国焘、刘仁静,来自长沙的毛泽东、何叔衡,来自武汉的董必武、陈潭秋,来自济南的王尽美、邓恩铭,来自广州的陈公博,来自日本东京的周佛海。陈独秀、李大钊因分别在广州和北京有事,未出席会议。包惠僧受陈独秀派遣出席了会议。出席会议的还有共产国际代表马林和尼科尔斯基。

大会确定党的名称为"中国共产党",通过了党的第一个纲领。

大会在讨论实际工作计划时,决定首先集中精力组织工人。鉴于当时的党"几乎完全由知识分子组成",大会决定"要特别注意组织工人,以共产主义精神教育他们"。

大会选举产生了由陈独秀、张国焘、李达组成的党的领导机构——中央局,以陈独秀为书记。

中共一大的召开正式宣告了中国共产党的成立。

中国共产党的成立,是近代中国历史发展的必然产物,是中国人民在救亡图存斗争中顽强求索的必然产物,是实现中华民族伟大复兴道路上的必然产物。中国共产党作为中国最先进的阶级——工人阶级的政党，不仅代表着工人阶级的利益，而且代表着整个中国人民和中华民族的利益。它从一开始就坚持以马克思主义为行动指南，始终把为中国人民谋幸福、为中华民族谋复兴作为初心和使命。

2. 中国共产党的成立是中华民族发展史上一个开天辟地的大事变，具有伟大而深远的意义。

（1）中国共产党的成立使中国革命有了坚强的领导核心，灾难深重的中国人民有了可以依赖的组织者和领导者，中国革命从此不断向前发展，有了强大的凝聚力量。

（2）中国共产党的成立使中国革命有了科学的指导思想和前进方向。中国共产党以马克思主义为指导思想，把马克思主义和中国革命的具体实践相结合，制定了正确的革命纲领和斗争策略，为中国人民指明了斗争的目标和走向胜利的道路。

（3）中国共产党的成立使中国命运有了光明的发展前景。中国共产党的成立，深刻改变了近代以后中华民族发展的方向和进程，深刻改变了中国人民和中华民族的前途和命运，深刻改变了世界发展的趋势和格局。

（五）弘扬伟大建党精神

习近平总书记在庆祝中国共产党成立100周年大会上的重要讲话中指出："一百年前，中国共产党的先驱们创建了中国共产党，形成了坚持真理、坚守理想，践行初心、担当使命，不怕牺牲、英勇斗争，对党忠诚、不负人民的伟大建党精神，这是中国共产党的精神之源。"伟大建党精神，内涵丰富、意境深远，跨越时空、历久弥新。

伟大建党精神，是中国共产党先驱在20世纪20年代探索救国救民道路中创造的宝贵精神财富，是马克思主义基本原理同中国具体实际相结合、同中华优秀传统文化相结合产生的宝贵精神财富，凝聚着中国共产党人的初心和使命，激励着中国共产党人不断开拓前行。

三、经典案例分析

案例一　中国共产主义运动的先驱——李大钊

李大钊（1889—1927），字守常，河北乐亭人。1907年考入天津北洋法政专门学校，1913年毕业后东渡日本，入东京早稻田大学政治本科学习，是中国共产主义运动的先驱，伟大的马克思主义者，杰出的无产阶级革命家，中国共产党的主要创始人之一。在中国大地上率先举起马克思主义旗帜的是李大钊。李大钊同志一生的奋斗历程，同马克思主义在中国传播的历史紧密相连，同中国共产党创建的历史紧密相连，同中国共产党领导的为中国人民谋幸福的历史紧密相连。

李大钊从爱国的立场出发，是从民主主义者转变为共产主义者的。李大钊早年留学日本，打下了社会主义思想的基础。辛亥革命前，李大钊已在政治舞台上崭露头角，他热切向往资产阶级民主共和国，但尚未接触过社会主义。1913年留学日本早稻田大学期间，得益于与日本早期社会主义者安布吉雄教授接触并与之探讨社会主义。他在十月革命的胜利中感受到了世界的变动和中国的希望。1918年创办《每周评论》，介绍包括马克思主义在内的各种思潮，同年冬组织"马尔格斯学术研究会"。他于1918年7月发表《法俄革命之比较观》一文，认为资本主义文明"当人盛极而衰之运""二十世纪初叶以后之文明，必将起绝大之变动"。在同年11月、12月发表的《庶民的胜利》《Bolshevism的胜利》两文中，他指出十月革命"是二十世纪中世界革命的先声"，确信"将来的环球，必是赤旗的世界"。1919年《新青年》第六卷第五号由他编辑的纪念马克思101年诞辰的马克思主义研究专号，集中发表了一组研究与介绍马克思主义的文章，他在"名人评说"专栏中发表《我的马克思主义观》一文，这是中国第一篇系统研究和介绍马克思主义理论的文章。专号出版后立即在社会上引起强烈反响，成为影响一代人思想变化的重要篇章。《我的马克思主义观》一文，明确地把马克思主义称为"世界改造原动的学说"，并且对马克思的唯物史观、剩余价值学说和阶级斗争理论做了比较系统的介绍。与以往一些人对马克思学说所做的片段的、不确切的表述不同，这篇文章对马克思主义的介绍已经具有相当完整的表述，而且作出了基本正确的阐释。这表明，李大钊已经成为中国的第一个马克思主义者。

【案例分析】

李大钊以《青春》为题的文章发表在1916年9月1日出版的《新青年》第二卷第一号，经久不衰，如今已被演绎成歌，被当代青年传唱。李大钊一生追求革命真理、追求民族独立和人民解放，始终把个人生死置之度外。他生前曾撰写名联"铁肩担道义，妙手著文章"。在艰难困苦的社会环境中，李大钊用实际行动诠释了铁肩担道义的崇高境界。实践其所信、励行其所知，在呕心沥血的革命历程之中，李大钊用丹心碧血书写了对党的事业的无限忠诚。

案例二 南陈北李，相约建党

1920年2月一个冰天雪地的日子里，陈独秀为躲避北洋军阀政府的迫害，到南方的上海去。他化装成商人，李大钊扮为赶马的车夫，他们赶着马车到天津坐船。一路上，他们讨论了斗争的形势，决定在中国建立共产党。这就是中共党史上所传：南陈北李，相约建党。

同年4月，经共产国际批准，俄共（布）远东局派维经斯基来华。他先后在北京、上海会见李大钊、陈独秀等，介绍苏俄和俄共情况，并说中国可以组织共产党。这对中国共产党的创建起到了一定的促进作用。

中国工人阶级政党最早的组织，是在中国工人阶级最密集的中心城市上海建立的，时间约在1920年8月，参加者有陈独秀、李汉俊、李达等。首次会议决定，推陈独秀为书记，并函约各地社会主义分子组织支部。11月，创办《共产党》（月刊）。这标志着共产党和共产主义的旗帜在中国大地上树立起来了。

同年10月，李大钊、张国焘等在北京成立共产党的早期组织，11月，将其定名为中国共产党北京支部，李大钊任书记。从1920年秋至1921年春，董必武、陈潭秋、包惠僧等在武汉，毛泽东、何叔衡等在长沙，王尽美、邓恩铭等在济南，谭平山、谭植棠等在广州，都成立了共产党的早期组织。在日本、法国留学的中国先进分子，也成立了这样的组织。在建党过程中，陈独秀起着重要的作用。他在上海创建的共产党早期组织，实际上是中国共产党的发起组，是各地共产主义者进行建党活动的联络中心。

【案例分析】

在中国共产党创建时期，是李大钊率先在中国肯定俄国十月革命的伟大意义，最先也最彻底地倡导马克思的唯物史观，大力宣传马克思主义和社会主义、共产主义思想，推动了中国工人运动的开展，从而成为共产国际和俄共（布）远东局派来的人心目中组建中国共产党的第一人选，也正是李大钊通过卓有成效的工作，把在中国的新文化运动和五四运动中一直起旗帜作用的陈独秀吸引到马克思主义的轨道，影响和团结了一批信仰马克思主义的革命青年，为中国共产党的建立，奠定了思想和理论基础，也奠定了组织基础。从这一点上说，在近代中国"研究历史最有成绩""最彻底最先倡导唯物史观"的李大钊，不仅是中国的马克思主义第一人，也是创建中国共产党的第一人。章士钊所说的"肩住黑暗的闸门""一决定事，不能动摇"的"天生领袖"陈独秀，则是展开组建中国共产党工作的首要人选，是中国共产党创建时期当之无愧的领袖。

案例三　李子洲创建陕西党团组织的丰功伟绩

李子洲，生于1892年12月23日，出生在绥德县城兴隆巷，名登瀛，字子洲，笔名逸民。1917年考入北京大学预科，1919年考入北京大学哲学系，是北京大学学生干事会干事，曾参与组织领导了五四运动。1921年加入北京大学马克思学说研究会并成为骨干会员之一。1922年夏，李子洲、呼延震东、白超然等陕北旅京津学生，为把拟议中的陕西省立第四师范学校（简称"四师"）建在绥德，奔走呼吁，得到杜斌丞等知名人士支持，取得成功。10月，李子洲参与创建了在全国颇有影响的政治社团——共进社，被称为共进社的"大脑"。期间，毛泽东、蔡和森、罗章龙等新民学会在京成员，赞誉李子洲等人具有"北方之强"的气质。1923年初，经李大钊和刘天章介绍，李子洲加入了中国共产党。同年夏毕业，受李大钊和中共北京区委委派回陕开辟革命教育工作。8月间，李子洲回到西安，应三原渭北中学校长郝梦九邀请，到该校任训育主任兼国文教员。1924年春，在榆林中学校长杜斌丞的再三邀请和催促之下，李子洲回到陕北高原，出任榆林中学教务主任兼国文、历史教员。

1924年5月，李子洲出任"四师"校长后，他向李大钊报告了陕北的情况，并请示建党工作。得到中共北京区委同意后，以李子洲、王懋廷（1898—1930，又名德三，今云南祥云人，1922年由邓中夏介绍加入中国共产党）为代表，积极筹备在陕北建立党团组织，且确定李子洲、王懋廷为北京党组织直属特别通讯员，与北京党组织直接往来，还定下秘密通信方法及地址。

1924年秋，"四师"开学后，李子洲、王懋廷就积极筹划建立党团组织。第一，为了加强学生的革命启蒙教育，学校引入了宣传马克思主义的课程：《共产党宣言》《马克思主义浅说》《共产主义ABC》《向导》《共进》《中国青年》等，并在国文、历史和公民等课程的教学中加以渗透。第二，支持共进社教师在学生中发展共进社员，建立起共进社绥德分社。并陆续在陕北大部分地区建立了共进社组织，尤其绥德分社的建立，为绥德以至整个陕北党团组织的建立和发展奠定了组织、人才基础。与此同时，李子洲委托共产党员王懋廷在青年师生中发展和培养党团员。当时，榆林在土皇帝井岳秀的黑暗统治下，大家在开展建党建团活动时极为秘密，李子洲"以校长身份办理交际，铲除环境障碍，修平活动道路"。建党建团的具体工作交由王懋廷办理。王懋廷受李子洲之托，结合自己教授国文课的条件开展活动。1924年10月，首先发展了"四师"英文教员田伯荫入党。之后，李子洲、王懋廷、田伯荫他们便有了更为坚定、明确的目标——建立党团组织。为了在"四师"建立党团组织，他们日夜忙碌，紧张细致地秘密开展工作。根据中共三大党的纲领及中共北京区委的指示，同年11月，在学校成立了中共绥德（四师）党小组。1925年初，在北京党组织代表耿炳光指导下，成立了陕北第一个党支部——中共绥德（四师）支部，直接归中共北京区委领导。

党组织建立后，便进一步发展党员，从"四师"教员和学生的档案中发现，1925年在"四师"发展的党员就有白明善、马明方、白作宾、李嘉谟、杨玉峰、张肇繁、李明轩、赵通儒、高光祖、王兆卿、王士英、马瑞昌、马瑞生等24人。1925年春夏之交，中共绥德（四师）支部扩建为中共绥德特别支部（简称中共绥德特支），下辖"四师"支部、榆林中学支部、李象九部队支部。同年三个支部大力发展教师、职员、学生中的积极分子，使陕北党员人数达40多名。

1926年6月，经中共北方区委批准，成立了中共绥德地委和共青团绥德地委，统一领导陕北各地党团的组织和革命斗争。李子洲提出"到民间去，开展农民运动"的口号。绥德"四师"的党团员和革命青年，积极响应地委和李子洲的号召，差不多每个假日，党、团员便组织起若干宣传队，脱掉长袍，穿着农民衣服，扛着锄头镢头，到城郊的沟里道里去宣传。其中李子洲也参与到宣传队的师生之间，来到穷苦庄稼人的窑里、地里，同老汉、婆姨盘腿坐在炕上拉家常，同后生、女子们一起上山劳动，向群众做宣传工作。

党组织建立和不断发展扩大之后，为了党的活动安全和保密，李子洲租借了"高家祠堂"，一部分用作党员教师的宿舍，一部分用作党、团员开会和办公。高家祠堂成了"四师"党、团组织的活动中心，同志们亲切地称它为"苏联大使馆"。各支部、小组大多是深夜开会，李子洲等负责同志又都分别参加。工作忙碌时，李子洲通夜不睡，次日照常上课，习以为常，不知疲倦地工作。星期日各支部借郊游和采集标本的名义，经常到城外稍远的一些僻静地方开会。当时，党团活动经费很困难，地委每月只能拨付5元经费，远不够用。地委派人到外地开会、工作或学习所需费用全由党团员自己负担，大家也无怨言，工作积极性也不减。

针对学生中关于学习功课和参加党团社会活动两者关系如何处理的问题，李子洲利用周会给同学们做了详尽的解答。李子洲的指导思想是：一方面引导学生积极参加各种革命斗争活动；另一方面抓紧对学生的文化知识教育。这样新式教育的"四师"，所培养的学生既有文化知识，又有实践能力，更有为中国伟大革命事业而奋斗的理想抱负。

在建党过程中，李子洲确定了关于党员生活的"六化"标准：①精神革命化；②思想系统化；③行动纪律化；④工作劳动化；⑤生活平民化；⑥兴趣文艺化。这六条标准即使在今天对我们共产党人仍具有教育和借鉴意义。

建立党组织的同时，团组织建设工作也积极跟进。1924年12月，在李子洲、王懋廷等共产党员的组织领导之下，社会主义青年团在"四师"建立团支部，由上海团中央直接领导。团支部首先发展白明善、杜嗣尧、刘志丹等进步学生为团员，很快团员人数发展到14名。1925年初，在李子洲的指导下，社会主义青年团陕北特别支部在"四师"建立。由于当时处于特殊时期，特别支部书记由王懋廷担任。

1925年2月25日，王懋廷就任社会主义青年团陕北特别支部半年来，分别进行了组织、训练、活动、环境等四个方面工作，向上海团中央报送了书面报告。报告中写道：……干事会分为组织、书记、宣传三部分，再分为绥德、榆林、汾阳三个小组。报告中反映了团员和青年学习马列主义、订购《中国青年》《共产党宣言》《国家与革命》等书籍与刊物，以及在绥德县城办平民学校、培训团员和青年的情况等。同年8月，陕北团员发展到75人，成立了共青团绥德地方执行委员会，仍由上海团中央直接领导。

"四师"党团组织建立后，使得革命火种逐步形成燎原之势，"四师"也成为名副其实的西北革命策源地和活动中心，被称为大革命时期的"红三角"，李子洲被党内同志们称颂为"西北的守常""陕甘党组织的顶梁柱"。

——改编自王天强，赵希宁. 李子洲的理想信念与历史贡献［J］. 陇东学院学报，2020（4）：28—31.

【案例分析】

罗章龙曾说："李子洲是陕北革命根据地的拓荒者与播种者、奠基者；党在这里扎根很深，这里的群众基础相当雄厚。中国工农红军长征二万五千里，足迹遍布十一个省区，最后能得以在陕北落脚，站稳脚跟，这不是一个偶然的事件，而是有它深刻的历史渊源的。仅此一点，李子洲同志就足以名垂青史了。"的确，李子洲的一生是光辉而伟大的一生，他为传播马列主义，培养革命青年，发展党团组织，开展工农运动，组织武装起义，献出了宝贵生命，并用生命捍卫了一个共产党员的理想信念！

四、拓展阅读

（一）我的马克思主义观

马氏社会主义的理论，可大别为三部：一为关于过去的理论，就是他的历史论，也称社会组织进化论；二为关于现在的理论，就是他的经济论，也称资本主义的经济论；三为关于将来的理论，就是他的政策论，也称社会主义运动论，就是社会民主主义。他这三部理论，都有不可分的关系，而阶级竞争说恰如一条金线，把这三大原理从根本上联络起来。所以他的唯物史观说："既往的历史都是阶级竞争的历史。"他的《资本论》也是首尾一贯的根据那"在今日社会组织下的资本阶级与工人阶级，被放在不得不仇视、不得不冲突的关系上"的思想立论。

请先论唯物史观。

唯物史观也称历史的唯物主义。他在社会学上曾经，并且正在表现一种理想的运动，与前世纪初，在生物学上发现过的运动，有些类似。

历史的唯物论者观察社会现象，以经济现象为最重要，因为历史上物质的要件中，变化发达最甚的，算是经济现象。因为这个缘故，有许多人主张改称唯物史观为经济史观。

马氏用他特有的理论，把从前历史的唯物论者不能解释的地方，与以创见的说明，遂以造成马氏特有的唯物史观，而于从前的唯物史观有伟大的功绩。唯物史观的要领，在认经济的构造对于其他社会学上的现象，是最重要的；更认经济现象的进路，是有不可抗性的。

经济机构是社会的基础构造，全社会的表面构造，都依着他迁移变化。但这经济构造的本身，又按他每个进化的程级，为他那最高动因的连续体式决定。这最高动因，依其性质，必须不断的变迁，必然的与社会的经济的进化以诱导。

18世纪间英人曾标榜过一种高尚的人道主义的宗教。到了资本家经济上需要奴隶的时候，他们却把奴隶制输入到美洲殖民地，并且设法维持他。这类的事例不胜枚举，要皆足以证明法律现象只能随着经济现象走，不能越过他，不能加他以限制，不能与他以影响。而欲与法律现象奖励或禁遏一种经济现象的，都没有一点效果。那社会的表面构造中最重要的法律，尚且如此，其他综合的理想等等，更不能与经济现象抗衡。

迄兹所陈是历史的唯物论者共同一致的论旨。今当更进而述马氏独特的唯物史观。

马氏的经济论，因有他的名著《资本论》详为阐发，所以人都知道他的社会主义系根据于一定的经济论的。至于他的唯物史观，因为没有专书论这个问题，所以人都不甚注意。现在把这几样著作里包含他那历史观的主要部分，节译于下，以供研究的资料。

见于《共产者宣言》中的：

"可是到了我们的时代，就是有产者本位的时代，却把阶级的对立简单了。全社会越来越分裂为互相敌视的二大阵营，为相逼对峙的二大阶级：就是有产者与无产者。

"那自由竞争就随着于他适合的社会的及政治的制度，随着有产者阶级的经济的及政治的支配，代之而起了。

"有产者阶级不但锻炼致自己于死的武器，并且产出去挥使那些武器的人——现代的劳动阶级，无产者就是。

据以上所引，我们可以略窥马克思唯物史观的要领了。

马克思的唯物史观有二要点：其一是关于人类文化的经验的说明；其二即社会组织进化论。其一是说人类社会生产关系的总和，构成社会经济的构造。这是社会的基础构造。一切社会上政治的、法制的、伦理的、哲学的，简单说，凡是精神上的构造，都是随着经济的构造变化而变化。其二是说生产力与社会组织有密切的关系。生产力一有变动，社会组织必须随着他变动；社会组织即生产关系，也是与布帛菽粟一样，是人类依生产力产出的产物。

以上是马克思独特的唯物史观。

——节选自李大钊. 我的马克思主义观［M］//李大钊文集. 北京：人民出版社，1984：97—99.

【解析】本文为李大钊1919年撰写，对马克思主义的政治经济学、科学社会主义和唯物史观的基本观点分别做了阐述。指出马克思和恩格斯合著《共产党宣言》，檄告举世的劳工阶级联合起来，推倒资本主义。而社会主义的实现，"离开人民本身，是万万做不到的，这是马克思主义一个绝大的功绩"。文章还介绍了马克思主义的阶级斗争学说，阐明了阶级斗争学说和马克思主义三个组成部分的关系。该文章是中国第一篇比较系统介绍马克思主义的著名论文。

（二）青春孕育无限希望，青年创造美好明天

青年的命运，从来都同时代紧密相连。1840年鸦片战争以后，中国逐步成为半殖民地半封建社会，国家蒙辱、人民蒙难、文明蒙尘，中华民族遭受了前所未有的劫难。一批又一批仁人志士为救国救民而苦苦追寻，一大批先进青年在"觉醒年代"纷纷觉醒。伟大的

五四运动促进了马克思主义在中国的传播，拉开了新民主主义革命的序幕，也标志着中国青年成为推动中国社会变革的急先锋。

青春力量一经觉醒，先进思想一经传播，中华大地便迅速呈现出轰轰烈烈的革命新气象。在马克思列宁主义同中国工人运动的紧密结合中，中国共产党应运而生。中国共产党一经诞生，就把关注的目光投向青年，把革命的希望寄予青年。党的一大专门研究了建立和发展青年团作为党的预备学校的问题。1922年5月5日，在中国共产党直接关怀和领导下，中国共产主义青年团宣告成立。这在中国革命史和青年运动史上具有里程碑意义！

坚定不移跟党走，为党和人民奋斗，是共青团的初心使命。一百年来，在党的坚强领导下，共青团不忘初心、牢记使命，走在青年前列，组织引导一代又一代青年坚定信念、紧跟党走，为争取民族独立、人民解放和实现国家富强、人民幸福而贡献力量，谱写了中华民族伟大复兴进程中激昂的青春乐章。

新民主主义革命时期，共青团广泛传播马克思主义，用先进思想启迪青年觉醒、凝聚青春力量，团结带领广大团员青年踊跃投身反帝反封建的工人运动、农民运动、学生运动，积极参加党领导的革命武装，在打倒军阀、抗日救亡、推翻国民党反动统治的伟大斗争中冲锋陷阵，展现出不怕牺牲、浴血斗争的精神风貌。刀光剑影，枪林弹雨，广大团员青年对党忠贞不渝，经受住了生与死的考验，为中国革命胜利贡献了青春、建立了重要功勋！

社会主义革命和建设时期，共青团积极参与中华民族有史以来最为广泛而深刻的社会变革，组建青年突击队、青年垦荒队、青年扫盲队，开展学雷锋活动，团结带领广大团员青年激发"敢教日月换新天"的豪情，喊出"把青春献给祖国"的响亮口号，向科学进军，向困难进军，向荒原进军，展现出敢于拼搏、辛勤劳动的精神风貌。艰难困苦，千难万险，广大团员青年主动作为、勇挑重担，哪里最困难、哪里就有团的旗帜，哪里有需要、哪里就有团员青年的身影，为祖国建设贡献了青春、建立了重要功勋！

改革开放和社会主义现代化建设新时期，共青团适应党和国家工作中心战略转移，解放思想，锐意进取，广泛开展争当新长征突击手、"五讲四美三热爱"、希望工程、青年志愿者、青年文明号、保护母亲河等一大批青春气息浓烈的创造性活动，团结带领广大团员青年发出"团结起来、振兴中华"的时代强音，在现代化建设各条战线上勇立潮头，展现出敢闯敢干、引领风尚的精神风貌。革故鼎新，建设四化，广大团员青年勇作改革闯将，开风气之先，为改革开放和社会主义现代化建设贡献了青春、建立了重要功勋！

中国特色社会主义新时代，共青团积极投身伟大斗争、伟大工程、伟大事业、伟大梦想波澜壮阔的实践，坚持守正创新、踔厉奋发，全面深化自身改革，团结带领广大团员青年在脱贫攻坚战场摸爬滚打，在科技攻关岗位奋力攀登，在抢险救灾前线冲锋陷阵，在疫情防控一线披甲出征，在奥运竞技赛场奋勇争先，在保卫祖国哨位威武守护，在党和人民最需要的时刻冲得出来、顶得上去，展现出自信自强、刚健有为的精神风貌。"清澈的爱，只为中国"，成为当代中国青年发自内心的最强音。伟大梦想，伟大使命，广大团员青年自觉担当重任，深入基层一线，让青春在实现中华民族伟大复兴的中国梦中绽放异彩，为党和国家事业取得历史性成就、发生历史性变革贡献了青春、建立了重要功勋！

时代各有不同，青春一脉相承。一百年来，中国共青团始终与党同心、跟党奋斗，团结带领广大团员青年把忠诚书写在党和人民事业中，把青春播撒在民族复兴的征程上，把光荣镌刻在历史行进的史册里。

历史和实践充分证明，中国共青团不愧为中国青年运动的先锋队，不愧为党的忠实助手和可靠后备军！

——节选自习近平《在庆祝中国共产主义青年团成立 100 周年大会上的讲话》（2022 年 5 月 10 日）。

【解析】 2021 年习近平在视察清华大学时，就青年人要怎样肩负起时代重任的问题说，当代中国青年是与新时代同向同行、共同前进的一代，生逢盛世，肩负重任。广大青年要爱国爱民，从党史学习中激发信仰、获得启发、汲取力量，不断坚定"四个自信"，不断增强做中国人的志气、骨气、底气，树立为祖国为人民永久奋斗、赤诚奉献的坚定理想。要锤炼品德，自觉树立和践行社会主义核心价值观，自觉用中华优秀传统文化、革命文化、社会主义先进文化培根铸魂、启智润心，加强道德修养，明辨是非曲直，增强自我定力，矢志追求更有高度、更有境界、更有品位的人生。要勇于创新，深刻理解把握时代潮流和国家需要，敢为人先、敢于突破，以聪明才智贡献国家，以开拓进取服务社会。要实学实干，脚踏实地、埋头苦干，孜孜不倦、如饥似渴，在攀登知识高峰中追求卓越，在肩负时代重任时行胜于言，在真刀真枪的实干中成就一番事业。

（三）中国共产党历史上的第一个纲领

一、我们的党定名为"中国共产党"。

二、我们党的纲领如下：

1. 革命军队必须与无产阶级一起推翻资本家阶级的政权，必须援助工人阶级，直到社会阶级区分消除的时候；

2. 直至阶级斗争结束为止，即直到社会的阶级区分消灭为止，承认无产阶级专政；

3. 消灭资本家私有制，没收机器、土地、厂房和半成品等生产资料；

4. 联合第三国际。

三、我们党承认苏维埃管理制度，要把工人、农民和士兵组织起来，并以社会革命为自己政策的主要目的。中国共产党彻底断绝与资产阶级的黄色知识分子及与其类似的其他党派的任何联系。

四、凡承认本党党纲和政策，并愿成为忠实的党员者，经党员一人介绍，不分性别，不分国籍，都可以接收为党员，成为我们的同志。但是在加入我们的队伍以前，必须与那些与我们的纲领背道而驰的党派和集团断绝一切联系。

五、接收新党员的手续如下，被介绍人必须接受其所在地的委员会的考察，考察期限至少为两个月。考察期满后，经大多数党员同意，始得成为党员，如果该地区有执行委员会，必须经执行委员会批准。

六、在党处于秘密状态时，党的重要主张和党员身份应保守秘密。

七、每个地方，凡是有党员五人以上时，必须成立委员会。

八、委员会的党员经以前所在地的委员会书记介绍，可以转到另一个地方的委员会。

九、凡是党员不超过十人的地方委员会，应设书记一人；超过十人的应设财务委员、组织委员和宣传委员各一人；超过三十人的，应由委员会的成员中选出一个执行委员会。关于执行委员会的规定下面将要说到。

十、工人、农民、士兵和学生等地方组织的人数很多时，可以派他们到其他地区去工作，但是一定要受当地执行委员会最严格的监督。

十一、（遗漏）①

十二、地方执行委员会的财政、活动和政策，必须受中央执行委员会的监督。

十三、委员会所管辖的党员超过五百人或同一地区有五个委员会时，必须成立执行委员会。全国代表会议应委派十人参加该执行委员会，如果这些要求不能实现，必须成立临时中央执行委员会。关于执行委员会的工作和组织，下面将要更加详细地阐述。

十四、党员如果不是由于法律的迫使和没有得到党的特别允许，不能担任政府委员或国会议员。士兵、警察和职员不在此例。②

---

① 此系俄文版原注。

② 俄文版原注。这条在一九二二年党的第二次全国代表大会上曾引起激烈的争论。

十五、这个纲领经三分之二全国代表大会同意,始得修改。

——节选自中共中央文献研究室,中央档案馆编著.建党以来重要文献选编:第一册[M].北京:中央文献出版社,2011:44—46.

【解析】 1921年,中国共产党第一次全国代表大会通过了中国共产党纲领。这份15条约700字的简短纲领,确定了党的名称、奋斗目标、基本政策,提出了发展党员、建立地方和中央机构等组织制度,是党的第一个正式文献。

党的一大没有制定党的章程,但一大党纲已经包含属于党章性质的一些条文,如关于党员条件、入党程序,还规定在全党建立统一的组织和严格的纪律。一大党纲具有了党章的初步体例,实际上起了党章的作用。

(四)《在庆祝中国共产党成立100周年大会上的讲话》(节选)

在这里,我代表党和人民庄严宣告,经过全党全国各族人民持续奋斗,我们实现了第一个百年奋斗目标,在中华大地上全面建成了小康社会,历史性地解决了绝对贫困问题,正在意气风发向着全面建成社会主义现代化强国的第二个百年奋斗目标迈进。这是中华民族的伟大光荣!这是中国人民的伟大光荣!这是中国共产党的伟大光荣!

……

十月革命一声炮响,给中国送来了马克思列宁主义。在中国人民和中华民族的伟大觉醒中,在马克思列宁主义同中国工人运动的紧密结合中,中国共产党应运而生。中国产生了共产党,这是开天辟地的大事变,深刻改变了近代以后中华民族发展的方向和进程,深刻改变了中国人民和中华民族的前途和命运,深刻改变了世界发展的趋势和格局。

中国共产党一经诞生,就把为中国人民谋幸福、为中华民族谋复兴确立为自己的初心使命。一百年来,中国共产党团结带领中国人民进行的一切奋斗、一切牺牲、一切创造,归结起来就是一个主题:实现中华民族伟大复兴。

——为了实现中华民族伟大复兴,中国共产党团结带领中国人民,浴血奋战、百折不挠,创造了新民主主义革命的伟大成就。……中国共产党和中国人民以英勇顽强的奋斗向世界庄严宣告,中国人民站起来了,中华民族任人宰割、饱受欺凌的时代一去不复返了!

——为了实现中华民族伟大复兴,中国共产党团结带领中国人民,自力更生、发愤图强,创造了社会主义革命和建设的伟大成就。……中国共产党和中国人民以英勇顽强的奋斗向世界庄严宣告,中国人民不但善于破坏一个旧世界、也善于建设一个新世界,只有社会主义才能救中国，只有社会主义才能发展中国！

——为了实现中华民族伟大复兴，中国共产党团结带领中国人民，解放思想、锐意进取，创造了改革开放和社会主义现代化建设的伟大成就。……中国共产党和中国人民以英勇顽强的奋斗向世界庄严宣告，改革开放是决定当代中国前途命运的关键一招，中国大踏步赶上了时代！

——为了实现中华民族伟大复兴，中国共产党团结带领中国人民，自信自强、守正创新，统揽伟大斗争、伟大工程、伟大事业、伟大梦想，创造了新时代中国特色社会主义的伟大成就。……中国共产党和中国人民以英勇顽强的奋斗向世界庄严宣告，中华民族迎来了从站起来、富起来到强起来的伟大飞跃，实现中华民族伟大复兴进入了不可逆转的历史进程！

……

一百年前，中国共产党的先驱们创建了中国共产党，形成了坚持真理、坚守理想，践行初心、担当使命，不怕牺牲、英勇斗争，对党忠诚、不负人民的伟大建党精神，这是中国共产党的精神之源。

一百年来，中国共产党弘扬伟大建党精神，在长期奋斗中构建起中国共产党人的精神谱系，锤炼出鲜明的政治品格。历史川流不息，精神代代相传。我们要继续弘扬光荣传统、赓续红色血脉，永远把伟大建党精神继承下去、发扬光大！

——以史为鉴、开创未来，必须坚持中国共产党坚强领导。办好中国的事情，关键在党。中华民族近代以来180多年的历史、中国共产党成立以来100年的历史、中华人民共和国成立以来70多年的历史都充分证明，没有中国共产党，就没有新中国，就没有中华民族伟大复兴。历史和人民选择了中国共产党。中国共产党领导是中国特色社会主义最本质的特征，是中国特色社会主义制度的最大优势，是党和国家的根本所在、命脉所在，是全国各族人民的利益所系、命运所系。

——以史为鉴、开创未来，必须团结带领中国人民不断为美好生活而奋斗。江山就是人民、人民就是江山，打江山、守江山，守的是人民的心。中国共产党根基在人民、血脉在人民、力量在人民。中国共产党始终代表最广大人民根本利益，与人民休戚与共、生死相依，没有任何自己特殊的利益，从来不代表任何利益集团、任何权势团体、任何特权阶层的利益。任何想把中国共产党同中国人民分割开来、对立起来的企图，都是绝不会得逞的！9500多万中国共产党人不答应！14亿多中国人民也不答应！

——以史为鉴、开创未来，必须继续推进马克思主义中国化。马克思主义是我们立党立国的根本指导思想，是我们党的灵魂和旗帜。中国共产党坚持马克思主义基本原理，坚持实事求是，从中国实际出发，洞察时代大势，把握历史主动，进行艰辛探索，不断推进马克思主义中国化时代化，指导中国人民不断推进伟大社会革命。中国共产党为什么能，中国特色社会主义为什么好，归根到底是因为马克思主义行！

——以史为鉴、开创未来，必须坚持和发展中国特色社会主义。走自己的路，是党的全部理论和实践立足点，更是党百年奋斗得出的历史结论。中国特色社会主义是党和人民历经千辛万苦、付出巨大代价取得的根本成就，是实现中华民族伟大复兴的正确道路。我们坚持和发展中国特色社会主义，推动物质文明、政治文明、精神文明、社会文明、生态文明协调发展，创造了中国式现代化新道路，创造了人类文明新形态。

——以史为鉴、开创未来，必须加快国防和军队现代化。强国必须强军，军强才能国安。坚持党指挥枪、建设自己的人民军队，是党在血与火的斗争中得出的颠扑不破的真理。人民军队为党和人民建立了不朽功勋，是保卫红色江山、维护民族尊严的坚强柱石，也是维护地区和世界和平的强大力量。

——以史为鉴、开创未来，必须不断推动构建人类命运共同体。和平、和睦、和谐是中华民族5000多年来一直追求和传承的理念，中华民族的血液中没有侵略他人、称王称霸的基因。中国共产党关注人类前途命运，同世界上一切进步力量携手前进，中国始终是世界和平的建设者、全球发展的贡献者、国际秩序的维护者！

——以史为鉴、开创未来，必须进行具有许多新的历史特点的伟大斗争。敢于斗争、敢于胜利，是中国共产党不可战胜的强大精神力量。实现伟大梦想就要顽强拼搏、不懈奋斗。今天，我们比历史上任何时期都更接近、更有信心和能力实现中华民族伟大复兴的目标，同时必须准备付出更为艰巨、更为艰苦的努力。

——以史为鉴、开创未来，必须加强中华儿女大团结。在百年奋斗历程中，中国共产党始终把统一战线摆在重要位置，不断巩固和发展最广泛的统一战线，团结一切可以团结的力量、调动一切可以调动的积极因素，最大限度凝聚起共同奋斗的力量。爱国统一战线是中国共产党团结海内外全体中华儿女实现中华民族伟大复兴的重要法宝。

——以史为鉴、开创未来，必须不断推进党的建设新的伟大工程。勇于自我革命是中国共产党区别于其他政党的显著标志。我们党历经千锤百炼而朝气蓬勃，一个很重要的原因就是我们始终坚持党要管党、全面从严治党，不断应对好自身在各个历史时期面临的风险考验，确保我们党在世界形势深刻变化的历史进程中始终走在时代前列，在应对国内外各种风险挑战的历史进程中始终成为全国人民的主心骨！

......

未来属于青年，希望寄予青年。一百年前，一群新青年高举马克思主义思想火炬，在风雨如晦的中国苦苦探寻民族复兴的前途。一百年来，在中国共产党的旗帜下，一代代中国青年把青春奋斗融入党和人民事业，成为实现中华民族伟大复兴的先锋力量。新时代的中国青年要以实现中华民族伟大复兴为己任，增强做中国人的志气、骨气、底气，不负时代，不负韶华，不负党和人民的殷切期望！

......

全体中国共产党员！党中央号召你们，牢记初心使命，坚定理想信念，践行党的宗旨，永远保持同人民群众的血肉联系，始终同人民想在一起、干在一起，风雨同舟、同甘共苦，继续为实现人民对美好生活的向往不懈努力，努力为党和人民争取更大光荣！

伟大、光荣、正确的中国共产党万岁！

伟大、光荣、英雄的中国人民万岁！

——节选自习近平《在庆祝中国共产党成立100周年大会上的讲话》（2021年7月1日）。

【解析】这篇重要讲话，立足中国共产党百年华诞的重要时刻和"两个一百年"历史交汇的关键节点，回顾光辉历史、擘画光明未来，是一篇马克思主义纲领性文献，是新时代中国共产党人"不忘初心、牢记使命"的政治宣言，是我们党团结带领人民以史为鉴、开创未来的行动指南。

五、习题练习

1.（单选）1914年至1918年的第一次世界大战，是一场空前残酷的大屠杀，它改变了世界政治的格局，也改变了各帝国主义国家在中国的利益格局，对中国产生了巨大的影响。大战使中国的先进分子（   ）。

A. 对中国传统文化产生怀疑

B. 对西方资产阶级民主主义产生怀疑

C. 认识到工人阶级的重要作用

D. 认识到必须优先改造国民性

【答案】B

【解析】1914年至1918年的第一次世界大战以极端的形式进一步暴露了资本主义制度

固有的不可克服的矛盾。李大钊讲道:"此次战争,使欧洲文明之权威大生疑念。欧人自己亦对于其文明之真价不得不加以反省。"中国人是否应当对欧美文明亦步亦趋,当然成为问题了。这里的"欧洲文明"就包括西方资产阶级民主主义。B 选项正确。"对中国传统文化产生怀疑"和"认识到必须优先改造国民性问题",都不是第一次世界大战对中国的影响,而是伴随着中国人学习西方,伴随着新文化运动而产生的。中国的先进分子真正认识到工人阶级的重要作用是在五四运动期间(五四运动中,中国工人阶级独立地登上政治舞台),ACD 选项不符合题意。故 B 选项为正确答案。

2.(单选)第一次世界大战,德国战败。1918 年 12 月陈独秀在《每周评论》的发刊词中说,大战结果是"公理战胜强权",并把美国总统威尔逊称作"现在世界上第一个好人"。然而陈独秀在 1919 年 5 月 4 日出版的《每周评论》上的一篇文章中又写道:"什么公理,什么永久和平,什么威尔逊总统十四条宣言,都成了一文不值的空话",导致陈独秀认识发生变化的直接原因是(　　)。

A. 美国不愿放弃在华种种特权

B. 日本对德宣战,出兵山东

C. 苏俄宣布废除从前同中国签订的一切不平等条约

D. 中国在巴黎和会上外交失败

【答案】D

【解析】五四运动的直接导火索是巴黎和会上中国外交的失败。在 1919 年上半年召开的巴黎"和平会议"上,中国政府代表提出取消中日"二十一条"及换文等正义要求,遭到拒绝。陈独秀抨击的正是美国总统假惺惺推崇理想主义外交,而实质却是奉行强权至上。故 D 选项为正确答案。ABC 选项不符合题意。

3.(单选)1915 年 9 月,陈独秀在上海创办《青年杂志》,他在该刊发刊词中宣称,"盖改造青年之思想,辅导青年之修养,为本志之天职。批评时政,非其旨也。"此时陈独秀把主要注意力倾注于思想变革的原因是(　　)。

A. 他认为批评时政不利于改造青年思想

B. 他对资产阶级民主主义产生了怀疑

C. 他对政治问题不感兴趣

D. 他认定改造国民性是政治变革的前提

【答案】D

【解析】中华民国的成立没有给人们带来预期的民族独立和社会进步。一些先进的知识分子在反思中认识到要切实改造中国，必须进行一场思想启蒙运动。陈独秀等人认为，改造国民性是政治变革的前提。故 D 选项为正确答案。ABC 选项不符合题意。

4.（单选）中国共产党成立后，积极发动工农群众开展革命斗争，中国共产党第一次独立领导并取得完全胜利的工人斗争是（　　）。

A．安源路矿工人罢工

B．香港海员罢工

C．京汉铁路工人罢工

D．开滦五矿工人罢工

【答案】A

【解析】略。

5.（单选）中国共产党一经成立，中国革命就展现了新的面貌。中国共产党成立之后不久，就开始采取民族资产阶级、小资产阶级的政党和政治派别没有采取过、也不可能采取的革命方法，即（　　）。

A．土地革命的方法

B．群众路线的方法

C．统一战线的方法

D．武装斗争的方法

【答案】B

【解析】本题考查"中国革命的新局面"这一部分的内容，中国共产党一成立就开始采取民族资产阶级、小资产阶级的政党和政治派别没有采取过、也不可能采取的革命方法，即群众路线的方法。故 B 选项是正确答案。中国共产党刚一成立，主要的革命手段是领导工人运动，并没有发动土地革命，所以 A 选项错误。统一战线是 1924 年第一次国共合作时期时建立的，因此，C 选项不符题意。中国共产党通过武装斗争反抗国民党反动派主要是 1927 年大革命失败后开展的，而且无论是农民阶级还是民族资产阶级的革命方式也都有武装斗争，因此，D 选项也不符合题意。

6.（多选）1915 年 9 月，陈独秀在上海创办了《青年杂志》（后改名《新青年》），吹响了新文化运动的号角，新文化运动高举民主科学两面大旗，向封建主义思想发动了前所未有的冲击，新文化运动的历史意义表现在它（　　）。

A．是中国历史上一次前所未有的启蒙运动

B．为马克思主义在中国传播创造有利条件

C. 社会上掀起一股思想解放浪潮

D. 彻底否定孔学历史作用

【答案】ABC

【解析】1919年五四运动以前的新文化运动是新文化反对封建主义旧文化的斗争，具有重大历史意义。新文化运动是中国历史上一次前所未有的启蒙运动和空前深刻的思想解放运动。其意义有：第一，唤醒了一代青年，使中国的知识分子尤其是广大青年受到一次西方民主和科学思想的洗礼；第二，掀起的一股生气勃勃的思想解放潮流，冲破了禁锢人们思想的闸门，激励着人们去探求救国救民的真理；第三，涌现了一批革命民主主义者，接受俄国十月革命的影响，为马克思主义在中国的广泛传播准备了思想的和文化的条件。综上所述，ABC选项为正确答案。新文化运动的思想家们对孔学的批判是充满理性的，并不是彻底地否定孔学的历史作用，故D选项错误。

7. （多选）五四运动以后，社会主义思潮在中国蓬勃兴起、马克思主义开始在知识界得到传播。中国早期信仰马克思主义的人物，就类型而言，主要包括（　　）。

A. 五四运动的左翼骨干

B. 五四以前的新文化运动的精神领袖

C. 原中国同盟会会员、辛亥革命时期的活动家

D. 工人群众中的活跃分子

【答案】ABC

【解析】中国早期信仰马克思主义的人物主要有：五四运动以前新文化运动的精神领袖，如李大钊、陈独秀；五四爱国运动的左翼骨干，如毛泽东、周恩来等；一部分原中国同盟会会员、辛亥革命时期的活动家，如董必武、林祖涵、吴玉章等。故ABC选项为正确答案。D选项不符合题意。

8. （多选）新文化运动提出的基本口号是"民主"和"科学"，其中"民主"的含义有（　　）。

A. 民主精神和民主思想

B. 与封建君主专制制度相对立的资产阶级民主政治制度

C. 与封建迷信蒙昧无知相对立的科学思想科学精神以及认识和判断事物的科学方法

D. 具体的科学技术、科学知识

【答案】AB

【解析】CD两选项为科学的含义，因此排除。故AB选项为正确答案。

9.（多选）五四运动中学生提出的口号有（　　）。

A．"外争主权，内除国贼"

B．"废除二十一条"

C．"还我青岛"

D．"反对华北自治"

【答案】ABC

【解析】D选项"反对华北自治"为抗战时期一二·九运动的口号，因此排除。故ABC选项为正确答案。

10.（多选）各地中国共产党早期组织成立以后，主要进行的工作有（　　）。

A．加强对马克思主义的研究和宣传

B．在工人中进行宣传和组织工作

C．建立社会主义青年团

D．进行有关建党问题的研究和讨论

【答案】ABCD

【解析】四个选项都为正确答案，它们均为各地中国共产党早期组织成立后进行的工作。

专题五　中国革命新道路是怎样形成的

一、学习目的

了解中国共产党艰辛探索中国革命新道路的历史背景和过程，以及中国共产党在革命新道路的开辟过程中所遇到的挫折，有助于提高对马克思主义中国化的必要性及其可能性的认识，也有助于领会把马克思主义普遍原理同中国革命具体实践相结合的重要性。

懂得"农村包围城市、武装夺取政权"这一革命新道路对中国革命最终取得胜利的伟大意义。

感受共产党人和红军战士在长征中表现出来的英雄气概，在新时代继续弘扬长征精神，坚定共产主义理想信念。

二、重难点解析

（一）中国革命战略重心从城市转向农村的曲折过程及其原因

中国共产党领导的武装暴动在刚刚开始是有着明确方向——占领城市，尤其是在1927年11月中央临时政治局扩大会议上形成了"城市中心论"后，"城市——无产阶级的中心区域，在这种农民暴动自发的汹涌潮流之中，自然应当成为夺取一省或几省政权之总暴动的中心与指导者"。在一个城市起义后，就试图到更大的城市去，去一省或者数省的中心城市。土地革命初期的《湘鄂赣粤四省暴动计划》选择的暴动地点包括长沙、武汉、南昌、广州等城市。江苏、安徽等地也是希望在大城市暴动，在一些农村地区选择暴动的方式也是进攻县城，占领县城。正因为如此，中共中央继续留在上海，党的工作重心仍然放在中心城市。但是，所有以占领中心城市为目标的起义很快就失败了。其中包括中国共产党独立领导三大的武装起义（南昌起义攻打的城市是南昌、广州起义攻打的城市是广州）。在土地革命初期举行的武装暴动后，有在攻打大城市不成功的情况下，直接带领武装力量转向敌人统治力量较薄弱地区，保存革命实力，进行土地革命，在当地发展党组织。

在斗争实践中，毛泽东率先投身于革命战争，并且把武装斗争的攻击方向首先指向了农村。八七会议后，中共中央临时政治局曾考虑让毛泽东去上海中央机关工作。毛泽东提出，不愿去大城市，愿到农村去。随后，毛泽东即回湖南发动和组织秋收起义。在秋收起义部队进攻长沙的计划受挫之后，他决定保存实力，率部到达罗霄山脉，从而开辟了井冈山革命根据地。1928年年初，毛泽东与朱德从井冈山出发，向赣南、闽西进军，逐步开辟了赣南、闽西革命根据地，并以此为基础，发展为中央革命根据地。南昌起义余部一部分转移到海丰、陆丰地区与当地农民会合，主要部分由朱德、陈毅率领转移到湘南农村，在那里开始探索上山打游击、开展农村革命的新途径，后来也上了井冈山。广州起义余部一部分也转移到海丰、陆丰地区与农民会合，一部分后来随朱德上了井冈山，另一部分则从广州西北郊转入农村，后来参加了广西左右江起义。这些武装力量在起义失败后，有的转战本地山区，有的转至其他偏远地区的山区，有的与其他起义的武装力量汇合，有的化整为零隐蔽起来领导农民开展运动。其基本的转移方向都是往农村、山区或者渔村等敌人薄弱的地方。这是后来中国共产党在这些地方建立农村革命根据地的武装力量的最初来源。同时，武装起义后保留的队伍最终都转向了农村，在农村开辟根据地，开始了武装夺取政权，不过还没有进行"农村包围城市"。但最终迈出了以农村为中心、走农村包围城市的中国革命新道路的第一步。

1927年8月7日召开的中共中央紧急会议（八七会议）向全党提出了"整顿改编自己的队伍，纠正过去严重的错误，而找着新的道路"的任务。八七会议以后的中共中央在领导各地武装起义的过程中，初步提出了相机占领某个县或几个县、建立革命政权、实行武装割据的思想。1928年6月召开的中国共产党第六次全国代表大会在继续把城市工作的复兴视为革命高潮到来的决定条件的同时，肯定了农村根据地和红军是决定革命新高潮的更大的发展基础和重要力量。1929年6月，中共六届二中全会进一步指出：在中国，找不到一个经济力量能够统治全国的大城市，所以中国革命要胜利，必须要有红军，必须要有广大的苏维埃区域的帮助。同年9月，中共中央给红四军前委的指示信指出：先有农村红军，后有城市政权，这是中国革命的特征，这是中国经济基础的产物。1930年5月，中共中央机关刊物《红旗》发表署名信件，明确提出共产党应当以大部分力量甚至全副力量去发展乡村工作。认为革命势力占据了广大农村之后，即可以联合起来包围城市、封锁城市，用广大的农村革命势力向城市进攻，这样，革命必然可以得到胜利。

这些事实说明：以农村为工作重点，到农村去发动农民，进行土地革命，开展武装斗争，建设根据地，这是1927年以后中国革命发展的客观规律所要求的。

从国际共产主义的历史来看，无论中外，都找不到农村包围城市的经验。在马列著作中，革命的重点在城市，这是有历史渊源的。近代民主革命几乎都发生在大城市，如英国、法国、德国等，苏联也是走"先城市后乡村"的道路。由于资本主义工业的发达，城市在政治经济上有决定性地位，城市人口众多且占据绝对优势，工人阶级群体数量很大，无产阶级革命必然发生于大城市。中国的具体情况与资本主义国家不同。中国是一个政治经济发展不平衡的半殖民地半封建的农业国家，找不到一个经济力量能够统治全国的大城市，所以中国革命要胜利，必须要有红军，必须要有广大苏维埃区域的帮助。在中国，革命最深厚的力量源泉在广大的农村，中国的民主革命实质上就是农民革命，中国的武装斗争实质上就是农民战争。

（二）中国革命新道路——农村包围城市、武装夺取政权道路的理论探索

1928年至1930年，毛泽东先后发表了《中国的红色政权为什么能够存在？》《井冈山的斗争》《星星之火，可以燎原》《反对本本主义》四篇文章，阐述了中国革命新道路理论。

1. 中国革命新道路的内容。中国革命新道路，即：在中国共产党的领导下，以土地革命为基本内容、武装斗争为主要形式、农村革命根据地为战略阵地，三者结合，农村包围城市，最后夺取全国政权。中国革命新道路的特点是以在"农村"、以"农民"为主体进行的无产阶级革命。在马克思主义理论宝库中，这是一个全新的概念，与国际共产主义运动"大城市工人武装起义"的概念形成鲜明对照。

2. 实施中国革命新道路的必要性。第一，必须以土地革命为基本内容。中国是一个农业大国，农民是中国民主革命的主力军，必须通过土地革命发动农民。第二，反封建是民主革命的主旨，消灭封建地主土地所有制是中国社会解放和发展生产力的需要。必须以武装斗争为主要形式。中国是一个半殖民地半封建社会，对外无民族独立，对内无民主权利。帝国主义封建主义已经武装到牙齿，中国革命只能以"武装的革命反对武装的反革命"。第三，必须以农村根据地为战略阵地。敌强我弱是中国革命战争的主要特点。反动势力长期盘踞在中心城市，广大农村则是敌人统治的薄弱环节。建立农村根据地，有利于武装斗争和土地革命的展开，待时机成熟，最后夺取全国政权。

3. 农村革命根据地长期存在和发展的可能性。第一，中国是一个政治、经济发展不平

衡的半殖民地半封建大国。这句话应从三个方面理解：政治发展不平衡。中国是多帝国主义间接统治的半殖民地半封建社会。各帝国主义通过控制不同的封建军阀，控制不同的地区，导致各地区之间存在利益纷争和矛盾，红色政权可以在其夹缝中发展起来；经济发展不平衡。民国时期的农村经济与城市经济不同，是以自给自足为主要特征的自然经济，可以不依赖城市而独立存在，为根据地的生存和发展提供了基本的物质保障。大国，是指地域辽阔，为革命战争提供了广阔的战略空间。第二，受第一次国内革命战争的影响。20世纪20年代的中国，对"革命"这个词，群众不理解。但是，经过北伐战争的洗礼，群众目睹"革命"就是"打倒军阀，打倒列强""打倒土豪劣绅"，对革命有了比较客观的认识，群众基础好。第三，引起革命的矛盾没有解决，形势在发展。这里所谓的"矛盾"，即帝国主义与中华民族的矛盾、封建主义与人民大众的矛盾。北伐战争的发生，正是这一矛盾酝酿的结果。但是，由于北伐战争失败，这一矛盾未能解决，它必然还会酝酿新的革命形势，有利于农村根据地的存在与发展。第四，有相当数量正式红军的存在。北伐战争时期，中国共产党未能建立独立领导的正规武装。正是大革命失败血的教训，使毛泽东悟出"枪杆子里面出政权"的名言，并尤为重视正式红军的建设。此时与北伐时期相比，我们根据地条件改观，1930年，全国正规红军已达10万人，为农村根据地长期存在和发展提供了军事保障。第五，共产党组织的有力量和正确的路线与政策。显然，这是一个主观条件，毛泽东以句型的变化强调事物的"变数"。即：在我们拥有上述各种优越条件的同时，还必须有一个强大的党组织和正确的路线和政策。如果具备此点，那么我们在农村根据地就可以长期存在和发展。反之，仍有失败的可能。

（三）20世纪20年代后期、30年代前中期中国共产党党内"左"倾错误及其原因

1. 从1927年7月大革命失败到1935年1月遵义会议召开之前，"左"倾错误先后三次在党中央的领导机关取得了统治地位。第一，以瞿秋白为代表的"左"倾盲动错误（1927年11月至1928年4月）。八七会议后成立了以瞿秋白、李维汉、苏兆征三人组成的新的临时中央政治局。当时他们认为革命形势在不断高涨，盲目要求"创造总暴动的局面"。1927年11月在上海召开的中央临时政治局扩大会议发展了八七会议以来滋长起来的"左"倾情绪，以"左"倾盲动主义为指导，最终使得广州起义遭到失败。12月广州起义的失败使瞿秋白等中央领导人有所觉悟，及时发现并纠正了"左"倾盲动错误，并在1928年三四月间的临时常委会上做了自我批评，在实践中基本结束了全国范围内的"左"倾盲动错

误。第二，以李立三为代表的"左"倾冒险主义（1930年6月至9月）。"左"倾冒险主义坚持"城市中心论"，强调"无产阶级的伟大斗争，是决定胜负的力量，没有工人阶级的罢工高潮，没有中心城市的武装暴动，决不能有一省与几省的胜利"，批评"以乡村包围城市"是一种"极错误的观念"。推行以武汉为中心的全国总暴动和集中红军进攻中心大城市的计划，企图"会师武汉，饮马长江"，结果损失惨重，先后有11个省委机关遭到破坏，武汉、南京等城市的党组织几乎全部被瓦解，红军在进攻大城市时也损失惨重。第三，以陈绍禹（王明）为代表的"左"倾教条主义（1931年1月至1935年1月）。1931年到1934年，以王明代表的"左"倾教条主义在中央机关内开始了长达四年的统治，共产国际也不时给中共中央来信来电，敦促中共要将力量集中在城市，要把无产阶级的罢工、示威等斗争形式提到首位，要求红军去夺取一个或数个工业中心和行政中心。其结果，1932年又重犯进攻中心城市的冒险主义错误，第五次反"围剿"斗争中，先是要御敌于国门之外，后来又转向拼命主义和逃跑主义，使革命根据地丧失了90%，党员也由30万人减为3万人。这是农村包围城市理论提出后遭到的最严重的一次干扰和最严重的一次挫折。1927年7月—1935年1月党中央连续犯了三次"左"倾错误，坚持以城市为中心的革命道路，而以毛泽东为代表的共产党人却在实践中选择以农村为中心。正反两方面的经验和教训都证明了毛泽东提出的农村包围城市理论的正确性，毛泽东也因此逐步确立了自己在党内的领导地位。

2. 中国共产党在20世纪二三十年代连续犯"左"倾错误的原因。第一，从党的自身建设方面来说，全党的马克思主义理论准备不足，理论素养不高，实践经验也很缺乏，对于中国的历史状况和社会状况、中国革命的特点、中国革命的规律不了解，对于马克思列宁主义的理论和中国革命的实践没有统一的理解，不善于把马克思列宁主义与中国实际全面地、正确地结合起来。第二，从社会根源上来说，中国社会状况是两头小、中间大，即资产阶级和无产阶级少，小资产阶级是汪洋大海，而党员大部分出身于农民和小资产阶级，可以说中国共产党处于小资产阶级的包围之中。小资产阶级在思想方法上往往主观片面，在政治倾向上易于左右摇摆，遇到问题容易走向极端。党内连续产生"左"倾错误的根源也正在于此。第三，从以往纠正错误的方法和结果来看，八七会议以后党内一直存在着的"左"倾情绪始终没有得到认真的清理。纠正第一次、第二次"左"倾错误的方法有缺点，偏重个人责任，只注重组织处理，没有在思想上彻底弄清错误的实质，没有使干部在思想上彻底了解当时错误的原因、环境和改正此种错误的详细办法，以致后来重犯类似的错误。第四，从外部因素来说，共产国际在很长一段时间内对中国共产党的影响颇深并进行了不适当的干预,党内教条主义倾向盛行,最终把八七会议以来党内的"左"倾思想和"左"倾情绪推向了极致。

(四) 伟大的长征精神

红军长征——这一人类历史上的伟大壮举,是一部传世的英雄史诗,是一座不朽的历史丰碑。红军长征的胜利留给我们最宝贵的精神财富,就是中国共产党人和红军将士用生命和热血铸就的伟大的长征精神。在纪念红军长征胜利80周年大会上,习近平总书记做了重要讲话,并对长征精神做了全面而深刻的论述。党和国家几代领导人及专家学者也都对长征精神进行过阐述,概括起来大致有如下几点:

1. 长征精神就是把全国人民和中华民族的根本利益看得高于一切,坚定革命的理想和信念,坚信正义事业必然胜利的精神。长征是一次理想信念的伟大远征。崇高的理想、坚定的信念是红军长征得以胜利的政治灵魂。党和红军将士始终把全国人民和中华民族的根本利益看得高于一切,这就是他们几经挫折而不断奋起、历尽苦难而淬火成钢的力量源泉。长征的胜利,是中国共产党和红军将士理想和信念的胜利,因为在他们心中,远大的理想和革命的信念始终坚定执着,始终闪耀着耀眼的光芒。在艰苦卓绝的长征路上,虽然艰难可以摧毁人的肉体,死亡可以夺走人的生命,但没有任何力量可以动摇红军将士的理想信念。长征的苦难、曲折、牺牲,检验了中国共产党人的理想和信念,向世人证明了他们的理想信念是坚不可摧的。

2. 长征精神就是为了救国救民,不怕任何艰难险阻,不惜付出一切牺牲的精神。长征历时之长、规模之大、行程之远、环境之险恶、战斗之惨烈在中国历史上是绝无仅有的,在世界战争史乃至人类文明史上也是极为罕见的。但是我们党领导的红军能够一路走下来,就是因为他们要救中国于危难之时,救民众于水火之中。他们有着高于天的革命理想,在长征路上,他们没有向极端的困难低头,没有向恶劣的环境屈服。他们不怕任何艰难险阻,不惜牺牲自己的一切,在艰苦卓绝的长征中,血战湘江、四渡赤水、巧渡金沙江、飞夺泸定桥、抢夺娄山关、激战嘉陵江、冲破乌江天险,击退了百万穷凶极恶的追兵阻敌,征服空气稀薄的冰山雪岭,穿越渺无人烟的沼泽草地,以大无畏的英雄气概,战胜了千难万险,付出了巨大的牺牲,最终胜利完成了震撼世界、彪炳史册的长征。

3. 长征精神就是坚持独立自主、实事求是,一切从实际出发的精神。长征途中毛泽东同志在红军和党中央的实际领导地位逐步确立,这是党和红军坚持独立自主、实事求是,一切从实际出发的最好写照。当时红军和国民党军的力量悬殊,如果死打硬拼,我们党和红军就有覆没的危险。但是共产国际派来的军事顾问李德，不顾敌强我弱的实际情况瞎指挥，加上王明"左"倾教条主义错误的领导，导致了第五次反"围剿"失败和革命根据地丧失。在长征初期，李德仍然一意孤行，准备把队伍带到敌人力量强大的地方去，那只能使党和红军陷入绝境，毛泽东同志坚决反对这些不切实际的盲动做法，坚持实事求是，一切从实际出发，通过缜密分析敌我双方的情况，力主到敌人力量薄弱的地区发展。通过黎平会议和遵义会议等一系列的重要会议讨论，中共中央采取了以毛泽东为代表的正确意见，批评了博古、李德的错误，坚持独立自主的领导权，从此使红军步入了正确的前进道路。

4. 长征精神就是顾全大局、严守纪律、紧密团结的精神。长征途中，广大的红军将士顾全大局、严守纪律，始终保持着紧密团结的良好作风。红四方面军的主要领导张国焘，在长征途中闹独立，企图分裂红军。但是多数领导人如朱德、陈昌浩、徐向前等顾全大局，紧紧地站在党中央一边，对张国焘作了一系列的说服工作，最终使红四方面军继续北上，与各路红军胜利会师。从总体上看，顾全大局、严守纪律、紧密团结是长征的主要精神。例如，1935年6月中旬，中央红军与红四方面军在懋功会师后，红四方面军看到中央红军的艰难处境，就通过络绎不绝的马队、牦牛队，把筹集到的数十万斤粮食，上千件衣裤、皮衣、棉大衣、毛毯、鞋子等慰劳品从茂县、理县运至小金中央红军驻地。由于中央红军长途跋涉，减员不少，红四方面军调拨了3个团近4000人充实了中央红军。红四方面军的大力支援，对中央红军增强战斗力、改善军需起到了重要作用。可以说没有顾全大局、严守纪律、紧密团结的精神，长征最终的胜利是不可能实现的。

5. 长征精神就是紧紧依靠人民群众，同人民群众生死相依、患难与共、艰苦奋斗的精神。习近平总书记在纪念长征胜利80周年大会上的讲话中指出："红军打胜仗，人民是靠山。"深刻地指出了党和红军与人民群众的血肉关系。中国共产党领导的红军是人民的子弟兵，他们始终根植于人民群众，联系群众、宣传群众、武装群众、团结群众、依靠群众，以自己的模范行动，赢得了人民群众的真心拥护和支持。正如毛主席所讲，长征是宣言书、是宣传队、是播种机。中国共产党是为人民谋利益的党，红军是人民的军队。中国共产党指引的道路，是人民群众翻身求解放的正确道路。长征的胜利，宣传了我们党的主张，播下了革命的火种，扩大了党和红军的影响，巩固了党和红军与人民群众的亲密联系，使党深深地扎根于人民之中。中国共产党必须根植于人民群众中间，才能生根开花；必须紧紧依靠人民群众，才能克服困难，赢得胜利。

三、经典案例分析

案例一　枪杆子里面出政权

　　1927年大革命失败后，革命形势发生了急剧变化，中国共产党遭受了极其严重的困难：共产党人和革命群众遭到野蛮屠杀，党的组织遭到严重破坏，工农运动走向低沉，中国共产党面临着被敌人瓦解和消灭的严重危险。面对生死困境，中国共产党没有低下头颅。为了挽救革命，1927年7月，刚组建成的中共中央政治局临时常委会决定对反动派的攻击进行坚决的武装反击，将党所掌握和影响的部队向南昌集中，准备发动武装起义。1927年8月1日，周恩来、贺龙、朱德、刘伯承等人率领党直接影响和掌握的军队2万余人，举行南昌起义，经过四个多小时的激战，起义军占领了南昌城。南昌起义打响了武装反抗国民党反动派的第一枪，用血与火的语言，宣告了中国共产党不畏强暴、坚持革命的坚强决心，使千百万革命群众在黑暗中又看到了高高举起的火把，重新燃起革命的希望。南昌起义标志着中国共产党开始进行武装斗争，是党独立地领导革命战争、创建人民军队和武装夺取政权的开端。

　　南昌起义后的第六天，为了总结大革命失败的惨痛教训，审查和纠正党在大革命后期的严重错误，明确下一步的革命方向，中共中央于1927年8月7日在湖北汉口召开紧急会议（八七会议）。八七会议所做的决定对中国共产党和中国革命的前景产生了巨大影响。会议确定了实行土地革命和武装起义的方针，提出了整顿队伍、纠正错误"而找着新的道路"的任务。在会上，毛泽东提出了"须知政权是由枪杆子中取得的"著名论断，这成为后来党领导革命武装的指导方针。中国革命从此开始由大革命失败到土地革命战争兴起的历史性转变。

【案例分析】

　　在中国共产党成立的最初阶段，中国共产党把主要精力放在宣传"主义"和组织工人上。在党看来，这是由无产阶级先锋队的本质决定的，是自然而然的事情。正因如此，对有人热衷于搞枪杆子的做法，党曾经一度持批判态度。然而，一个革命的政党，如没有"枪杆子"，就不可能施展抱负。黄埔军校建立之后，中国共产党逐步认识到枪杆子的重要性。但是，1926年7月中国共产党在此时并没有能真正掌握一支有力的武装，以致在蒋介石突然背叛革命时，我们的武装力量极其弱小，甚至束手无策，使共产党的力量遭到极大的打击。面对局势骤然巨变，下一步怎么走？这个问题非常急迫地摆在中国共产党的面前。毛泽东认识到革命的必然性和积极意义，并指出了革命的暴力性质。既然革命是暴力的，那么暴力的革命必然要求革命的暴力，即枪杆子。1926年7月15日，武汉国民党政府宣布"分共"。这时的枪杆子的问题，在毛泽东看来，已是十分重要且关乎全局的成败了。直到八七会议上，毛泽东提出"政权是由枪杆子取得的"著名论断。

案例二　秋收起义

毛泽东在《西江月·秋收起义》中兴奋地写道："军叫工农革命，旗号镰刀斧头，匡庐（泛指江西）一带不停留，要向潇湘（泛指湖南）直进。地主重重压迫，农民个个同仇，秋收时节暮云愁，霹雳一声暴动。"中共中央于1927年8月3日发布《关于湘鄂粤赣四省农民秋收暴动大纲》，八七会议又决定把发动秋收起义作为党在当时最主要任务，并派毛泽东作为中央特派员，回湖南领导秋收起义。8月中下旬，湖南省委多次召开会议讨论秋收起义，决定毛泽东任中共湖南省委前敌委员会书记，领导秋收起义。9月上旬，毛泽东先后到达安源和铜鼓，讨论制定湘赣边界秋收起义部队的行动部署。即首先在各县农民起义的配合下，第一团攻取平江，第二团攻取萍乡、西陵，第三团攻取浏阳，后各团齐向长沙推进，在各县农民武装起义和长沙工人武装起义的配合下夺取长沙。中共湖南省委将位于修水、铜鼓、安源等地的武装统一编成工农革命军第一军第一师，全师共5000余人，由卢德铭任总指挥，余洒度任师长，下辖三个团。1927年9月9日，工农革命军第一师按照预定计划，举行了湘赣边界秋收起义，在各路起义武装进攻受挫的情况下，毛泽东当机立断，于17日命令各团向浏阳城东南之文家市集中，19日，工农革命军第一师第三团全部、第一团余部和第二团余部陆续到达文家市，当晚，毛泽东主持召开前委会议，决定放弃原定进攻长沙的计划，部队迅速脱离容易遭到国民党军围攻的平江、浏阳地区，沿罗霄山脉转移，寻求立足点，9月29日部队进到永新县的三湾村，在这里进行了著名的三湾改编。10月3日抵达宁冈县古城，毛泽东在这里会见了当地共产党组织的负责人，同袁文才、王佐两支农军建立了联系，27日进至罗霄山脉中段井冈山的茨坪，从此，这支起义武装在中国共产党和毛泽东的领导下开始创建井冈山革命根据地的伟大斗争。

【案例分析】

现在有许多人错误地认为，秋收起义是"农村包围城市"这一新的革命道路的开始，但是，我们通过这个案例可以看到"秋收起义"最初也是"城市中心论"的结果，是在进攻城市的战略目的无法实现的情况下，才在开始关注农村问题与中国实际问题的毛泽东领导下进行战略转移的，在井冈山建立了第一块"革命根据地"。因此，我们应该从以下几个方面来理解这一案例：第一，在八七会议上，毛泽东首先提出了"枪杆子里出政权"的著名论断，这为日后中国共产党进行武装革命提供了理论指导和思想支持。第二，党中央在南昌起义的基础上，决定发动的秋收起义，其直接的战略目标并不是农村，而是大城市长沙，这一战略目标导致巨大的损失，可见此时的共产党还处于幼年时期，对中国革命缺乏深入研究与现实经验。第三，毛泽东在起义过程中根据现实情况，改变战略目标，由敌人高度集中的城市转向相对薄弱的农村，在井冈山建立了"革命根据地"，这为中国共产党日后"农村包围城市"这一新的革命路线开辟了道路，也体现了理论联系实际的特征。

案例三　中央红军长征落脚点的七次变化

1935年10月，"万水千山只等闲"的中央红军在"屈指行程二万"之后抵达陕北，率先为这部气吞山河的壮丽史诗划下了一个休止符。然而整个长征途中，中共中央对落脚点的选择先后发生了七次变化。

第一，黎平会议：川黔边根据地。

湘江一战，红军由8万多人锐减到3万余人。更为严重的是，蒋介石已经判明了红军的战略意图，调来五六倍于红军的兵力在前往湘西的路上布下了一个"口袋阵"，等着红军往里钻。危急关头，毛泽东提出放弃移师湘西的计划，改向敌人防守力量薄弱的贵州前进，到川黔边建立根据地。1934年12月15日，红军穿越湘南进入贵州，于18日在黎平召开中央政治局会议，确定在川黔边地区建立根据地作为红军新的落脚点。

第二，遵义会议：川西或川西北根据地。

遵义会议前后，由薛岳率领的国民党"中央军"纵队，还有川、黔、滇等地方军阀的部队共150多个团，对红军所在的川黔边地区形成了新的包围圈。建立以遵义为中心的川黔边根据地已经不大可能，决定改变黎平会议的决议，红军渡过长江在成都之西南或西北建立苏区根据地。

第三，扎西会议：云贵川边根据地。

遵义会议后，中央红军准备从泸州上游的宜宾附近北渡长江。蒋介石急令川军刘湘集中兵力在长江南岸堵击，又令薛岳和黔军王家烈率部渡乌江围追堵截，企图围歼红军于川江南岸地区。形势的变化使渡江变得十分困难，原定的渡江计划已不可能实现，党中央和中革军委决定停止向川北发展，而在云、贵、川三省地区创立根据地。

第四，会理会议：川西北根据地。

扎西会议后，经过整编的红军二渡赤水，回师遵义，取得了娄山关大捷，打开了黔北的新局面，中共中央和中革军委决定首先在黔北建立新苏区，赤化全贵州。1935年5月9日，中央红军全部渡过金沙江，彻底跳出了敌人的包围圈。12日，中央在会理召开政治局扩大会议，决定立即北上，同红四方面军会合，在川西或川西北创建根据地。

第五，两河口会议：川陕甘根据地。

会理会议后，中央红军强渡大渡河、飞夺泸定桥、翻越终年积雪的夹金山，与红四方面军在四川懋功胜利实现会师。毛泽东综合分析日本入侵华北后国内形势的变化，以及川西北地区的实际情况，决定放弃遵义会议的计划，认为红军应该北上至川陕甘建立根据地。1935年6月26日，中共中央在懋功县两河口召开了政治局扩大会议，会议最终决定"首先取得甘肃南部，以创造川陕甘苏区根据地"。

第六，俄界会议：与苏联接近的地方创建根据地。

两河口会议后，中革军委制订了松潘战役计划，但由于张国焘的拖延，红军丧失了攻占松潘的有利时机，陷入胡宗南和川军南北夹击的危险境地。中革军委改行夏洮战役计划，要红军穿草地北上甘南，在夏河至洮河流域建立苏区根据地。8月底，中央机关和右路红军走出草地，攻占了四川北部小城包座，打开了前往甘南的通道。张国焘反对北上，于9月9日密令陈昌浩率右路军南下。毛泽东连夜率领红三军和军委纵队先行北上，于11日到达甘南迭部县俄界境内，决定先在与苏联接近的地方创建一个根据地，将来再向东发展。

第七，榜罗镇会议：陕甘根据地。

根据俄界会议决定，红一方面军第一军团、第三军团和军委纵队改编为中国工农红军陕甘支队。9月17日，陕甘支队突破天险腊子口，顺利抵达哈达铺。在哈达铺休整时，毛泽东从报纸上获知：刘志丹领导的红二十六军在陕北控制着五六个县大小的苏区根据地，已与徐海东的红二十五军会合组成红十五军团。22日下午，毛泽东在陕甘支队团以上干部会议上宣布，前往陕北同刘志丹领导的红军会合。9月27日，红军到达通渭县榜罗镇，作出了把长征落脚点放在陕北，在陕北保卫和扩大苏区的战略决策。10月19日，红军到达陕北保安县（今志丹县）吴起镇。10月22日，中共中央在吴起镇召开政治局会议，批准了榜罗镇会议的战略决策，正式宣告中央红军长征结束。

【案例分析】

  毛泽东曾说：陕北是落脚点，也是出发点。落脚陕北使中国革命重新建起了大本营，随即吹响了全民族抗战的嘹亮号角。然而，到陕北落脚并非中共中央和红军最初的打算，而是在极端险恶的转移过程中为了摆脱敌人和保存自己，根据敌我情况变化不断调整原定计划的结果。整个长征途中，中共中央对落脚点的选择先后发生了七次变化。一方面体现出红军长征过程的艰辛和不易，以及国民党军队疯狂围追堵截的情形，充分体现了红军不畏牺牲的长征精神。另一方面也说明，这时开启了党独立自主解决中国革命实际问题新阶段，根据实际情况，制定出符合自身的战略路线。

四、拓展阅读

（一）《在新进中央委员会的委员、候补委员学习贯彻党的十七大精神研讨班上的讲话》（节选）

  我们党成立以来，受俄国十月革命胜利的影响，一开始也把中国革命的重心放在城市特别是中心城市，试图走城市武装起义夺取政权的道路。并不深切了解中国国情的共产国际是这样要求的，我们党内有些人把共产国际的指示教条化，把别国经验神圣化，也是这样主张的。特别是他们全然不顾1927年大革命失败后敌我力量对比十分悬殊的条件，继续推行中心城市武装起义的错误战略，结果使我们党和中国革命遭受了严重损失。

  毛泽东同志深刻研究中国革命的特点和中国革命的规律，探索出一条以农村包围城市、最后夺取全国胜利的正确道路。毛泽东同志写下的《井冈山的斗争》《中国革命的战争战略问题》《战争和战略问题》等著作，科学地指明了以农村包围城市、最后夺取全国胜利的道路。沿着这一道路，我们党带领人民经过艰苦卓绝的武装斗争，终于夺取了中国革命的胜利。从我们党领导中国革命的实践可以看出，探索中国革命的正确道路是何等不容易，我们党付出了沉重代价。这是我们永远不能忘记的历史经验和教训。

  ——节选自胡锦涛.在新进中央委员会的委员、候补委员学习贯彻党的十七大精神研讨班上的讲话［M］//中共中央党史和文献研究院编.毛泽东邓小平江泽民胡锦涛关于中国共产党历史论述摘编.北京：中央文献出版社，2021：161—162.

【解析】毛泽东同志在把马克思主义基本原理与中国革命具体实际相结合的基础上，提出了中国革命新道路是农村包围城市、武装夺取政权。农村包围城市、武装夺取政权的道路理论揭示了中国革命发展的客观规律，强调中国革命重心必须由城市向农村做历史性的战略转变，保存和发展了革命力量，从而指明夺取中国革命胜利的唯一正确的道路。土地革命时期中国共产党"左"倾错误领导人对马克思列宁主义武装斗争论述的教条式理解，是他们坚持"以城市为中心"错误认识产生的重要思想原因。

（二）井冈山精神放射出新的时代光芒（节选）

井冈山是中国革命的摇篮。井冈山斗争的伟大实践，对中国革命道路的探索和抉择、对中国共产党和人民军队成长具有关键意义。井冈山时期留给我们最为宝贵的财富，就是跨越时空的井冈山精神。井冈山精神，最重要的方面就是坚定信念、艰苦奋斗，实事求是、敢闯新路，依靠群众、勇于胜利。对弘扬井冈山精神，毛泽东同志、邓小平同志、江泽民同志、胡锦涛同志都提出了明确要求。今天，我们要结合新的时代条件，让井冈山精神放射出新的时代光芒。这其中，最重要的是坚持以下几点。

第一，坚定执着追理想。"仁者不以盛衰改节，义者不以存亡易心。"对马克思主义的坚定信仰，对社会主义和共产主义的坚定信念，是井冈山精神的灵魂，也是共产党人立身、处世、干事的精神支柱。面对大革命失败、南昌起义失败、秋收起义受挫，面对"红旗到底能打多久"的迷茫和质疑，尽管有人悲观失望，有人不辞而别，有人叛变投敌，但坚定的共产党人依然高擎火炬前行，坚信星星之火、可以燎原，毅然决然团结战斗在井冈山红旗下。井冈山时期，近五万名革命烈士献出宝贵生命。他们抛头颅洒热血为的是什么？为的就是坚定执着的理想信念。

第二，实事求是闯新路。实事求是、敢闯新路，是井冈山精神的核心。井冈山时期，毛泽东同志立足于中国革命现实，把马克思主义普遍真理同中国革命具体实践紧密结合，提出了"以农村为中心"的革命道路思想，提出和发展了"思想建党""党指挥枪""支部建在连上""官兵平等"等建党建军思想，在武装斗争、土地革命、根据地建设等方面进行了一系列成功实践。这些探索创新，马克思主义经典作家没有相关论述，国际共产主义运动没有现成经验，党内"左"倾路线和教条主义不断干扰打压，殊为不易。革命如此，建设和改革也如此，都必须从实际出发，敢于开辟前人没有走过的路。改革开放愈是向纵深推进，新情况新问题就愈会层出不穷，正所谓"正入万山圈子里，一山放过一山拦"。

我们要坚持马克思主义基本原理，牢牢立足于中国自身的历史、现实、需要，积极借鉴人类文明发展的一切优秀成果，不断解放思想、开拓进取，但不能搞教条主义、作茧自缚，不能鹦鹉学舌、食洋不化。要以开阔的胸襟和眼界把握实际工作的特点和规律，善于用改革的思路和办法解决前进中的各种问题，不能因循守旧、畏葸不前，不能虎头蛇尾、半途而废。

第三，艰苦奋斗攻难关。艰苦奋斗是我们党的政治本色和优良传统，也是井冈山精神的基石。当年，井冈山条件十分艰苦，国民党军队反复进攻和严密封锁，军民面临的处境极为困难。就是在这样的条件下，我们党领导人民不畏强敌、不畏艰难，开辟了第一个农村革命根据地，取得了多次反"进剿"、反"会剿"的胜利。现在，我们国家面貌和人民生活发生了翻天覆地的变化，但艰苦奋斗精神永远不能丢，丢了就会腐化堕落。今天，我们强调艰苦奋斗，不是要求党员、干部像当年那样过"红米饭，南瓜汤，挖野菜，也当粮"的日子，而是要永葆艰苦奋斗本色，不丢勤俭节约的传统美德，不丢廉洁奉公的高尚操守。陶渊明是江西九江人，他在《归去来兮辞》中写道："悟已往之不谏，知来者之可追。实迷途其未远，觉今是而昨非。"我们共产党人应该有很强的反思精神，不断反省自己、完善自己。

当前，国内外形势十分复杂，我们面临的风险和挑战增多，很多工作难度很大。"不困在于早虑，不穷在于早豫。"广大党员、干部特别是各级领导干部一定要增强忧患意识，做好应对各种艰难困苦局面的准备，逢事都想在前面、干在实处，努力在攻坚克难中赢得主动，关键时刻更要挺身而出、敢于豁出去，坚决顶起自己该顶的那片天。

第四，依靠群众求胜利。"为国者，得民则治，失之则乱。"紧紧团结群众、依靠群众，是井冈山革命根据地创建和发展的重要法宝。井冈山时期，党和红军一开始就把"做群众工作"作为红军的三大任务之一，通过多种方式激发群众参加革命、支持革命的热情和行动，把分散的民众转化为革命斗争的重要力量。当年，井冈山形成了鱼水相依、血肉相连的党群关系、军民关系。正是有了群众这"真正的铜墙铁壁"，党和红军才多次创造了以少胜多、以弱胜强的奇迹。

群众路线在革命战争年代是胜利之本，在和平年代同样是胜利之本。我们要增强宗旨意识，坚持把实现好、维护好、发展好最广大人民根本利益作为开展一切工作的出发点和落脚点，把人民群众是否满意作为评价一切工作的根本标准。要深入分析研究新形势下群众工作的特点和规律，注重运用新经验、探索新方法，努力提高宣传群众、组织群众、服务群众能力和水平。

——节选自习近平. 让井冈山精神放射出新的时代光芒 [M] //论中国共产党历史. 北京：中

央文献出版社，2021：112—115.

【解析】 1927年9月，以毛泽东为书记的中共湖南省委前敌委员会，领导工农革命军第一师发动湘赣边界秋收起义。10月，起义军到达井冈山，开始创建农村革命根据地的斗争。1928年2月，毛泽东率部打破江西国民党军队对井冈山地区的进攻。至此，井冈山革命根据地初步建立。在创建和发展井冈山革命根据地的过程中，形成了坚定信念、艰苦奋斗，实事求是、敢闯新路，依靠群众、勇于胜利的井冈山精神。回首井冈山时期，从近5万名革命烈士为了坚定执着的理想信念献出宝贵生命，到把马克思主义普遍真理同中国革命具体实践紧密结合、提出"以农村为中心"的革命道路思想；从我们党领导人民不畏强敌、不畏艰难开辟第一个农村革命根据地，到党和红军一开始就把"做群众工作"作为红军的三大任务之一，形成鱼水相依、血肉相连的党群关系、军民关系……井冈山斗争的伟大实践，对中国革命新道路的探索和抉择、对中国共产党和人民军队成长具有关键意义，所孕育的井冈山精神，烛照着中国革命一步步迈向成功。

（三）《弘扬伟大长征精神，走好今天长征路》（节选）

长征这一人类历史上的伟大壮举，留给我们最可宝贵的精神财富，就是中国共产党人和红军将士用生命和热血铸就的伟大长征精神。

伟大长征精神，就是把全国人民和中华民族的根本利益看得高于一切，坚定革命的理想和信念，坚信正义事业必然胜利的精神；就是为了救国救民，不怕任何艰难险阻，不惜付出一切牺牲的精神；就是坚持独立自主、实事求是，一切从实际出发的精神；就是顾全大局、严守纪律、紧密团结的精神；就是紧紧依靠人民群众，同人民群众生死相依、患难与共、艰苦奋斗的精神。

伟大长征精神，是中国共产党人及其领导的人民军队革命风范的生动反映，是中华民族自强不息的民族品格的集中展示，是以爱国主义为核心的民族精神的最高体现。

伟大长征精神，作为中国共产党人红色基因和精神族谱的重要组成部分，已经深深融入中华民族的血脉和灵魂，成为社会主义核心价值观的丰富滋养，成为鼓舞和激励中国人民不断攻坚克难、从胜利走向胜利的强大精神动力。

……

——弘扬伟大长征精神，走好今天的长征路，必须坚定共产主义远大理想和中国特色社会主义共同理想，为崇高理想信念而矢志奋斗。长征胜利启示我们：心中有信仰，脚下有力量；没有牢不可破的理想信念，没有崇高理想信念的有力支撑，要取得长征胜利是不可想象的。邓小平同志说："过去我们党无论怎样弱小，无论遇到什么困难，一直有强大的战斗力，因为我们有马克思主义和共产主义的信念。有了共同的理想，也就有了铁的纪律。无论过去、现在和将来，这都是我们的真正优势。"

在新的长征路上，我们一定要保持理想信念坚定，不论时代如何变化，不论条件如何变化，都风雨如磐不动摇，自觉做共产主义远大理想和中国特色社会主义共同理想的坚定信仰者、忠实实践者，永远为了真理而斗争，永远为了理想而斗争。

"石可破也，而不可夺坚；丹可磨也，而不可夺赤。"理想信念的坚定，来自思想理论的坚定。认识真理，掌握真理，信仰真理，捍卫真理，是坚定理想信念的精神前提。中国共产党人的理想信念，建立在马克思主义科学真理的基础之上，建立在马克思主义揭示的人类社会发展规律的基础之上，建立在为最广大人民谋利益的崇高价值的基础之上。我们坚定，是因为我们追求的是真理。我们坚定，是因为我们遵循的是规律。我们坚定，是因为我们代表的是最广大人民根本利益。

坚定理想信念，就要深入学习马克思列宁主义、毛泽东思想、邓小平理论、"三个代表"重要思想、科学发展观，深入学习党的十八大以来党中央治国理政新理念新思想新战略，让真理武装我们的头脑，让真理指引我们的理想，让真理坚定我们的信仰。要坚持学而信、学而思、学而行，把学习成果转化为不可撼动的理想信念，转化为正确的世界观、人生观、价值观，用理想之光照亮奋斗之路，用信仰之力开创美好未来。

——弘扬伟大长征精神，走好今天的长征路，必须坚定中国特色社会主义道路自信、理论自信、制度自信、文化自信，为夺取新时代中国特色社会主义伟大事业新胜利而矢志奋斗。长征胜利启示我们：只有掌握科学理论才能把握正确前进方向；只有立足实际、独立自主开辟前进道路，才能不断走向胜利。长征走过的道路，不仅翻越了千山万水，而且翻越了把马克思主义当作一成不变的教条的错误思想障碍。长征给我们的根本经验和启示，就是要坚持马克思主义基本原理同中国具体实际相结合，坚定不移走符合中国国情的革命、建设、改革道路。

在新的长征路上，我们要坚信，中国特色社会主义道路是实现社会主义现代化的必由之路，是指引中国人民创造自己美好生活的必由之路。中国特色社会主义理论体系是指导党和人民沿着中国特色社会主义道路实现中华民族伟大复兴的正确理论，是立于时代前沿、与时俱进的科学理论。中国特色社会主义制度是当代中国发展进步的根本制度保障，是具有鲜明中国特色、明显制度优势、强大自我完善能力的先进制度。中国特色社会主义文化积淀着中华民族最深层的精神追求，代表着中华民族独特的精神标识，是中国人民胜利前行的强大精神力量。这一点，不仅已经在理论上被证明是正确的，而且在实践上也被证明是正确的。

……

——弘扬伟大长征精神，走好今天的长征路，必须把人民放在心中最高位置，坚持一切为了人民、一切依靠人民，为人民过上更加美好生活而矢志奋斗。长征胜利启示我们：人民群众有着无尽的智慧和力量，只有始终相信人民，紧紧依靠人民，充分调动广大人民的积极性、主动性、创造性，才能凝聚起众志成城的磅礴之力。一部红军长征史，就是一部反映军民鱼水情深的历史。在湖南汝城县沙洲村，3名女红军借宿徐解秀老人家中，临走时，把自己仅有的一床被子剪下一半给老人留下了。老人说，什么是共产党？共产党就是自己有一条被子，也要剪下半条给老百姓的人。同人民风雨同舟、血脉相通、生死与共，是中国共产党和红军取得长征胜利的根本保证，也是我们战胜一切困难和风险的根本保证。中国共产党之所以能够发展壮大，中国特色社会主义之所以能够不断前进，正是因为依靠了人民。中国共产党之所以能够得到人民拥护，中国特色社会主义之所以能够得到人民支持，也正是因为造福了人民。

在新的长征路上，全党必须牢记，为什么人、靠什么人的问题，是检验一个政党、一个政权性质的试金石。我们要始终把人民立场作为根本政治立场，把人民利益摆在至高无上的地位，不断把为人民造福事业推向前进。我们要团结带领全体人民，以自己的辛勤劳动和不懈努力，不断保障和改善民生，让改革发展成果更多更公平惠及全体人民，朝着实现全体人民共同富裕的目标稳步迈进。

……

——弘扬伟大长征精神，走好今天的长征路，必须把握方向、统揽大局、统筹全局，为实现我们的总任务、总布局、总目标而矢志奋斗。长征胜利启示我们：一个党要立于不败之地，必须立于时代潮头，紧扣新的历史特点，科学谋划全局，牢牢把握战略主动，坚定不移实现我们的战略目标。长征走的是高山峻岭，渡的是大河险滩，过的是草地荒原，但每一个行程、每一次突围、每一场战斗都从战略全局出发，既赢得了战争胜利，也赢得了战略主动。这既是一种精神，也是一种智慧。

在新的长征路上，我们要立足世情国情党情，统筹国内国际两个大局，统筹党和国家事业发展全局，协调推进各项事业发展，抓住战略重点，实现关键突破，赢得战略主动，防范系统性风险，避免颠覆性危机，维护好发展全局。

……

——弘扬伟大长征精神，走好今天的长征路，必须建设同我国国际地位相称、同国家安全和发展利益相适应的巩固国防和强大军队，为维护国家安全和世界和平而矢志奋斗。长征胜利启示我们：人民军队是革命的依托、民族的希望，党对军队绝对领导是人民军队赢得胜利的根本保证。长征锻炼了人民军队，长征磨炼了人民军队，长征成就了人民军队，长征开启了人民军队发展的新起点。长征是人民军队的光荣，光荣的人民军队必须永远继承红军长征的伟大精神和优良作风。

在新的长征路上，我们要坚持以党在新形势下的强军目标为引领，深入贯彻新形势下军事战略方针，努力建设世界一流军队。

……

——弘扬伟大长征精神，走好今天的长征路，必须加强党的领导，坚持全面从严治党，为推进党的建设新的伟大工程而矢志奋斗。长征胜利启示我们：党的领导是党和人民事业成功的根本保证。毛泽东同志指出："谁使长征胜利的呢？是共产党。没有共产党，这样的长征是不可能设想的。中国共产党，它的领导机关，它的干部，它的党员，是不怕任何艰难困苦的。"中国共产党的领导，是中国革命、建设、改革不断取得胜利最根本的保证，是中国特色社会主义最本质的特征，也是中国特色社会主义的最大优势，必须毫不动摇坚持和完善。

在新的长征路上，全党同志都要自觉坚持和维护党的领导，自觉站在党和人民立场上，对党忠诚、为党分忧、为党担责、为党尽责，竭尽全力完成党交给的职责和任务，通过全党共同努力，使我们党永远同人民在一起、永远走在时代前列。

——节选自习近平. 弘扬伟大长征精神，走好今天长征路［M］//中共中央文献研究室编. 十八大以来重要文献选编：下. 北京：中央文献出版社，2018：395—404.

【解析】长征精神的科学内涵指的是：坚定革命的理想信念；顽强拼搏、不怕牺牲、艰苦奋斗；独立自主、实事求是；顾全大局、严守纪律、紧密团结、互助友爱；同人民群众生死相依、患难与共。进入新时代，我们应该将长征精神融入我国社会主义建设的新时期。弘扬伟大长征精神，走好今天的长征路，必须坚定共产主义远大理想和中国特色社会主义共同理想，为崇高理想信念而矢志奋斗；必须坚定中国特色社会主义道路自信、理论自信、制度自信、文化自信，为夺取中国特色社会主义伟大事业新胜利而矢志奋斗；必须把人民放在心中最高位置，坚持一切为了人民、一切依靠人民，为人民过上更加美好生活而矢志奋斗；必须把握方向、统揽大局、统筹全局，为实现我们的总任务、总布局、总目标而矢志奋斗；必须建设同我国国际地位相称、同国家安全和发展利益相适应的巩固国防和强大军队，为维护国家安全和世界和平而矢志奋斗；必须加强党的领导，坚持全面从严治党，为推进党的建设新的伟大工程而矢志奋斗。

（四）《古田会议奠基的我军政治工作对我军生存发展起到了决定性作用》（节选）

古田是我们党确立思想建党、政治建军原则的地方，是我军政治工作奠基的地方，是新型人民军队定型的地方。到这里开会具有标志性意义。古田这个地方，我是很熟悉的，多次到过这里。我军政治工作萌芽于大革命时期，创立于建军之初，奠基于古田会议，在长期革命、建设、改革实践中不断丰富和发展。上午，在古田会议旧址和纪念馆现场，先辈们探寻革命道路时筚路蓝缕、艰辛奋斗的情景，一幕幕浮现在我的脑海中。古田会议是在红军生死存亡的紧要关头召开的。当时，毛泽东、朱德、陈毅同志率领红四军主力从井冈山下来，在转战赣南、闽西的过程中，部队发生了关于建军原则的争论。红四军第八次党代会后，红四军出击东江失败，部队思想混乱、士气低迷，面临着严峻考验。根据"中央九月来信"，红四军召开第九次党代会，纠正和肃清各种非无产阶级思想，形成了我党我军历史上著名的古田会议决议。这次会议确立了马克思主义建党建军原则，确立了我军政治工作的方针、原则、制度，提出了解决把以农民为主要成分的军队建设成为无产阶级性质的新型人民军队这个根本性问题的原则方向。

历史，往往在经过时间沉淀后可以看得更加清晰。回过头来看，古田会议使我们这支军队实现了浴火重生、凤凰涅槃。从那儿以后，在党领导下，我军由小到大、由弱到强，不断从胜利走向胜利。古田会议奠基的我军政治工作对我军生存发展起到了决定性作用。

去年十二月二十六日，我在纪念毛泽东同志诞辰一百二十周年座谈会上讲过，一切向前走，都不能忘记走过的路；走得再远、走到再光辉的未来，也不能忘记走过的过去。在古田会议召开八十五周年之际，我们来到这里，目的是寻根溯源，深入思考我们当初是从哪里出发的、为什么出发的，重温我党我军光荣历史，缅怀老一辈革命家的丰功伟绩，接受思想洗礼，以利于更好前进。

——习近平. 古田会议奠基的我军政治工作对我军生存发展起到了决定性作用［M］//论中国共产党历史. 北京：中央文献出版社，2021：96—97.

【解析】古田会议确立的思想建党政治建军原则，是以毛泽东为代表的中国共产党人集体智慧的结晶，是党建设人民军队的根本原则。它不仅推动了当时红军建设和革命战争的发展，而且以新的经验丰富了马克思主义的建军学说，成为人民军队建设的伟大纲领。古田会议的胜利召开，确定了人民军队建设的一系列根本原则和制度，犹如一道闪电划破旧时代的夜空，使人民军队脱胎换骨、破茧成蝶，成为一支新型的无产阶级人民军队。古田会议后，人民军队在党的领导下，历经土地革命战争、抗日战争和解放战争茁壮成长，昂首阔步向前迈进，迅速发展壮大，横扫千军，席卷全国，最后取得了新民主主义革命的伟大胜利。

五、习题练习

1.（单选）1930年1月，毛泽东在《星星之火，可以燎原》一文中写道："我所说的中国革命高潮快要到来，绝不是如有些人所谓'有到来之可能'，那样完全没有行动意义的、可望而不可即的一种空的东西。它是站在海岸遥望海中已经看得见桅杆尖头了的一只航船，它是立于高山之巅远看东方已见光芒四射喷薄欲出的一轮朝日，它是躁动于母腹中的快要成熟了的一个婴儿。"这段话是针对当时党内和红军中存在的（　　）。

A."在全国范围内先争取群众后建立政权"的理论

B."御敌于国门之外"的主张

C."红旗到底打得多久"的疑问

D."一省或数省的首先胜利"的设想

【答案】C

【考点】中国革命道路的探索

【解析】1930年1月，毛泽东针对党内对时局估量的悲观思想，在《星星之火，可以燎原》一文中回答了"红旗到底打得多久"的疑问，进一步说明了中国革命只能走与资本主义国家不同的道路，即后来的农村包围城市、武装夺取政权的道路。故C选项为正确答案。ABD选项不符合题意。

2.（单选）1929年12月下旬，红四军党的第九次代表大会在福建古田村召开，会议总结了红军创立以来的经验，通过了著名的古田会议决议。决议的中心思想是（　　）。

A.中国共产党必须服从共产国际的领导

B.武装斗争是中国革命的主要形式

C. 在农村根据地广泛开展土地革命

D. 用无产阶级思想进行军队和党的建设

【答案】D

【考点】古田会议

【解析】古田会议决议指出："中国的红军是一个执行革命的政治任务的武装集团"，决议还树立了中国共产党对军队实行绝对领导的原则，并强调对红军进行无产阶级政治思想教育以纠正党的各种非无产阶级思想。故 D 选项为正确答案。ABC 选项不符合题意。

3.（单选）大革命失败后，要不要坚持革命？如何坚持革命？这是摆在中国共产党面前的两个根本性问题。党从残酷的现实中认识到，没有革命的武装就无法战胜武装的反革命，就无法取得中国革命的胜利，就无法改变中国人民和中华民族的命运，必须以武装的革命反对武装的反革命。南昌起义打响了武装反抗国民党反动统治的第一枪，这是中国共产党（　　）。

A. 实施土地革命和武装起义方针的开始

B. 建设无产阶级领导的新型人民军队的开端

C. 实施工农武装割据的开始

D. 独立领导革命战争、创建人民军队和武装夺取政权的开端

【答案】D

【考点】武装起义

【解析】1927 年 8 月 1 日，周恩来、贺龙、叶挺、朱德、刘伯承等率领共产党掌握和影响下的北伐军两万多人在南昌举行起义，打响了武装反抗国民党反动统治的第一枪。这是中国共产党独立领导革命战争、创建人民军队和武装夺取政权的开端。因此，本题正确答案为 D 选项。A 选项是八七会议的内容。1927 年 9 月进行的三湾改编提出支部建在连上的重要原则，是把工农革命军建设成为无产阶级领导的新型人民军队的重要开端，故 B 选项排除。C 选项时间不对，工农武装割据是秋收起义失败后，毛泽东到达井冈山后逐步探索的结果。

4.（单选）标志着毛泽东领导地位得以确立的中共历史上生死攸关的转折点是（　　）。

A. 瓦窑堡会议

B. 遵义会议

C. 中共六大

D. 中共七大

【答案】B

【考点】遵义会议

【解析】选项 A 瓦窑堡会议是指 1935 年 12 月 17 日，中共中央在陕北子长县瓦窑堡召开的一次重要的政治局扩大会议，这次会议是在中日民族矛盾日益加深，大规模的抗日民主运动重新高涨的形势下，为制定正确的政治路线和革命策略而召开的。选项 B 遵义会议是指 1935 年 1 月中共中央政治局在贵州遵义召开的独立自主地解决中国革命问题的一次极其重要的扩大会议，是在红军第五次反"围剿"失败和长征初期严重受挫的情况下，为了纠正博古、王明、李德等人"左"倾领导在军事指挥上的错误而召开的。这次会议是中国共产党第一次独立自主地运用马克思列宁主义基本原理解决自己的路线、方针和政策方面问题的会议。这次会议，在极端危急的历史关头，挽救了党，挽救了红军，挽救了中国革命，在中国共产党和红军的历史上，是一个生死攸关的转折。故 B 选项为正确答案。选项 C 中共六大，1928 年 6 月 18 日至 7 月 11 日，中国共产党第六次全国代表大会在莫斯科近郊兹维尼果罗德镇"银色别墅"秘密召开。六大认真地总结了大革命失败以来的经验教训，对有关中国革命的一系列存在严重争论的根本问题，作出了基本正确的回答。选项 D 中国共产党第七次全国代表大会，简称中共七大，于 1945 年 4 月 23 日至 6 月 11 日在延安召开，大会号召全党发扬三大作风，带领全国人民为实现党的任务而斗争。

5.（单选）在国民革命失败后点燃"工农武装割据"星星之火的是（　　）。

A. 井冈山农村革命根据地的创建

B. 湘鄂西农村革命根据地的创建

C. 鄂豫皖农村革命根据地的创建

D. 左右江农村革命根据地的创建

【答案】A

【考点】井冈山革命根据地

【解析】三湾改编后，毛泽东带领起义军首先来到井冈山。井冈山地处湘赣边界的罗霄山脉中段。毛泽东选择在这里建立革命根据地，1927 年 11 月，成立湘赣边界第一个红色政权——茶陵县工农兵政府。1928 年 2 月中旬，打破江西国民党军队对井冈山地区的进攻。至此，井冈山根据地初步建立，湘赣边界党的组织也逐步建立起来。井冈山根据地的建立，点燃了工农武装割据的星星之火，为中国革命探索出了农村包围城市、武装夺取政权这样一条前人没有走过的正确道路。故 A 选项为正确答案。选项 B 湘鄂西农村革命根据地是第二次国内革命战争时期贺龙等开辟的农村革命根据地。位于湖南、湖北两省边界地区，包括洪湖、湘鄂边、襄枣宜、巴兴归等革命根据地。选项 C 鄂豫皖农村革命根据地位于湖北、河南、安徽三省边界的大别山区，是红四方面军、红二十五军、红二十八军的诞生地。全盛时期包括有 20 余县的地区，拥有约 350 万人口，主力红军达 4.5 万余人，地方武装、民兵 20 余万。1930 年 6 月，召开鄂豫皖第一次工农兵代表大会，宣布成立鄂豫皖特区苏维埃政府。至此，以大别山为中心的鄂豫皖根据地形成。选项 D 左右江农村革命根据地又称"左右江苏区"，第二次国内革命战争时期中国共产党创建的根据地之一，位于广西西部左江、右江和红水河流域大部地区。1929 年 12 月邓小平、雷经天、张云逸、韦拔群等领导百色起义，成立了红军第七军和右江苏维埃政府，开辟了右江革命根据地。

6．（多选）1931 年 1 月至 1935 年 1 月，以王明为代表的"左"倾错误给中国革命带来严重危害，其主要错误有（　　）。

A．排斥和打击中间势力

B．将反帝反封建与反资产阶级并列

C．集中力量攻打大城市

D．主张"一切经过统一战线"

【答案】ABC

【考点】"左"倾教条主义错误

【解析】1931 年 1 月至 1935 年 1 月，以陈绍禹（王明）为代表的"左"倾教条主义的主要错误有：第一，在革命性质和统一战线问题上，混淆民主革命与社会主义革命的界限，将反帝反封建与反资产阶级并列，将民族资产阶级视为中国革命最危险的敌人，一味排斥和打击中间势力；第二，在革命道路上，继续坚持以城市为中心的策略，集中力量攻打大城市。综上所述，故 ABC 为正确答案。选项 D 中"一切经过统一战线"是右倾投降主义错误，不是王明在土地革命战争时期的错误。

7．（多选）1927 年 10 月，毛泽东率领湘赣边界秋收起义的工农革命军开始创建以宁冈为中心的井冈山农村革命根据地，走农村包围城市、武装夺取政权的革命新道路。毛泽东确定在井冈山建立根据地，是因为这个地区（　　）。

A．有较好的群众基础

B．地势险要且易守难攻

C．易于部队筹款筹粮

D．敌人的统治力量比较薄弱

【答案】ABCD

【考点】井冈山革命根据地创立的根据

【解析】1927年10月7日,起义部队抵达江西省宁冈县茅坪,开始了井冈山农村革命根据地的斗争。井冈山地区受过革命的影响,群众基础好,山区地势险要,易守难攻,农业物产丰富,易于筹款筹粮,并且国民党的统治主要集中在城市,而山区统治比较薄弱。处在相当弱小阶段的中国共产党在井冈山建立革命根据地,点燃了工农武装割据的"星星之火",其意义非凡。故ABCD选项为正确答案。

8.(多选)忠诚于党、听党指挥是我军的光荣传统。1929年12月下旬,红四军党的第九次代表大会在福建上杭县古田村召开,这次会议史称古田会议。会议通过了毛泽东起草的决议案,确立了思想建党、政治建军原则,规定红军是一个执行革命政治任务的武装集团,必须(　　)。

A. 实行全国军事的总动员

B. 担负打仗、筹款和做群众工作的任务

C. 加强政治工作

D. 绝对服从共产党的领导

【答案】BCD

【考点】古田会议

【解析】古田会议通过的《中国共产党红军第四军第九次代表大会决议案》指出,红军是一个执行革命政治任务的武装集团,除了打仗消灭敌人的军事力量之外,还要担负宣传群众、组织群众、武装群众、帮助群众建立革命政权以至于建立共产党的组织等重大任务。它批判了不重视根据地建设的流寇思想和不愿做群众工作的错误倾向,指明了红军建设的方向,使红军建设的理论完全建立在马克思列宁主义的基础之上,肯定了党对红军的领导原则。决议案指出,在红军中健全党的各级组织,建立党的领导中枢。实行全国军事的总动员,是抗战爆发后中国共产党在洛川会议上提出的。综上所述,故BCD选项为正确答案。A选项不符合题意。

9.(多选)1935年1月,中共中央政治局在长征途中召开遵义会议,这是党的历史上一次生死攸关的转折点。这次会议的召开(　　)。

A. 全面讨论了政治路线的是非问题

B. 解决了当时党内所面临的迫切的组织问题和军事问题

C. 结束了"左"倾教条主义错误在党中央的统治地位

D. 开始确立以毛泽东在中共中央和红军的领导地位

【答案】BCD

【考点】遵义会议内容

【解析】2021年2月3日至5日，习近平总书记在贵州考察时指出："遵义会议是我们党历史上一次具有伟大意义的会议。"这次会议在红军第五次反"围剿"失败和长征初期严重受挫的历史关头召开，确立了毛泽东同志在党中央的领导地位。遵义会议是在紧急的战争形势下召开的，没有全面讨论政治路线方面的问题，而是集中地解决了党内所面临的最迫切的组织问题和军事问题，结束了"左"倾教条主义错误在中央的统治，因此，正确答案是BCD选项。A选项是在紧急的战争形势下召开的，没有全面讨论政治方面的问题。1935年12月，毛泽东做了《论反对日本帝国主义的策略》的报告，阐明了党的抗日民族统一战线的新政策，批判党内关门主义和对于革命的急性病，系统地解决了党的政治路线上的问题，对应的是瓦窑堡会议，因此，A选项排除。

10.（多选）1928年至1930年毛泽东写的有关农村包围城市、武装夺取政权道路理论的文章是（　　）。

A.《中国的红色政权为什么能够存在？》

B.《井冈山的斗争》

C.《星星之火，可以燎原》

D.《反对本本主义》

【答案】ABCD

【考点】农村包围城市、武装夺取政权的理论内容

【解析】从1928年10月到1930年5月，毛泽东先后撰写了《中国的红色政权为什么能够存在？》《井冈山的斗争》《星星之火，可以燎原》《反对本本主义》等著作，从理论上对中国革命道路的问题作了初步论述。故ABCD选项均为正确答案。

专题六　为什么说中国共产党是抗日战争的中流砥柱

一、学习目的

认清日本发动的侵华战争给中华民族造成的深重灾难；抗日战争的胜利是全民族抗战的胜利，任何敌人的侵略是必须打败、同时也是能够打败的。

懂得抗日战争是弱国战胜强国的范例，总结中国人民抗战胜利的原因，深刻领会中国共产党是抗日战争的中流砥柱，中华民族空前的民族团结和民族觉醒是抗日战争胜利的重要原因。

懂得抗日战争的胜利是近代历史上中国第一次取得完全胜利的反侵略战争，它维护了中华民族的独立和尊严，捍卫了中国的国家领土和主权，对世界反法西斯战争胜利作出了巨大贡献。

深刻领会伟大的抗日战争精神，培养学生攻坚克难、奋发图强、爱我中华，维护国家民族利益的责任感。

二、重难点解析

（一）抗日民族统一战线是怎样铸成的

1. 共产党是全民族抗战的最早宣传者、动员者和参与者。九一八事变爆发后的第二天，中共满洲省委就发表了《中共满洲省委为日本帝国主义武装占领满洲宣言》，公开揭露日本帝国主义的侵略本质，指出日本帝国主义对中国东北的侵略是必然的，这是日本帝国主义为实现其"大陆政策"而采取的必然行动。同时指出只有在共产党领导下，才能将日本驱逐出中国。1931年9月20日，中共中央发表了《中国共产党为日本帝国主义强暴占领东三省事件宣言》，指出日本帝国主义的目的就是要把中国变为其独占殖民地，谴责了国民党不抵抗政策，同时号召全国工农群众武装起来反抗侵略。1932年4月15日，中华苏维埃共和国临时中央政府宣布对日作战。1934年4月20日，中国共产党发表了《中国人民对日作战的基本纲领》，即"抗日救国六大纲领"。纲领呼吁中国人民武装起来把日本帝国主义赶出中国，提出了"联合日本帝国主义的一切敌人，联合守善中立的国家和民族"的主张。

1935年7月至8月，共产国际第七次代表大会在莫斯科召开。会议期间中共代表起草了"八一宣言"，其主要内容有以下三点：第一，分析了国内面临的形势。第二，提出了抗日民族统一战线的策略方针。宣言指出："无论各党派间在过去和现在有任何政见和利害的不同，无论各界同胞间有任何意见上和利益上的差异，无论各军队间过去和现在有任何敌对行动"，首先大家都应当停止内战，以便集中一切国力（人力、物力、财力、武力等）去为抗日救国的神圣事业而奋斗，有钱的出钱，有粮的出粮，有枪的出枪，有力的出力，有专门技能的出专门技能。第三，提出了抗日救国的十点主张。这十点主张包括了对日作战的经济、政治、文化、民生、民族政策、统一战线等方方面面。总之，"八一宣言"扩大了统一战线的范围，各党派各团体只要积极抗日都是共产党联合的对象，包括国民党在内。同时宣言还提出了建立"全国统一的国防政府"。1935年12月，中共中央召开瓦窑堡会议，正式制定了建立抗日民族统一战线的策略方针。

2. 工人、农民、知识分子、青年学生、民族资产阶级及其政治代表、海外侨胞等积极投身抗日运动。1935年，日本帝国主义利用国民党政府的不抵抗政策，加紧侵略华北，中华民族危机空前严重。国民政府对日本的态度激起了中国国内许多人士的不满，这给正遭到"围剿"而长征的中国共产党带来了扩大影响力的机会。1935年12月9日，北平学生在共产党的宣传领导下，针对日本即将设立的非法政府"冀察政务委员会"展开了大游行。

他们喊出"反对自治""打倒日本帝国主义""停止内战，一致对外"等口号，遭到军警的镇压，30余人被捕，数百人受伤。为抗议国民政府的镇压，12月10日，北平各校学生宣布实行全市总罢课，16日北平学生和市民1万多人召开市民大会，反对"冀察政务委员会"的成立，会后举行了更大规模的示威游行。在北平学生的影响下，全国各地民众纷纷行动起来举行抗日集会和游行，使抗日救亡斗争发展成为全国规模的群众运动。这就是"一二·九"运动。"一二·九"运动促进了中华民族的新觉醒，标志着全国抗日救亡运动新高潮的到来。"一二·九"运动后，先进知识分子走上了与工农群众相结合的道路。

3. 国民党军队中的部分爱国官兵自发进行抗战。九一八事变后，国民党军队中的部分爱国官兵自发进行抗日，中国共产党人开始同他们合作抗日。民族资产阶级及其政治代表也要求国民党当局变更"剿共"政策，"全国一致对外"。在东北，中共满洲省委同以原东北军为主体的抗日义勇军进行合作，其领导人之一李杜后来加入中国共产党。

1932年"一·二八"事变后，国民党第十九路军奋起抗日，中共中央号召各界民众支援。1933年5月，原西北军将领冯玉祥成立察哈尔民众抗日同盟军，并谋求同共产党合作，在该军中工作的共产党员约300人，其北路军前敌总指挥吉鸿昌不久加入中国共产党（1934年被国民党当局杀害）。同年11月，第十九路军将领蔡廷锴、蒋光鼐以及国民党内爱国人士李济深、陈铭枢等发动反蒋抗日的福建事变。此前，其代表同红军代表签署了《反日反蒋的初步协定》。

1934年4月，由中国共产党提出，宋庆龄、何香凝、李杜等1779人领衔，以"中国民族武装自卫委员会筹备委员会"名义，发表《中国人民对日作战的基本纲领》，在该纲领上签字的群众达几十万人。

4. 西安事变和平解决，成为时局转换的枢纽。1936年12月12日，中华民国国民政府西北剿匪副总司令、东北军领袖张学良和国民革命军第十七路军总指挥、西北军领袖杨虎城在西安华清池发动兵变，扣留了国民政府军事委员会委员长和西北剿匪总司令蒋介石，史称"双十二事变"。后来，在中共中央和周恩来等同志的主导下，最终以蒋介石接受"停止内战，一致抗日"的主张而和平解决，促成了第二次国共合作，形成全面抗战的局面，为中华民族的抗日战争胜利奠定了坚实的基础。

5. 第二次国共合作成为不可抗拒的历史潮流。卢沟桥事变爆发后，当地中国驻军奋起抵抗，中国由此进入全民族抗战阶段，开辟了世界反法西斯战争的东方主战场。1937年8月25日，中共中央革命军事委员会发布命令，宣布红军改名为国民革命军第八路军（简称八路军）。朱德任总指挥，彭德怀任副总指挥，全军约4.6万人。9月，陕甘宁根据地改称陕甘宁边区，仍是中共中央所在地。接着，南方八省的红军游击队（琼崖红军游击队除外），改编为国民革命军陆军新编第四军（简称新四军），叶挺任军长，项英任副军长，全军约1.03万人。7月15日，中共代表周恩来等将《中共中央为公布国共合作宣言》交给蒋介石。9月22日，国民党中央通讯社发表中共中央的宣言；23日，蒋介石发表实际上承认共产党合法地位的谈话。以国共两党第二次合作为基础的抗日民族统一战线正式形成。中国共产党领导开辟的敌后战场和国民党指挥的正面战场协力合作，形成了共同抗击日本侵略者的战略局面。

（二）中国共产党是中国人民抗日战争的中流砥柱

德国军事理论家克劳塞维茨说："战争不仅是一种政治行为，更是一种真正的政治工具，是政治交往的延续，是通过另一种手段实现的政治交往。"这告诉我们，战争并非纯粹的军事行为，不能唯军事而军事。对中国共产党是中国人民抗日战争中流砥柱的研究，需要多维的系统思维，而不是单维的线性思维。

1. 倡导和维护抗日民族统一战线，推动中国人民比过去十倍地团结起来。近代以后，中国历次反侵华战争失败的重要原因是：一盘散沙。毛泽东认为"中国制胜日本的主要条件，是全国的团结和各方面较之过去有十百倍的进步。"从一定意义上说，国民党和共产党谁能够使中国人民真正团结起来，凝结成抵抗日本侵略的最强力量，谁就是抗战的中流砥柱。九一八事变后，中国共产党率先武装抗日，并发出建立抗日民族统一战线的伟大号召。这一点与对日妥协退让的国民党形成鲜明的对比，在阶级矛盾和民族矛盾交织的近代中国，要凝聚成全民族的力量，共同抗战，这绝非易事，是一项艰巨的事业。第一，它需要一种能力，需要在统一战线中坚持独立自主，处理好联合与斗争关系的能力。第二，它需要一种博大的胸怀，需要把民众利益放到高于一切地位的博大胸怀。

2. 提出全面抗战路线和持久战方针，给人民以弱胜强的正确战争指导。能否开展全民族的抗战，是抗日战争能否胜利的关键。1938年召开的洛川会议，中国共产党的《抗日救国十大纲领》，强调要打倒日本帝国主义，在于使已经发动的抗战成为全面的全民族抗战。为发动人民战争，必须实行全国军事的总动员、全国人民的总动员。中国共产党及其所领导的民众和武装力量，站在抗日的最前线，为保卫祖国流最后一滴血。抗日战争是一场弱国对强国的战争，在这场战争中，我们想取得胜利，一定是要打持久战，那么这场持久战的基本走势是怎么样的？它的战略方针，怎么样设计才是科学的？这是我们必须回答的一个重要问题，共产党、国民党，这两个党哪一个能够尽早地彻底排除"速胜论""亡国论"的干扰，揭示出持久战的内在规律，给全国人民以科学的指导，这是决定何者是中国人民抗日战争中流砥柱的重要尺度。

1938年5月至6月间，毛泽东发表《论持久战》的讲演，总结抗战10个月来的经验，集中全党智慧，系统地阐明了持久抗战的总方针。实行持久战的原因：日本是强国，中国是弱国，只能是持久战。而日本是小国，发动的是退步的、野蛮的侵略战争，在国际上失道寡助；中国是大国，进行的是进步的、正义的反侵略战争，在国际上得道多助。中国已经有了中国共产党及其领导的抗日根据地和人民军队，最后胜利是属于中国的。抗日战争将经历战略防御、战略相持、战略反攻三个阶段。《论持久战》给出的整套抗敌的战略战术成为指导抗日战争的纲领性文献，在全国引起巨大反响，对很多国民党人也有很大触动。白崇禧将毛泽东持久战的精神归纳成"积小胜为大胜，以空间换时间"十二字方针，他对毛泽东的《论持久战》深为赞赏，认为这是克敌制胜的最高战略方针，并把它转达给蒋介石，蒋介石也十分赞成。

3. 开辟敌后战场、广泛开展游击战，使日军陷入人民战争的汪洋大海。为了贯彻执行全面抗战路线，中国共产党作出了开辟敌后根据地的战略决策。1937年太原失陷后，八路军在敌后实施战略展开，发动独立自主的敌后游击战，先后开辟晋察冀、晋西北、晋冀豫、山东和大青山等抗日根据地。新四军则挺进长江南北，开赴苏南、皖南、皖中地区，创建华中抗日根据地。中国共产党开辟广大的敌后战场，顺应了全民族抗战的要求。在中国，农民是民主革命的主要力量。进行全民族抗战，首先和主要的，就是要深入敌后，发动和组织广大农民，开展游击战争，这是直插敌人后方，刺向敌人心脏的一把尖刀。

这种向着敌人最薄弱点进行的进攻，有效达到削弱敌人、牵制敌人、妨碍敌人的目的，使敌人陷入人民战争的汪洋大海中。敌后根据地军民在与敌战争中创造了地雷战、地道战、麻雀战、破袭战等灵活多变的战法，在14年抗战中，党领导的八路军、新四军和华南人民抗日游击队对敌作战12.5万余次，消灭日、伪军171.4万余人，其中日军52.7余万人，为夺取抗战胜利作出了彪炳史册的贡献。中国共产党开辟广大的敌后战场，顺应了全民族抗战的要求。

4. 以牺牲精神和模范行动鼓舞民众抗战到底，打造夺取战争胜利的民族先锋。中国共产党人始终站在一线号召、带领和团结全国各族人民，涌现出许多可歌可泣的民族英雄，如左权、杨靖宇、赵尚志、彭雪枫等抗日将领，以及"狼牙山五壮士"，东北抗日联军八位女战士（八女投江）、"刘老庄连"等众多英雄群体。他们的光辉永照史册，我们应永远铭记他们用血肉筑起的不朽功勋。

5. 国共两党地位一降一升，人民作出了最公正的裁决。在全民族抗战初期，国民党抗战表现还是比较积极的，但是进入抗战相持阶段，其声望也随着他们抗日消极态度而下降，到豫湘桂大溃败之后，形象更是一落千丈。与此相反，共产党在人民心中的地位是节节上升，在全民族抗战之初，由于共产党所领导的根据地偏远，再加上国民党新闻封锁，各种各样的丑化报道，不少人称呼共产党为"共匪"，这里有着诸多的误解，可以说，在那个时期，有很多人并不了解共产党，但是中国共产党人通过在抗战中的努力，赢得了人民的理解和支持，使自己从局部走向全国，甚至走向全世界。

需要明确的是中国共产党之所以能够发挥中流砥柱作用,重要原因之一就是不断加强自身建设,进而成长为政治成熟、思想统一、组织团结、作风民主的全国性马克思主义大党,成为中国人民的领导核心。

(三)抗日战争胜利的意义及其原因

中国人民抗日战争是 20 世纪中国和人类历史上的重大事件。这一伟大胜利,是中华民族近代以来从陷入深重危机走向伟大复兴的历史转折点。

1. 中国人民抗日战争的胜利,不仅彻底粉碎了日本军国主义殖民奴役中国的图谋,有力捍卫了国家主权和领土完整,更洗刷了近代以来抗击外来侵略屡战屡败的民族耻辱。

2. 中国人民抗日战争的胜利,促进了中华民族的大团结,形成了伟大的抗战精神。中国人民向全世界展示了优秀的中华儿女天下兴亡、匹夫有责的爱国情怀,视死如归、宁死不屈的民族气节,不畏强暴、血战到底的英雄气概,百折不挠、坚韧不拔的必胜信念。

3. 中国人民抗日战争的胜利,对世界各国夺取反法西斯战争的胜利,维护世界和平产生了巨大影响。中国人民为最终战胜法西斯势力作出了历史性贡献,国际地位也显著提高,中国成为联合国安理会五个常任理事国之一。中国人民赢得了世界各国爱好和平人民的尊敬,中华民族赢得了崇高的民族声誉。

4. 中国人民抗日战争的胜利,坚定了中国人民追求民族独立、自由和解放的意志,开启了古老中国凤凰涅槃、浴火重生的历史新征程,为中国共产党团结带领全国人民继续奋斗,赢得新民主主义革命胜利奠定了重要基础。

中国人民抗日战争的胜利,是近代以来中国抗击外敌入侵的第一次完全胜利。其原因有以下几点:

第一,以爱国主义为核心的民族精神是中国人民抗日战争胜利的决定因素。近代以来,中国人民为争取民族独立和解放进行了一系列抗争,这是中华民族意识觉醒和民族精神升华的历史进程,而这种民族意识觉醒和民族精神升华在抗日战争时期达到全新高度,中华儿女众志成城、共御外侮,谱写了伟大的爱国主义篇章。

第二,中国共产党的中流砥柱作用是中国人民抗日战争胜利的关键。中国共产党自成立之日起就把实现中华民族伟大复兴作为自己的历史使命。中国共产党以卓越的政治领导力和正确的战略策略,指引了中国抗战的前进方向,坚定不移推动全民族坚持抗战、团结、进步,反对妥协、分裂、倒退。中国共产党高举抗日民族统一战线的旗帜,坚决维护、巩固、发展统一战线,坚持独立自主、团结抗战,维护了团结抗战大局。中国共产党人勇敢战斗在抗日战争最前线，支撑起中华民族救亡图存的希望，成为全民族抗战的中流砥柱。

第三，全民族抗战是中国人民抗日战争胜利的重要法宝。中国共产党坚持动员人民、依靠人民，提出并实施持久战的战略总方针和一整套人民战争的战略战术，广泛开展游击战，使日本侵略者陷入了人民战争的汪洋大海。

第四，中国人民抗日战争的胜利，同世界所有爱好和平和正义的国家和人民、国际组织以及各种反法西斯力量的同情和支持也是分不开的。

三、经典案例分析

案例一　打破日军不败神话第一战——平型关大捷

1937年9月中下旬，沿平绥铁路推进的日军进入山西北部，占领天镇、广灵、大同，阎锡山指挥的晋绥军纷纷向雁门关方向撤退。驻扎山西五台的八路军总部指示一二〇师从西面驰援雁门关，一一五师从东面配合友军作战，对从灵丘增援平型关之敌实施攻击。9月22日，日军第五师团一部首先从灵丘向平型关方向进犯，23日、24日在平型关正面及团城口与中国守军发生激战。24日，八路军一一五师主力冒雨由冉庄向平型关东北前进然后设伏。9月25日，日军第五师团第二十一旅团一部进入八路军的伏击区。八路军突然发起猛烈攻击，并充分发挥我方近战和山地战的特长，对陷入混乱的日军实行分割、包围。八路军的这次伏击，打了日军一个措手不及，日军也凭借精良的武器装备，进行了反击抵抗，战斗打得十分惨烈。在争夺老爷庙高地时，六八六团副团长杨勇带领战士们向四五百名日军猛烈进攻，日军拼命反击，140余人的三营九连官兵大部分牺牲，副团长杨勇负伤。最激烈的白刃格斗在二营、三营阵地上展开。二营五连连长曾贤生带领20名大刀队员冲入敌群，与敌人展开白刃格斗，在筋疲力尽之时，他毅然拉响手榴弹，与敌人同归于尽……最终，八路军取得平型关战斗的胜利，共计消灭1000余名日军，缴获一大批辎重和武器。

【案例分析】

平型关大捷，是华北战场上中国军队主动寻歼敌人的第一个大胜仗，有力地配合了正面战场的防御作战。它打破了日军不可战胜的神话，也让全世界看到了中国军队抵抗的决心，同时更加振奋了全国人民抗战胜利的信心，提高了共产党和八路军的威望。在得知大捷的消息后，毛泽东致电朱德、彭德怀："庆祝我军的第一个胜利""平型关的意义正是一场最好的政治动员"。同日，蒋介石致电朱德、彭德怀："25日一战，歼寇如麻，足证官兵用命，深堪嘉慰。尚希益励所部，继续努力，是所至盼。"

案例二 陕北有个好江南——南泥湾

1939年2月，毛泽东在生产动员大会上的讲话，震撼着每一个人的心。是啊，自古军队是吃皇粮的，而皇粮是从哪里来的呢？一是靠政府，二是靠人民。而现在的国民党政府却一个饷也不发。靠人民，那肯定要加重人民的负担，就像毛泽东所说："如果取之于民太多，则人民负担不起，人民也将饿饭菜。"因此，毛泽东才号召要自己动手。朱德总司令提出在不妨碍部队作战和训练的前提下在南泥湾实行屯田军垦。

南泥湾距延安45公里，是延安县金盆区的一个乡。这里曾是杂草丛生、荆棘遍野、豺狼出没的荒山野岭。曾有机关和院校在这里开荒，但都因困难太大而放弃了。这一次，朱总司令决心带领三五九旅来征服这块已沉睡了近百年、多少人都想征服而未征服的土地。

初到这里，遇到的困难是可想而知的。无论多累多难，都不能阻挡士兵们开荒生产的决心。在1942年的西北局高干会议上，毛泽东高度赞扬了三五九旅自力更生艰苦创业的精神，并为22位英雄题词，其中给王震的题词是"有创造精神"。到1944年，南泥湾的耕地已经增加到1.7万多公顷，产粮350多万升，做到了"耕一余一"，即耕一年打下的粮食可以吃两年。除生产粮食外，他们还种麻、种棉、养鸡、养牛。看他们身上穿的粗呢制服，有谁会相信这是一双双拿枪杆子的手做出来的。仅仅几年时间，南泥湾就发生了翻天覆地的变化，已经成了"陕北的好江南"。

【案例分析】

抗日战争进入了最困难时期，中国共产党领导的抗日根据地军民发扬独立自主、自力更生的精神，开展了轰轰烈烈的大生产运动，最终为抗战胜利奠定了物质基础。独立自主、自力更生，是以毛泽东为代表的中国共产党人在领导中国革命和建设的实践中形成的一个具有普遍指导意义的原则。它是实事求是、群众路线在革命和建设中的集中运用和体现，并共同构成了毛泽东思想的活灵魂。南泥湾的建设为中国共产党成为抗日战争的中流砥柱奠定了坚强的物质基础。

案例三　共产党抗战老兵和国民党抗战老兵首次共同接受检阅

2015年9月3日举行的胜利日大阅兵首次组织共产党抗战老兵和国民党抗战老兵一起接受检阅，以体现全民族抗战的伟大精神。据介绍，在参与阅兵的50个方（梯）队中，抗战老同志组成2个乘车方队，并将首先出场。人员包括从大陆遴选的、目前健在的国共两党抗战老兵、共产党和国民党抗日英烈后代，以及抗战支前模范代表。国共两党老兵将共同乘坐敞篷车接受检阅。92岁的国民党抗战老兵符隆前得知这一消息后非常欣慰。"祖国没有忘记我们这些老兵，这是很高的礼遇！参加抗日是我这辈子最值得纪念的一件事。"原籍湖南的他于1941年入伍，曾任国民革命军第七十三军炮兵连炮手，抗战中参加过长沙会战、常德会战等重大战役。

参加这次阅兵的抗战老兵平均年龄90岁，最年长者102岁。其中，共产党老兵主要从八路军、新四军、东北抗联、华南游击队等老战士中遴选，国民党老兵主要从参加过山西、湖南、云南、广西、贵州等正面战场作战以及中国远征军的老战士中遴选。

"这次阅兵十分隆重，我作为烈士的后代感到特别欣慰。"国民党抗日英雄戴安澜将军之女戴藩篱表示，安排国民党老兵和抗日英雄子女参加，不仅体现了对历史的尊重与缅怀，更有望增进两岸同胞在抗战历史上的共同记忆。

据介绍，这次遴选参加阅兵的国民党抗战老兵工作，各地民政部门均进行了周密细致的安排，事前对每位老兵都进行了详细体检，并随队派出精干的医疗人员，以确保老兵的身体健康。近年来，随着对抗战正面战场历史作用的愈益肯定，国家在社会保障方面加大了对国民党抗战老兵的关怀力度，还在全国多地修建了纪念抗战正面战场的纪念馆，并将国民党将士纳入抗日英烈名录中。2015年8月，国家又向符合条件的国民党抗战老兵每人发放了5000元慰问金。

【案例分析】

抗日战争是全中华民族的抗战，是中国军队在敌后、正面两个战场共御外敌的伟大战斗。他们的功绩永远彪炳史册。邀请国民党抗战老兵参加阅兵充分彰显了中国共产党对历史的包容和宽广的胸襟。这一安排体现了纪念活动的历史性。受阅的"平型关大战突击连"英模部队方队中尉裴冬冶说："当日本帝国主义入侵的时候，不论哪个党派，他们都只有一个名字，就是中国人！团结起来，同仇敌忾的历史永远值得我们纪念。"

四、拓展阅读

（一）《在纪念中国人民抗日战争暨世界反法西斯战争胜利六十周年座谈会上的讲话》（节选）

中国共产党以自己的坚定意志和模范行动，在全民族抗战中发挥了中流砥柱的作用。以毛泽东同志为杰出代表的中国共产党人，把马克思列宁主义同中国革命具体实际相结合，创立和发展了毛泽东思想的科学理论，对抗日战争发挥了重要的思想和战略指导作用。中国共产党坚持抗战、反对妥协，坚持团结、反对分裂，坚持进步、反对倒退，成为引导全民族抗战走向胜利的一面旗帜。中国共产党积极倡导、促成、维护抗日民族统一战线，最大限度地动员了全国军民共同抗战，成为凝聚全民族力量的杰出组织者和鼓舞者，中国共产党坚持全面抗战路线，制定正确的战略策略，实施动员人民、依靠人民的路线政策，提出持久战的战略总方针和一整套人民战争的战略战术，开辟广大的敌后战场，成为坚持抗战的中坚力量。中国共产党人以自己最富于牺牲精神的爱国主义、不怕流血牺牲的模范行动，支撑起全民族救亡图存的希望，成为夺取抗战胜利的民族先锋。

——节选自胡锦涛.在纪念中国人民抗日战争暨世界反法西斯战争胜利六十周年座谈会上的讲话[M]//中共中央文献研究室编.十六大以来重要文献选编：中.北京：中央文献出版社，2006：977.

【解析】中国共产党在全民族抗战中发挥了中流砥柱的作用。具体体现在毛泽东思想为抗日战争提供了思想和战略指导作用；中国共产党是抗日民族统一战线的倡导者、促成者和维护者；并提出持久战和一整套的战略战术，开辟敌后战场；中国共产党在 14 年抗战过程中成为夺取抗战胜利的民族先锋。

（二）《在纪念中国人民抗日战争暨世界反法西斯战争胜利七十五周年座谈会上的讲话》（节选）

九一八事变后，中国人民就在白山黑水间奋起抵抗，成为中国人民抗日战争的起点，同时揭开了世界反法西斯战争的序幕。七七事变后，抗击侵略、救亡图存成为中国各党派、各民族、各阶级、各阶层、各团体以及海外华侨华人的共同意志和行动，中国由此进入全民族抗战阶段，并开辟了世界反法西斯战争的东方主战场。

在艰苦卓绝的抗日战争中，全体中华儿女为国家生存而战、为民族复兴而战、为人类正义而战，社会动员之广泛，民族觉醒之深刻，战斗意志之顽强，必胜信念之坚定，都达到了空前的高度。杨靖宇、赵尚志、左权、彭雪枫、佟麟阁、赵登禹、张自忠、戴安澜等殉国将领，八路军"狼牙山五壮士"、新四军"刘老庄连"、东北抗联八位女战士、国民党军"八百壮士"等众多英雄群体，就是千千万万抗日将士的杰出代表。中国人民以铮铮铁骨战强敌、以血肉之躯筑长城、以前仆后继赴国难，谱写了惊天地、泣鬼神的雄壮史诗。

中国人民抗日战争的伟大胜利，彻底粉碎了日本军国主义殖民奴役中国的图谋，有力捍卫了国家主权和领土完整，彻底洗刷了近代以来抗击外来侵略屡战屡败的民族耻辱！

中国人民抗日战争的伟大胜利，重新确立了中国在世界上的大国地位，中国人民赢得了世界爱好和平人民的尊敬，中华民族赢得了崇高的民族声誉！

中国人民抗日战争的伟大胜利，坚定了中国人民追求民族独立、自由、解放的意志，开启了古老中国凤凰涅槃、浴火重生的历史新征程！

——中国人民抗日战争胜利是以爱国主义为核心的民族精神的伟大胜利。爱国主义是我们民族精神的核心，是中国人民和中华民族同心同德、自强不息的精神纽带。面对国家和民族生死存亡，全体中华儿女同仇敌忾、众志成城，奏响了气吞山河的爱国主义壮歌。爱国主义是激励中国人民维护民族独立和民族尊严、在历史洪流中奋勇向前的强大精神动力，是驱动中华民族这艘航船乘风破浪、奋勇前行的强劲引擎，是引领中国人民和中华民族迸发排山倒海的历史伟力、战胜前进道路上一切艰难险阻的壮丽旗帜！

——中国人民抗日战争胜利是中国共产党发挥中流砥柱作用的伟大胜利。中国共产党自成立之日起就把实现中华民族伟大复兴作为自己的历史使命，捍卫民族独立最坚定，维护民族利益最坚决，反抗外来侵略最勇敢。在抗日战争时期，在民族危亡的历史关头，中国共产党以卓越的政治领导力和正确的战略策略，指引了中国抗战的前进方向，坚定不移推动全民族坚持抗战、团结、进步，反对妥协、分裂、倒退。中国共产党高举抗日民族统一战线的旗帜，坚决维护、巩固、发展统一战线，坚持独立自主、团结抗战，维护了团结抗战大局。中国共产党人勇敢战斗在抗日战争最前线，支撑起中华民族救亡图存的希望，成为全民族抗战的中流砥柱！

——中国人民抗日战争胜利是全民族众志成城奋勇抗战的伟大胜利。中国共产党坚持动员人民、依靠人民，推动形成了全民族抗战的历史洪流。毛泽东同志在全国抗战开始后就明确提出："我们主张全国人民总动员的完全的民族革命战争，或者叫作全面抗战。

因为只有这种抗战,才是群众战争,才能达到保卫祖国的目的。"中国共产党坚持兵民是胜利之本,提出和实施持久战的战略总方针和一整套人民战争的战略战术,敌后根据地军民广泛开展伏击战、破袭战、地雷战、地道战、麻雀战等游击战的战术战法,使日本侵略者陷入了人民战争的汪洋大海之中。中国共产党领导开辟的敌后战场和国民党指挥的正面战场协力合作,形成了共同抗击日本侵略者的战略局面。中国人民抗日战争胜利是全体中华儿女勠力同心、以弱胜强的雄浑史诗,显示了中国人民和中华儿女坚不可摧的磅礴力量!

——节选自习近平《在纪念中国人民抗日战争暨世界反法西斯战争胜利七十五周年座谈会上的讲话》(2020年9月3日)。

【解析】 中国人民抗日战争的胜利开启了古老中国凤凰涅槃、浴火重生的新征程。中国人民抗日战争是近代中国历史上第一次取得全面胜利的全民族的抗战,促成了伟大的民族觉醒,终结了列强百年侵华史。中国人民抗日战争胜利的原因如下:以爱国主义为核心的民族精神是中国人民抗日战争胜利的决定因素;中国共产党的中流砥柱作用是中国人民抗日战争胜利的关键;全民族众志成城奋勇抗战是中国人民抗日战争胜利的重要法宝。

(三)《〈共产党人〉发刊词》(节选)

十八年的经验告诉我们,统一战线和武装斗争,是战胜敌人的两个基本武器。统一战线,是实行武装斗争的统一战线。而党的组织,则是掌握统一战线和武装斗争这两个武器以实行对敌冲锋陷阵的英勇战士。这就是三者的相互关系。

我们今天要怎样建设我们的党?要怎样才能建设一个"全国范围的、广大群众性的、思想上政治上组织上完全巩固的布尔什维克化的中国共产党"?这个问题考察一下我党的历史,就会懂得;把党的建设问题同统一战线问题、同武装斗争问题联系起来看一下,把党的建设问题同联合资产阶级又同它作斗争的问题、同八路军新四军坚持抗日游击战争和建立抗日根据地的问题联系起来看一下,就会懂得。

根据马克思列宁主义的理论和中国革命的实践之统一的理解,集中十八年的经验和当前的新鲜经验传达到全党,使党铁一样地巩固起来,而避免历史上曾经犯过的错误——这就是我们的任务。

——毛泽东.共产党人发刊词(1939年10月4日)[M]//毛泽东选集:第二卷.北京:人民出版社,1991:613—614.

【解析】毛泽东在指出我们党在中国革命中的三个基本问题就是统一战线问题、武装斗争问题和党的建设问题，并进一步强调正确理解了这三个基本问题以及它们之间的相互关系就等于正确领导了全部中国革命的这一重要问题，同时强调了党的建设是"三大法宝"的重要核心所在，进一步凸显了党的建设的重要性和重要地位，让全党更加正确、深刻地认识到"三大法宝"之间的相互关系，更加深刻、清醒地认识到党的建设成败决定了统一战线和武装斗争的成败，只有把党建设好才能正确处理统一战线和武装斗争问题。

五、习题练习

1.（单选）1936 年 12 月 12 日，张学良、杨虎城发动"兵谏"扣留了蒋介石，这就是震惊中外的西安事变。事变发生后，中共中央确定了促成事变和平解决的方针，其原因是中国共产党（　　）。

　　A．为了团结国民党共同抗日

　　B．不赞成张学良、杨虎城的主张

　　C．工作重心转向城市斗争

　　D．接受了共产国际的指示

【答案】A

【考点】西安事变

【解析】1936 年 12 月 12 日，张学良、杨虎城发动了西安事变。事变后，中国共产党从民族大义出发，为了团结国民党共同抗日，确定促成事变和平解决的基本方针，派周恩来等人前往西安参与和平谈判，终于迫使蒋介石作出了停止"剿共"、联合红军抗日等六项承诺，故 A 选项为正确答案。BCD 选项不符合题意。

2.（单选）抗日战争是一场全民族反抗外敌入侵的正义战争。抗战初期，在华北战场上规模最大、最激烈的一次战役，也是国共两党军队合作抗日、配合最好的一次战役是（　　）。

　　A．台儿庄战役

　　B．长城战役

　　C．平津会战

　　D．忻口会战

【答案】D

【考点】国共合作

【解析】太原会战期间,为了保卫太原,历时两个月的忻口会战是抗日战争初期中国军队对日本侵略军的一次大规模的战役。这也是全面抗战初期华北战场上两党军队合作抗日配合最好的一次战役。台儿庄战役、长城战役、平津会战在抗战史上都具有重要历史意义,但均不是国共两党配合最好的战役。因此,ABC 选项不符合题意。综上所述,故 D 选项为正确答案。

3.（单选）中国人民抗日战争是近代以来中国人民反抗外敌入侵持续时间最长、规模最大、牺牲最多的民族解放斗争,也是第一次取得完全胜利的民族解放斗争。中国人民抗日战争胜利的关键是（　　）。

A. 民族意识的觉醒与全民族抗战

B. 反侵略战争的正义性与进步性

C. 世界反法西斯力量的同情和支持

D. 中国共产党的中流砥柱作用

【答案】D

【考点】抗日战争胜利的关键

【解析】抗日战争胜利的关键是中国共产党的中流砥柱作用。ABC 选项也是抗日战争胜利的原因,但不是关键原因。综上所述,故 D 选项为正确答案。

4.（单选）20 世纪 40 年代前期,为了提高广大党员的马列主义理论水平,增强党的凝聚力和战斗力,中国共产党在全党范围内开展了一场整风运动,这次整风运动最主要的任务是（　　）。

A. 反对享乐主义以整顿作风

B. 反对宗派主义以整顿党风

C. 反对党八股以整顿文风

D. 反对主观主义以整顿学风

【答案】D

【考点】延安整风运动

【解析】整风运动的主要内容是:反对主观主义以整顿学风,反对宗派主义以整顿党风,反对八股以整顿文风。其中,反对主观主义是整风运动的最主要任务。综上所述,故 D 选项为正确答案。ABC 选项不符合题意。

5.（单选）中国共产党在领导人民革命的过程中,积累了丰富的经验,锻造出了有效的克敌制胜的武器，武装斗争就是中国共产党在中国革命中战胜敌人的重要法宝之一，其实质是（　　）。

A. 无产阶级领导的反帝国主义战争

B. 资产阶级领导的反封建战争

C. 工农联合的反军阀战争

D. 工人阶级领导的农民战争

【答案】D

【考点】武装斗争

【解析】中国共产党在中国革命中战胜敌人的三个法宝为：统一战线、武装斗争、党的建设。武装斗争实质上是工人阶级领导的农民战争。综上所述，故 D 选项为正确答案。ABC 选项不符合题意。

6.（多选）抗日民主根据地是认真贯彻和实现中国共产党全面抗战路线、坚持抗战和争取胜利的坚强阵地。中国共产党高度重视抗日民主根据地的政权建设，其主要举措有（　　）。

A. 在少数民族聚居地区试行民族区域自治

B. 各级抗日民主政权机构领导人通过人民选举产生

C. 实行工农兵代表大会制度

D. 抗日民主政府在工作人员构成上实行"三三制"原则

【答案】ABD

【考点】抗日民主根据地建设

【解析】抗日民主根据地是认真贯彻和实现中国共产党全面抗战路线、坚持抗战和争取胜利的坚强阵地。加强政权建设是抗日民主根据地建设的首要的、根本的任务。抗日民主政府在工作人员的构成上实行"三三制"原则，即共产党员、非党的"左"派进步分子和不左不右的中间派各占三分之一。中国共产党提出，边区（省）县议会既是民意机关，也是立法机关；边区、县、乡抗日民主政府是行政机关；边区高等法院和县法院是司法机关。这样做可以容纳各方面的代表，团结一切赞成抗日又赞成民主的各阶级、阶层。抗日民主政权实行各民族平等团结、共同抗日的基本政策，在少数民族聚居地区实行民族区域自治。综上所述，ABD 选项为正确答案。土地革命时期根据地政权是工农民主专政性质的政权，实行的是工农兵代表大会制度，因此，C 选项不正确。

7.（多选）一般说来，游击战争是个战术问题。但是，在抗日战争中，游击战争具有战略地位,是因为它(　　)。

A. 主要是在外线单独作战,而不是在内线配合正规军作战

B. 是抗日战争的主要作战方式,而不是次要作战方式

C. 是大规模的,而不是小规模的

D. 是进攻战,而不是防御战

【答案】AC

【考点】游击战争

【解析】在抗日战争的初期和中期,游击战被提到了战略地位,具有全局性意义。在战略防御阶段,游击战争在敌后的广泛开展和敌后抗日根据地的开辟,对阻止日军进攻、减轻正面战场的压力、让战争进入相持阶段起到了关键性的作用。在战略相持阶段,敌后游击战争成为主要的抗日作战方式,如百团大战就是一场大规模以袭击敌人交通线为重要目标的进攻战役。综上所述,故 AC 选项为正确答案。在战略防御阶段,国民党正面战场的正规战是主要的,敌后的游击战是辅助的;在战略相持阶段游击战争才成为主要的抗日作战方式,因此 B 选项错误。游击战以袭击为主要手段,主要采取积极防御战略,不是进攻战,因此,D 选项错误。

8.(多选)抗日战争是近代以来中华民族反抗外敌入侵第一次取得完全胜利的民族解放战争,中国取得抗日战争胜利的主要原因是(　　)。

A. 中国共产党发挥了中流砥柱的作用

B. 中国的国力空前强大

C. 得到了国际反法西斯力量的同情和支持

D. 中国实现了空前的民族觉醒和民族团结

【答案】ACD

【考点】抗日战争

【解析】中国抗日战争的胜利,是近代以来中国抗击外敌入侵的第一次完全胜利。抗日战争取得胜利的原因:第一,以爱国主义为核心的民族精神是中国人民抗日战争胜利的决定因素;第二,中国共产党的中流砥柱作用是中国人民抗日战争胜利的关键;第三,全民族抗战是中国人民抗日战争胜利的重要法宝;第四,中国人民抗日战争的胜利,同世界所有爱好和平和正义的国家和人民、国际组织以及各反法西斯的同情和支持也是分不开的。故 ACD 选项为正确答案。在抗日战争时期,中国是弱国,因此,B 选项排除。

9.(多选)钓鱼岛及其附属岛屿是中国领土不可分割的一部分,中国最早发现、命名、

利用和管辖钓鱼岛，1895年清朝在甲午战争中战败，被迫与日本签署不平等的《马关条约》，割让"台湾全岛及所有附属各岛屿"，钓鱼岛等作为台湾"附属岛屿"一并被割让给日本。1941年12月，中国政府正式对日宣战，宣布废除中日之间的一切条约。日本投降后，依据有关国际文件规定，钓鱼岛作为台湾的附属岛屿应与台湾一并归还中国。这些国际文件是（　　）。

A.《日本投降书》

B.《波茨坦公告》

C.《开罗宣言》

D.《德黑兰宣言》

【答案】ABC

【考点】台湾问题

【解析】中、英、美发表《波茨坦公告》敦促日本投降，日本宣布接受并签署了向同盟国的投降书，公告中表明台湾以及澎湖列岛由中国收回；《开罗宣言》宣示了协同对日作战的宗旨，承诺了处置日本侵略者的安排。依据《开罗宣言》《波茨坦公告》和《日本投降书》，钓鱼岛作为台湾的附属岛屿应与台湾一并归属中国。综上所述，故ABC选项为正确答案。选项D是1943年苏、美、英三国首相在德黑兰会议结束时发表的宣言，它规定盟国在西欧开辟第二战场，实行"霸王战役"计划，发动"诺曼底登陆"的时间，与本题问题无关。

10.（多选）抗日战争时期，不符合统一战线的口号是（　　）。

A. 又联合又斗争

B. 一切服从统一战线

C. 发展进步势力

D. 孤立中间势力

【答案】BD

【考点】统一战线问题

【解析】选项B是王明在抗日战争时期提出的错误主张。抗日战争时期，中国共产党提出：发展进步势力，争取中间势力，孤立顽固势力，因此，D选项不符合抗日战争时期的统一战线政策。故BD选项为正确答案。AC选项不符合题意。

专题七　为什么说"没有共产党，就没有新中国"

一、学习目的

了解中国共产党领导人民打败国民党反动派建立新中国的历史进程，把握抗日战争胜利后中国共产党争取和平民主、反对内战独裁的方针。

认识到资本主义道路在中国行不通，必须在中国共产党的领导下，建立最广泛的爱国民主统一战线，开展革命的武装斗争，加强革命政党的建设，建立人民民主专政的新中国。

二、重难点解析

（一）中国共产党为什么要提出"和平、民主、团结"的方针

有利于争取和平民主的国内外形势。战后的政治形势，总的说来，对中国人民实现建立新中国的目标是有利的。在国际上，帝国主义遭到削弱，社会主义国家、民族解放运动的力量有了新的发展，世界反动势力已经难以集中起来干涉中国革命。在国内，中国人民的觉悟程度、组织程度空前提高，人民军队发展到120万人，解放区扩大到1亿多人口。经过整风学习，中国共产党在政治上、思想上、组织上达到了空前的团结和统一。

中国共产党为争取和平民主而奋斗。第一，党曾经希望通过和平的途径对中国进行政治社会的改革，逐步向新中国这个目标迈进。由于人民力量强大，加上其他条件，中国共产党估计，实现国共两党合作（加上民主同盟等），进入和平发展的新阶段的可能性是存在的。党应当努力争取中国出现这种局面。1945年5月中共召开七大时，毛泽东就提出，对蒋介石拟采取"洗脸"政策而不是"杀头"政策。8月24日，毛泽东根据时局变化进一步指出，抗战结束，和平建设阶段开始。中央正考虑同国民党进行谈判，避免内战，实现和平建国。8月25日，中共中央在对时局的宣言中明确提出"和平、民主、团结"的口

号。第二，毛泽东到重庆与蒋介石谈判。为了争取和平民主，毛泽东不顾个人安危，于8月28日偕同周恩来、王若飞赴重庆与国民党当局进行谈判。10月10日，双方签署《政府与中共代表会谈纪要》（即《双十协定》），确认和平建国的基本方针，同意"长期合作，坚决避免内战"。第三，1946年1月10日国共双方下达停战令。同一天，政治协商会议在重庆开幕，出席会议的有国民党、共产党、民主同盟、青年党和无党派人士的代表38人。以周恩来为首的中共代表团与民主同盟等民主党派和无党派人士的代表密切合作，同国民党当局认真协商，推动政治协商会议达成五项协议。第四，中国共产党决心严格履行政协协议。在政治协商会议召开时，毛泽东指出，"中国和平民主新阶段，即将从此开始"，全党应为"巩固国内和平，实现民主改革"建立新中国而奋斗。

政治协商会议闭幕的第二天，中共中央发出党内指示，指出"从此中国即走上了和平民主建设的新阶段""中国革命的主要斗争形式，目前已由武装斗争转变到非武装的群众与议会的斗争，国内问题由政治方式来解决。党的全部工作，必须适应这一新形势"。同时，中共中央也指出，英、美和中国大资产阶级中还有许多阴谋，中国民主化的道路依然是曲折的、长期的。因此，必须提高警惕，注意"阵地的取得和保持"，做好进行自卫战争的准备，并明确"练兵、减租与生产是目前解放区三件中心工作"。

（二）国民党发动的内战及解放区军民的自卫战争

1. 全面内战爆发。1946年6月底，国民党军以进攻中原解放区为起点，挑起了全国性的内战。全面内战爆发时，中国共产党面临的形势是极为严峻的。当时，国民党军的总兵力为430万人，它占有3.39亿以上人口、730万平方公里面积的地区，控制着几乎所有的大城市和绝大部分铁路交通线。它不仅接收了百余万日军和数十万伪军的装备，而且美国还为它训练和装备了50万军队。人民解放军的总兵力为127万人，装备基本上是缴自日军的步兵武器。解放区的人口为1.36亿，面积约230万平方公里，而且是被分割、包围的，在物质上得不到任何外援。正是凭着军力和经济上的优势，蒋介石声称，这场战争"一定能速战速决"。国民党军参谋总长陈诚扬言，"也许三个月，至多五个月，便能整个解决（中共领导的军队）"。

1946年10月11日，国民党军占领华北解放区重镇张家口，并于当天片面下令于11月12日召开由它一手包办的"国民大会"。次年3月，国民党当局限期令中共驻南京、上海、重庆三地代表及工作人员全部撤退。至此，一切和平谈判之门都被国民党关闭，国共关系彻底破裂。

2. 解放区军民的自卫战争。第一，中国共产党真心希望和平、反对内战，当蒋介石政府对共产党发动进攻时，则坚决自卫，以自卫战争粉碎国民党的军事进攻。中国共产党清醒地估计了国内外形势，坚决认定，必须打败蒋介石，而且能够打败他。毛泽东指出："我们必须打败蒋介石，是因为蒋介石发动的战争，是一个在美帝国主义指挥之下的反对中国民族独立和中国人民解放的反革命的战争。在这种时候，如果我们表示软弱，表示退让，不敢坚决地起来用革命战争反对反革命战争，中国就将变成黑暗世界，我们民族的前途就会被断送。""我们能够打败蒋介石，我们有必胜的信心。人民解放军的战争所具有的爱国的正义的革命的性质，必然能获得全国人民的拥护。这就是战胜蒋介石的政治基础。蒋介石军事力量的优势和美国的援助，只是临时起作用的因素；而蒋介石发动的战争的反人民性质，人心的向背，则是经常起作用的因素，在这方面，我们占着优势"。第二，采取正确的战略、方针和政策，打退国民党对解放区的军事进攻。在政治上，必须和人民群众亲密合作，必须争取一切可以争取的力量，在党的领导下建立最广泛的人民民主统一战线；在军事上，必须采取集中优势兵力、各个歼灭敌人的作战原则。在1946年6月至1947年6月一年的时间里，人民军队处于战略防御阶段，战争主要在解放区进行。从1946年6月至10月，国民党军侵占解放区城市153座；解放军则收复城市48座、歼敌29.8万人。从1946年11月至1947年2月，国民党军侵占解放区城市87座；解放军则收复和解放城市87座、歼敌41万人。国民党军队被迫放弃对解放区的全面进攻，而改为对陕北、山东两解放区的重点进攻。从1947年3月至6月，解放军经过4个月的内线作战，努力打退国民党军的重点进攻，并在东北、热河、冀东、豫南等地开始局部反攻。解放区虽仍有95座城市被敌侵占，但解放军同时收复和解放了153座城市，并歼敌40余万人。战局的发展，从根本上粉碎了国民党统治集团的速战速决计划，并使他们陷入了人民战争的汪洋大海之中，难以逃脱遭遇灭顶之灾的命运。

（三）全国解放战争是如何取得胜利的

1. 人民解放军转入战略进攻。1947年6月底，根据中共中央的决策和部署，刘伯承、邓小平率领的晋冀鲁豫野战军主力，实施中央突破，千里跃进大别山；陈毅、粟裕指挥的华东野战军主力为东路，挺进苏鲁豫皖地区；陈赓、谢富治指挥的晋冀鲁豫野战军一部为西路，挺进豫西。三路大军相互策应，人民解放战争战略进攻的序幕由此揭开。仍在内线作战的人民解放军，包括彭德怀率领的西北野战军，谭震林、许世友率领的华东野战军山东兵团，积极展开进攻，与中原我军形成"三军配合、两翼牵制"的战略格局，各个战场上的攻势作战，构成了人民解放军全国规模的战略进攻的总态势。

1947年10月10日，中国人民解放军总部发表宣言，提出"打倒蒋介石，解放全中国"的口号，极大地鼓舞了解放军全体指战员和全国人民的斗志。同年12月，中共中央在陕北米脂县杨家沟召开会议，制定了夺取全国胜利的行动纲领。

2. 国民党的统治危机。第一，在国民党统治区，以学生运动为先导的人民运动也迅速地发展起来，成为配合人民解放战争的第二条战线。国民党政府和官员们的贪污腐败已使他们在抗战后期的大后方严重丧失人心。抗日战争胜利后国民党政府派出的官员到原沦陷区接收时，把接收变成"劫收"，大发胜利财。第二，国民党发动内战，违背人民迫切要求休养生息、和平建国的意愿，执行反人民的内战政策。第三，国民党坚持独裁统治，不仅拒绝实施社会改革反而对广大人民横征暴敛；为了筹措内战经费，国民党政府除了对人民征收苛重的捐税以外，更是无限制地发行纸币，恶性通货膨胀使得物价飞涨。

（四）中国革命胜利的原因和基本经验是什么

中国革命胜利的原因主要有三点：一是深刻的社会根源和雄厚的群众基础。由于帝国主义、封建主义、官僚资本主义的残酷压迫，中国人民走上了反帝反封建反官僚资本主义斗争的伟大时代。工人、农民、城市小资产阶级群众是民主革命的主要力量。他们中间涌现出了无数无畏的英雄和不屈的战士。二是有了中国工人阶级的先锋队——中国共产党的领导。中国共产党作为工人阶级的政党，不仅代表着中国工人阶级的利益，而且代表着整个中华民族和全中国人民的利益。中国共产党是用马克思主义的科学理论武装起来的，它以中国化的马克思主义即马克思列宁主义基本原理与中国实践相结合的毛泽东思想作为一切工作的指针。因此，中国共产党能够制定出适合中国情况的、符合中国人民利益的纲领、路线、方针和政策，为中国人民的斗争指明了正确的方向。三是同国际无产阶级和人民群众的支持分不开。毛泽东说，假如没有苏联的存在和人民民主国家的出现，没有被压迫民族的斗争和资本主义国家人民的斗争，堆在中国人民头上的国际反动势力不知要大多少倍，在这种情况下，我们是不可能胜利的；胜利了，要巩固，也不可能。

中国革命胜利的基本经验集中体现在：中国共产党在领导人民革命的过程中，积累了丰富的经验，锻造出了有效的克敌制胜的武器。毛泽东指出："统一战线，武装斗争，党的建设，是中国共产党在中国革命中战胜敌人的三个法宝，三个主要的法宝。"

第一，建立广泛的统一战线。由于中国人民受到帝国主义、封建主义和官僚资本主义的严重压迫，在中国建立革命统一战线的群众基础是十分广泛的。建立广泛的统一战线，是坚持和发展革命的政治基础。统一战线中存在着两个联盟：一个是劳动者的联盟，主要是工人、农民和城市小资产阶级的联盟；一个是劳动者与非劳动者的联盟，主要是劳动者与民族资产阶级的联盟，有时还包括与一部分大资产阶级的暂时的联盟。前者是基本的、主要的，后者是辅助的、同时也是重要的。必须坚决依靠第一个联盟，争取建立和扩大第二个联盟。巩固和扩大统一战线的关键，是坚持工人阶级及其政党的领导权。为此，必须率领同盟者向共同的敌人作坚决的斗争并取得胜利；必须对被领导者给予物质福利，至少不损害其利益，同时对被领导者给以政治教育；必须对同工人阶级争夺领导权的资产阶级采取既联合又斗争的政策。

第二，坚持革命的武装斗争。由于中国没有资产阶级民主，反动统治阶级凭借武装力量对人民实行独裁恐怖统治，中国人民的革命只能以长期的武装斗争作为主要形式。离开了武装斗争，就没有共产党的地位，就不能完成任何革命任务。中国的武装斗争实质上是工人阶级领导的农民战争。中国共产党必须深入农村，发动和武装农民，在农村建立革命根据地，以农村包围城市，才能逐步地争取革命的胜利。为了坚持和发展中国革命，必须建立一支在工人阶级政党绝对领导下的、具有严格纪律的、同人民群众保持亲密联系的新型人民军队。没有一支人民的军队，便没有人民的一切。这支军队必须实行一系列具有中国特点的人民战争的战略战术。

第三，加强共产党自身的建设。中国共产党的建设，是密切地联系着党的政治路线进行的，注重在端正思想路线的基础上，制定和贯彻执行党的正确的政治路线。中国共产党首先着重党的思想建设，要求党员用工人阶级思想克服资产阶级、小资产阶级思想，解决思想上入党的问题；坚持一切从实际出发、实事求是的思想路线；培育和发扬理论与实际相结合、密切联系群众和自我批评的作风；在党内斗争中实行"惩前毖后，治病救人"的方针，并创造了在全党通过批评与自我批评进行马克思主义思想教育的整风形式等。

三、经典案例分析

案例一　重庆谈判——毛泽东为什么要赴蒋介石的"鸿门宴"

抗战胜利后，全国人民要求和平，反对内战。中国共产党代表广大人民利益，提出了"和平、民主、团结"三大口号。而蒋介石摆出一副和平姿态，于1945年8月14日、20日、23日三次致电毛泽东，邀请毛泽东速到重庆共商国家大计，蒋介石的葫芦里卖的是什么药呢？其实，蒋介石并不是真的想通过谈判来实现国内和平。他是企图垄断抗日战争的胜利果实，给予共产党几个部长席位，迫使共产党交出解放区、交出军队，而后予以消灭。当时蒋介石打内战的决心已定，但他要放手发动全面内战还有许多困难，特别是他的精锐主力由于抗战大多退回西南、西北地区，运送这些部队到内战前线需要时间。为了调兵遣将，争取时间，部署内战，他的如意算盘是一箭双雕：一方面，如果毛泽东拒绝到重庆谈判，就给共产党安上拒绝谈判、蓄意内战的罪名，把战争的责任推到共产党身上，使他自己在政治上处于有利地位，而蒋介石估计毛泽东是不敢冒险来重庆的；另一方面，利用谈判争取时间，调兵遣将，部署内战。

对于蒋介石的意图，中共中央十分清楚。要不要理他呢？8月23日，中共中央在延安枣园召开政治局扩大会议，着重商讨有关重庆谈判的方针问题。会上对于毛泽东是否亲赴重庆谈判意见不一，多数人认为蒋介石出尔反尔、刻薄寡义早已名闻天下，西安事变后张学良的遭遇便是前车之鉴。他这次摆的是"鸿门宴"，深入虎穴与"杀人如草不闻声"的蒋介石谈判，能够安全返回吗？但毛泽东还是不顾个人安危，决定亲赴重庆，用行动昭告世人，中国共产党人是真诚谋求和平的，是真正代表了中国人民利益和愿望的。在会上，毛泽东指出："中国如果成立联合政府，可能有几种形式。其中一种就是现在的独裁加若干民主，并将存在相当长的时期。对于这种形式的联合政府，我们还是要参加进去……走这个弯路将使我们党在各方面达到更成熟，中国人民更觉悟，然后建立新民主主义的中国。"毛泽东说："我准备坐班房……如果是软禁，那也不用怕，我正是要在那里办点事。现在苏联红军不入关，美国军队不登陆，形式上是中国自己解决问题，实际上是三国过问，三国都不愿中国打内战，国际压力是不利于蒋介石独裁统治的。中苏条约有利于中国人民，苏联红军攻占东三省是有很大影响的。所以，重庆是可以去和必须去的。"中共中央对形势的分析，在当时同国民党进行和平谈判是有必要的。

会议确定的谈判方针是：针锋相对，有理有利有节，坚持人民的根本利益绝不动摇，以局部的让步换取党在全国的合法地位，争取和平民主局面的出现。最后决定派毛泽东、周恩来、王若飞为代表，一起前往重庆谈判。与此同时，中央做好了最坏打算，在毛泽东去重庆期间，由刘少奇代理中共中央主席职务，书记处增补陈云、彭真二人为候补书记，以便在毛、周二人都不在的情况下，书记处还能保持五人开会。

此外，毛泽东临行时指示将领们，自己去了重庆，如蒋介石派兵来犯，就狠狠地打，不要顾忌中央最高领导人在敌人群中。后来的事实证实了毛泽东的深谋远虑，尤其是刘少奇等中央领导人派兵抢占先机进入东北，不但为反内战和解放战争作了相当多的准备，也为保证毛泽东的安全作出了重大贡献；刘伯承、邓小平指挥的上党战役和邯郸战役，不但完成了自卫，而且实际上也起到了保证毛泽东的安全的作用。

重庆谈判从1945年8月29日开始到10月10日结束。在此期间，毛泽东或者单独，或在周恩来、王若飞的陪同下，或在美国驻华大使赫尔利参加下，就国共两党关系的重大问题直接与蒋介石进行了多次会谈。有关国内和平问题的具体谈判，则是在中共代表周恩来、王若飞和国民党政府代表王世杰、张群、张治中、邵力子之间进行的。经过43天的艰苦谈判，1945年10月10日，国共双方代表签订《政府与中共代表会谈纪要》，即《双十协定》，并公开发表。国民党政府接受中共提出的和平建国的基本方针。双方协议"必须共同努力，以和平民主团结为基础""长期合作，避免内战，建设独立自由和平之新中国"。双方还确定召开各党派代表及无党派人士参加的政治协商会议，共商和平建国大计。这是重庆谈判最重要的两项成果。此外，谈判还达成迅速结束国民党的"训政"，实现政治民主化、党派平等合法、释放政治犯等协议。

【案例分析】

重庆谈判为政治协商会议通过和平建国协议奠定了基础。重庆谈判时，国共双方虽然达成了《双十协定》，但在军事国家化、解放区地方政府、国民大会及受降等问题上都存在严重分歧，而且即便是双方完全同意和意见相近的几项也仅仅只是达成了框架性的协议，而备受全国人民关注的政治协商会议的召开，使宣传口号变成了行动口号。国共两党解决不了的问题就由全国人民、各个民主党派和无党派人士来共同解决。1946年1月召开的政治协商会议是重庆谈判的延续和扩大，重庆谈判则为政治协商会议的召开做了良好的铺垫，奠定了坚实的基础。后来蒋介石在撕毁政协决议的同时，也就完全失去了人心，失去了人民的支持，注定了失败的命运。

案例二　中国共产党如何仅用三年时间就战胜了国民党

全面内战爆发时，中国共产党面临的形势极为严峻。当时，国民党政府拥有军队总兵力约430万人，控制着全国76%的面积、3.39亿人口、几乎所有的大城市和绝大部分铁路交通线，它不仅接收了百余万日军和数十万伪军的装备，而且美国还为它训练和装备了50万军队。人民解放军的总兵力只有约127万人，装备基本上是缴自日伪军的步兵武器，解放区的人口约1.36亿，土地面积只占全国的24%，而且是被分割、包围的，在物质上得不到任何外援。国民党军面对强大的日军,进行了顽强抗击,并形成稳固战线,直至迎来抗战的全面胜利;而与最初比较弱小的共产党军队作战,却在短短3年就被打得大败,其速度之快就连中国共产党最初也并未预料到。这是为什么呢?这与国民党执政时期的各方面表现有关。

首先,在政治方面,国民党政权肆意挑起内战,其政策方针逆历史潮流而动,违背国民意愿。其一,如蒋介石所说:"比较敌我的实力,无论就哪一方面而言,我们都占有绝对的优势……一切可能之条件,皆操之在我,我欲如何,即可如何。"但是内战政策违背了全国人民迫切要求休养生息、和平建国的意愿,失去了人民的支持,这是国民党政府失败的重要原因。其二,国民党本身组织涣散、派系林立、互相倾轧。国民党内鱼龙混杂,大批军阀、贪官、恶霸、土豪、劣绅甚至黑社会人员混入党内,严重损害了其形象。国民党内有政学系、复兴社、桂系、改组派、宋子文系、孔祥熙系、何应钦系、孙科系等。各派之间争权夺利,正如复兴社领导人之一刘建群所说:"任何(派系)斗争都不是由政策分歧引起的斗争,而是为了饭碗的斗争。"其三,国民党政权内部的腐败是导致其失败的一个非常重要的因素。国民党的独裁体制没有政治上的监督,绝对的权力必然导致绝对的腐败。抗日战争胜利之后,国民党统治集团垄断了对日军进行受降的一切权力。南京国民政府对各地日伪财产的"接收"大都是反复多次,先是军统局(别动队),后是地下军,然后又是中央军,最后还有敌伪财产处理局。"接收"一次,财产就遭到一次劫掠。许多进行受降的国民党军官对敌伪财产任意地鲸吞、隐匿、变卖,有的还化为私有,甚至把一般民众的财物也指为敌伪财产而占为己有,种种行为充分暴露了国民党统治的黑暗和腐朽。执政党的腐败,关系到这个政权的生死存亡。国民党内部腐败的严重程度,就连蒋介石也说:"自抗战胜利以来,本党在社会上的信誉已经一落千丈……老实说,古今中外,任何革命党都没有我们今天这样颓唐和腐败,也没有我们今天这样没有精神,没有纪律,更没有是非标准的,这样的党,早就应该被消灭、被淘汰了!"从其痛心疾首的抨击之词来看,蒋介石虽有志于改善国民党腐朽的本质,但是心有余而力不足。

其次,在经济方面,经济危机引发政治危机这是不变的规律,对于国民党来讲也不例外。正所谓得民心者得天下,国民党的统治之所以迅速崩溃,主要是由于农村问题特别是农民的土地问题未能解决。中国是农业大国,农民占人口绝大多数,农民问题的核心是土地问题。而南京政权代表大地主大资产阶级的利益,其阶级局限性决定了它不可能解决农民的土地问题。科举制度的废除造成农村精英向城市的单向流动,豪强恶霸逐渐占据底层权力中心,乡村阶级冲突加剧。到南京政权统治时期,南京政府穷于应对各方面挑战,对农村底层的控制更加微弱，政府职能在农村基本只体现为征粮、征赋、征丁，这加剧了与农民的紧张关系。渴望土地的农民在共产党的土改措施下被大规模动员起来，成为改朝换代最强大的社会资源。

最后，在军事方面，蒋介石的军队并没有看起来那么强大，名义上归属蒋介石国民党政府领导的400余万军队，实际上是以蒋介石的嫡系为核心，同时包括其他地方实力派系，即李宗仁与白崇禧的桂系、山西阎锡山的晋系、绥远的傅作义实力派，以及马家军、川军等非嫡系部队。国民党军队名义上统称国民党军队，实则内部派系重重，山头林立，钩心斗角，互相提防，把军队看作自己个人的财产与沉潜升浮的资本，遇利则互相争夺，遇危则各自自保。出于维护自身利益的目的以及共同"反共"的需要，这些派系以国民政府的名义组成了"反共"大军，因此，与其说它是国民政府正规军，不如说它是以蒋介石为首的反共联盟军。同时，蒋介石不善军事指挥，却又擅权专断，一意孤行，不听从好的建议，因而国民党军的最终决策往往都是最愚蠢的决策。比如，辽沈战役时，东北野战军围攻锦州，当时廖耀湘建议进军营口，因为东北野战军在辽南并无多少部队，而且国民党五大主力之一的新一军正好在辽中，一天就可以到达营口。如果蒋介石采纳了廖耀湘的建议，不仅廖耀湘兵团的11万国民党精锐部队可以从东北撤出，沈阳的10多万地方军也可以大部撤出。但蒋介石执意要廖耀湘兵团直接去解锦州之围。廖耀湘与林彪在东北打了3年仗，深知林彪最喜欢围城打援，而且自己手中只有11万军队，林彪在锦州有70万大军，廖耀湘自然不敢进军过快。等到锦州被攻破，廖耀湘立即向蒋介石发报，要求撤向营口。蒋介石却依然要求廖耀湘用11万军队去打林彪的70万大军，4天以后，才同意廖耀湘兵团撤退，但为时已晚，东北野战军已经包围了廖耀湘兵团。一些军阀看到蒋介石一时战胜不了共产党，出于自身利益的需要，都各谋出路，保护自己的地盘，统一指挥已名存实亡。尤其是在淮海战役的关键时刻，以李宗仁、白崇禧为首的桂系，不但不出兵相助，反而拥兵自重，逼迫蒋介石下野，造成国民党政治、军事、士气、信心进一步全面崩溃。解放军顺利打过长江，千里大追击，势如破竹，直至把蒋军赶到台湾，蒋军在美国第七舰队的保护下才生存下来。

【案例分析】

战争是多方面的较量，但是总的结局有其必然性。国民党坐拥天时、地利，但却失去了人和。战争力量的对比不仅是军力和经济力的对比与较量，同时是人力和人心的对比与较量。军力和经济力是要靠人去掌握的。正所谓得民心者得天下，"水则载舟，水则覆舟"。

蒋介石政府由于其自身的腐败，党内的重重矛盾，战术执行上的错误，失去了战争的主动权。而共产党领导的人民军队充分认识到了人民的重要性，发挥人民战争的优势，其力量自然也就后来居上了。这样，在种种原因的作用下，蒋介石政府的失败就不是历史的偶然而是历史的必然了。

案例三　淮海战役的支前大军

淮海战役支前工作最动人的场面，是几百万推着小车运送粮食的民工大军。从后方到前方，从乡村到城镇，男女老少齐上阵，家家户户都为支前做贡献。据统计，支前民工共543万人，担架20.6万副，大小车辆88.1万辆，挑子30.5万副，牲畜76.7万头，船8539只，汽车257辆，向前线运送弹药1460万斤，筹集粮食9.6亿斤，向后方转运伤员11万余名，有力地支持了大规模作战的需要。

人民的支援是战争胜利的根本保证。淮海战役是解放军在兵力、装备都不占优势的情况下同国民党重兵集团展开的决定性的战略决战，最后以解放军的全面胜利而告终。20世纪80年代，美国西点军校专门派出考察团来到淮海战场旧址进行实地考察，对这一结果的评价是"不可思议"。陈毅在1951年2月11日会见苏联驻华大使尤金，介绍淮海战役情况时，特别强调，500多万支前民工，遍地都是运粮食、运弹药、抬伤员的群众，这才是我们真正的优势。淮海战役的胜利是人民群众用小车推出来的。

解放战争时期，全国已有1.45亿农业人口的地区实行了土地改革，消灭了封建剥削制度，实现了耕者有其田。使解放战争有了取之不尽、用之不竭的力量源泉，为解放战争的胜利奠定了广泛的群众基础。调动了翻身农民的生产积极性，为解放战争的胜利提供了雄厚的物质基础。在当时曾形成"前方打蒋军，后方挖蒋根"的壮观的历史画面。

为什么这样说呢？具体体现在以下几点：首先，消灭了封建土地制度，进一步巩固了工农联盟，为解放战争在全国的胜利打下坚实的基础。1947年《中国土地法大纲》公布后，各解放区先后派遣大批土改工作队深入农村，发动群众，组织农民协会，召开群众大会，控诉地主的罪行，没收地主的土地财产，向地主阶级进行坚决的斗争。到1949年6月，在拥有2.7亿人口、230万平方公里面积的解放区内，1亿多农民从地主富农手中分得了3亿多亩土地，实现了土地按人口平均分配，彻底消灭了封建土地制度。农民不仅在经济上翻了身，政治地位也大大提高了。其次，使解放战争有了取之不尽、用之不竭的力量源泉，为解放战争的胜利奠定了广泛的群众基础。土地改革把农民的切身利益同整个革命事业的利益紧密地联系在一起,广大翻身农民为了保卫土地改革的胜利果实,积极支援革命战争,踊跃参军、参战、支前。据统计,在解放战争期间,华北解放区有近百万农民参军,东北解放区有160万农民参军。这不仅使解放军数量猛增,而且部队的政治素质也进一步提高。最后,调动了翻身农民的生产积极性,为解放战争的胜利提供了雄厚的物质基础。经过土地改革,广大农民从封建生产关系中解放出来,生产积极性空前高涨,大大提高了劳动生产率。在晋冀鲁豫解放区的太行老区,土改后农业生产达到耕三余一。此外,随着农业生产的发展和农民生活的改善,农村的阶级关系也发生了重大变化。正因为如此,解放区才能以源源不断的粮食和其他物资支援解放战争,这是打败蒋家王朝的物质基础。

土地改革还对国民党广大士兵起到了分化瓦解作用,极大地鼓舞了国统区人民的革命斗争。抗战胜利后,国民党当局为了进行内战,拼命抓壮丁、派民夫。据统计,1946年征兵50万人,1947年征兵150万人,1948年征兵100万人。这些壮丁、民夫几乎全是农村贫苦农民。解放区的土地改革政策对国统区农民产生了重大影响,他们也十分向往解放区的农民能分得土地,这动摇了国民党军队的军心。以冀南解放区为例,安阳党政部门利用政治攻势,向蒋军和他们的家属深入宣传土地法和对蒋军士兵的政策,12天内就有52人跑到解放区,邺县争取回来的也有27名,蒋军士兵斗志、军心日益涣散。截至1949年7月,人民解放军就俘虏了蒋军415万,而俘虏中又有280万人变成了解放战士,以至在人民军队里解放战士占半数以上。

【案例分析】

解决农民的土地问题,实现"耕者有其田",是中国民主革命的根本问题,也是中国共产党在民主革命时期的基本任务。中国共产党在解放战争时期的土地政策更加完备,土地改革运动更加健康地发展。土地改革运动满足了农民的土地要求,激发了群众的革命热情,使解放战争获得了政治、经济和军事力量的源泉,有力地保证了人民解放战争的胜利。人民解放战争之所以能在3年多时间里就推翻了蒋家王朝,与共产党实行彻底的土地改革是分不开的。从某种意义上说,没有中国共产党正确的土地改革政策,就不会有解放战争的胜利。

四、拓展阅读

（一）《论人民民主专政》（节选）

对于反动阶级和反动派的人们，在他们的政权被推翻以后，只要他们不造反，不破坏，不捣乱，也给土地，给工作，让他们活下去，让他们在劳动中改造自己，成为新人。他们如果不愿意劳动，人民的国家就要强迫他们劳动。也对他们做宣传教育工作，并且做得很用心，很充分，像我们对俘虏军官们已经做过的那样。这也可以说是"施仁政"吧，但这是我们对于原来是敌对阶级的人们所强迫地施行的，和我们对于革命人民内部的自我教育工作，不能相提并论。

这种对于反动阶级的改造工作，只有共产党领导的人民民主专政的国家才能做到。这件工作做好了，中国的主要的剥削阶级——地主阶级和官僚资产阶级即垄断资产阶级，就最后地消灭了。剩下一个民族资产阶级，在现阶段就可以向他们中间的许多人进行许多适当的教育工作。等到将来实行社会主义即实行私营企业国有化的时候，再进一步对他们进行教育和改造的工作。人民手里有强大的国家机器，不怕民族资产阶级造反。

严重的问题是教育农民。农民的经济是分散的，根据苏联的经验，需要很长的时间和细心的工作，才能做到农业社会化。没有农业社会化，就没有全部的巩固的社会主义。农业社会化的步骤，必须和以国有企业为主体的强大的工业的发展相适应。人民民主专政的国家，必须有步骤地解决国家工业化的问题。本文不打算多谈经济问题，这里不来详说。

一九二四年，孙中山亲自领导的有共产党人参加的国民党第一次全国代表大会，通过了一个著名的宣言。这个宣言上说："近世各国所谓民权制度，往往为资产阶级所专有，适成为压迫平民之工具。若国民党之民权主义，则为一般平民所共有，非少数人所得而私也。"除了谁领导谁这一个问题以外，当作一般的政治纲领来说，这里所说的民权主义，是和我们所说的人民民主主义或新民主主义相符合的。只许为一般平民所共有、不许为资产阶级所私有的国家制度，如果加上工人阶级的领导，就是人民民主专政的国家制度了。

蒋介石背叛孙中山，拿了官僚资产阶级和地主阶级的专政作为压迫中国平民的工具。这个反革命专政，实行了二十二年，到现在才为我们领导的中国平民所推翻。

骂我们实行"独裁"或"极权主义"的外国反动派，就是实行独裁或极权主义的人们。他们实行了资产阶级对无产阶级和其他人民的一个阶级的独裁制度，一个阶级的极权主义。

孙中山所说压迫平民的近世各国的资产阶级,正是指的这些人。蒋介石的反革命独裁,就是从这些反动家伙学来的。

宋朝的哲学家朱熹,写了许多书,说了许多话,大家都忘记了,但有一句话还没有忘记:"即以其人之道,还治其人之身。"我们就是这样做的,即以帝国主义及其走狗蒋介石反动派之道,还治帝国主义及其走狗蒋介石反动派之身。如此而已,岂有他哉!

革命的专政和反革命的专政,性质是相反的,而前者是从后者学来的。这个学习很要紧。革命的人民如果不学会这一项对待反革命阶级的统治方法,他们就不能维持政权,他们的政权就会被内外反动派所推翻,内外反动派就会在中国复辟,革命的人民就会遭殃。

人民民主专政的基础是工人阶级、农民阶级和城市小资产阶级的联盟,而主要是工人和农民的联盟,因为这两个阶级占了中国人口的百分之八十到九十。推翻帝国主义和国民党反动派,主要是这两个阶级的力量。由新民主主义到社会主义,主要依靠这两个阶级的联盟。

人民民主专政需要工人阶级的领导。因为只有工人阶级最有远见,大公无私,最富于革命的彻底性。整个革命历史证明,没有工人阶级的领导,革命就要失败,有了工人阶级的领导,革命就胜利了。在帝国主义时代,任何国家的任何别的阶级,都不能领导任何真正的革命达到胜利。中国的小资产阶级和民族资产阶级曾经多次领导过革命,都失败了,就是明证。

民族资产阶级在现阶段上,有其很大的重要性。我们还有帝国主义站在旁边,这个敌人是很凶恶的。中国的现代工业在整个国民经济上的比重还很小。现在没有可靠的数目字,根据某些材料来估计,在抗日战争以前,现代工业产值不过只占全国国民经济总产值的百分之十左右。为了对付帝国主义的压迫,为了使落后的经济地位提高一步,中国必须利用一切于国计民生有利而不是有害的城乡资本主义因素,团结民族资产阶级,共同奋斗。我们现在的方针是节制资本主义,而不是消灭资本主义。但是民族资产阶级不能充当革命的领导者,也不应当在国家政权中占主要的地位。民族资产阶级之所以不能充当革命的领导者和所以不应当在国家政权中占主要地位,是因为民族资产阶级的社会经济地位规定了他们的软弱性,他们缺乏远见,缺乏足够的勇气,并且有不少人害怕民众。

孙中山主张"唤起民众",或"扶助农工"。谁去"唤起"和"扶助"呢?孙中山的意思是说小资产阶级和民族资产阶级。但这在事实上是办不到的。孙中山的四十年革命是失败了,这是什么原因呢?在帝国主义时代,小资产阶级和民族资产阶级不可能领导任何真正的革命到胜利,原因就在此。

我们的二十八年，就大不相同。我们有许多宝贵的经验。一个有纪律的，有马克思列宁主义的理论武装的，采取自我批评方法的，联系人民群众的党。一个由这样的党领导的军队。一个由这样的党领导的各革命阶级各革命派别的统一战线。这三件是我们战胜敌人的主要武器。这些都是我们区别于前人的。依靠这三件，使我们取得了基本的胜利。我们走过了曲折的道路。我们曾和党内的机会主义倾向作斗争，右的和"左"的。凡在这三件事上犯了严重错误的时候，革命就受挫折。错误和挫折教训了我们，使我们比较地聪明起来了，我们的事情就办得好一些。任何政党，任何个人，错误总是难免的，我们要求犯得少一点。犯了错误则要求改正，改正得越迅速，越彻底，越好。

总结我们的经验，集中到一点，就是工人阶级（经过共产党）领导的以工农联盟为基础的人民民主专政。这个专政必须和国际革命力量团结一致。这就是我们的公式，这就是我们的主要经验，这就是我们的主要纲领。

党的二十八年是一个长时期，我们仅仅做了一件事，这就是取得了革命战争的基本胜利。这是值得庆祝的，因为这是人民的胜利，因为这是在中国这样一个大国的胜利。但是我们的事情还很多，比如走路，过去的工作只不过是像万里长征走完了第一步。残余的敌人尚待我们扫灭。严重的经济建设任务摆在我们面前。我们熟习的东西有些快要闲起来了，我们不熟习的东西正在强迫我们去做。这就是困难。帝国主义者算定我们办不好经济，他们站在一旁看，等待我们的失败。

我们必须克服困难，我们必须学会自己不懂的东西。我们必须向一切内行的人们（不管什么人）学经济工作。拜他们做老师，恭恭敬敬地学，老老实实地学。不懂就是不懂，不要装懂。不要摆官僚架子。钻进去，几个月，一年两年，三年五年，总可以学会的。苏联共产党人开头也有一些人不大会办经济，帝国主义者也曾等待过他们的失败。但是苏联共产党是胜利了，在列宁和斯大林领导之下，他们不但会革命，也会建设。他们已经建设起来了一个伟大的光辉灿烂的社会主义国家。苏联共产党就是我们的最好的先生，我们必须向他们学习。国际和国内的形势都对我们有利，我们完全可以依靠人民民主专政这个武器，团结全国除了反动派以外的一切人，稳步地走到目的地。

——节选自毛泽东. 论人民民主专政［M］//毛泽东选集：第四卷. 北京：人民出版社，1991：1468—1482.

【解析】本文是毛泽东为纪念中国共产党成立 28 周年而撰写的。文中毛泽东有针对性地论述了在民主革命胜利以后要建立什么样的国家的问题，特别是阐述了中国为什么不能建立资产阶级共和国，而只能建立工人阶级领导的人民共和国的原因。文章还总结了中国共产党领导民主革命28年的经验，阐明了即将成立的中华人民共和国的性质、各阶级在国家政权中的地位以及新中国的各项内政外交政策。这些都为建立中华人民共和国作了理论上的准备。

（二）《丢掉幻想，准备斗争》（节选）

帝国主义者的逻辑和人民的逻辑是这样的不同。捣乱，失败，再捣乱，再失败，直至灭亡——这就是帝国主义和世界上一切反动派对待人民事业的逻辑，他们绝不会违背这个逻辑的。这是一条马克思主义的定律。我们说"帝国主义是很凶恶的"，就是说它的本性是不能改变的，帝国主义分子决不肯放下屠刀，他们也决不能成佛，直至他们的灭亡。

斗争，失败，再斗争，再失败，再斗争，直至胜利——这就是人民的逻辑，他们也是决不会违背这个逻辑的。这是马克思主义的又一条定律。俄国人民的革命曾经是依照了这条定律，中国人民的革命也是依照这条定律。

阶级斗争，一些阶级胜利了，一些阶级消灭了。这就是历史，这就是几千年的文明史。拿这个观点解释历史的就叫作历史的唯物主义，站在这个观点的反面的是历史的唯心主义。

自我批评的方法只能用于人民的内部，希望劝说帝国主义者和中国反动派发出善心，回头是岸，是不可能的。唯一的办法是组织力量和他们斗争，例如，我们的人民解放战争，土地革命，揭露帝国主义，"刺激"他们，把他们打倒，制裁他们的犯法行为，"只许他们规规矩矩，不许他们乱说乱动"。然后，才有希望在平等和互利的条件下和外国帝国主义国家打交道。然后，才有希望把已经缴械了和投降了的地主阶级分子、官僚资产阶级分子和国民党反动集团的成员及其帮凶们给以由坏人变好人的教育，并尽可能地把他们变成好人。中国的许多自由主义分子，亦即旧民主主义分子，亦即杜鲁门、马歇尔、艾奇逊、司徒雷登们所瞩望的和经常企图争取的所谓"民主个人主义"的拥护者们之所以往往陷入被动地位，对问题的观察往往不正确——对美国统治者的观察往往不正确，对国民党的观察往往不正确，对苏联的观察往往不正确，对中国共产党的观察也往往不正确，就是因为他们没有或不赞成用历史唯物主义的观点去看问题的缘故。

先进的人们，共产党人，各民主党派，觉悟了的工人，青年学生，进步的知识分子，有责任去团结人民中内部的中间阶层、中间派、各阶层中的落后分子、一切还在动摇犹豫的人们（这些人们还要长期地动摇着，坚定了又动摇，一遇困难就要动摇的），用善意去帮助他们，批评他们的动摇性，教育他们，争取他们站到人民大众方面来，不让帝国主义把他们拉过去，叫他们丢掉幻想，准备斗争。不要以为胜利了，就不要做工作了。还要做工作，还要做很多的耐心的工作，才能真正地争取这些人。争取了他们，帝国主义就完全孤立了，艾奇逊的一套就无所施其伎了。

"准备斗争"的口号，是对于在中国和帝国主义国家的关系的问题上，特别是在中国和美国的关系的问题上，还抱有某些幻想的人们说的。他们在这个问题上还是被动的，还没有下决心，还没有和美国帝国主义（以及英国帝国主义）作长期斗争的决心，因为他们对美国还有幻想。在这个问题上，他们和我们还有一个很大的或者相当大的距离。

——节选自毛泽东.丢掉幻想，准备斗争［M］//毛泽东选集：第四卷.北京：人民出版社，1991：1484—1485.

【解析】 这里所说的美国的白皮书，是指美国国务院在 1949 年 8 月 5 日发表的题为《美国与中国的关系》的白皮书。艾奇逊致杜鲁门的信，是指艾奇逊在美国国务院编好白皮书之后，于 1949 年 7 月 30 日写给杜鲁门的一封信。白皮书的正文分为八章，叙述从 1844 年美国强迫中国签订《望厦条约》以来，直至 1949 年中国人民革命在全国范围内取得基本胜利时为止的中美关系。白皮书特别详细地叙述了抗日战争末期至 1949 年的 5 年间，美国实施扶蒋反共政策，千方百计地反对中国人民，结果遭到失败的经过。本文体现出在解放战争时期，面对国民党反动派悍然发动的全面内战，中国共产党人不但要挑战军事力量几倍于我的敌人，还要在舆论和理论上冲破敌人的封锁。

（三）中国民主同盟一届三中全会宣言（1948 年 1 月 19 日）

中国民主同盟自三十六年一月举行二中全会后，迄今为时一年。在这一年中，世界与中国局势都发生了重大的变化，而本盟亦经历了前所未有的困难。就世界局势来说，美国反动派用了经济军事的援助，公开支持全世界的反动势力，以压迫全世界的民主运动及民族解放运动，企图建立其全世界的反苏反民主战线，而不惜毁灭前罗斯福总统所缔造的天下一家的联合国崇高理想，使战后世界由合作重趋分裂，各国人民重陷于战乱的威胁中。就中国局势来说，南京国民党反动独裁集团自撕毁政协决议，召开伪国大以后，狰狞之面目毕现。三月初驱逐中共代表团，完全关闭和平之门。五月间对反内战反饥饿的学生市民大事屠杀，封闭国内所有民主报刊。到了七月，更颁布了所谓"戡乱总动员令"，一意孤行，决心内战到底。同时又执行卖国政策，断送中国主权，以冀取得美国反动派的援助，来维持其"一党专政"的独裁政权。本盟向以争取中国民主和平独立统一之实现为职志，对南京国民党反动独裁集团此种残民以逞的政策，自不能不坚决反对。因此，横逆之来，有增无已。先之以各地盟员之无辜被捕，继之有本盟中常委杜斌丞同志，于李公朴、闻一多两同志之后复惨遭杀害，最后则有十月二十七日，由所谓内政部发言人宣布本盟为"非法组织"。到了这时，不但和平之门已彻底封闭，而且在国民党统治区内一切合法公开的反对党均已不复能存在。本盟领导同志不得不避地海外，继续为中国之民主和平独立统一而努力，乃于三十七年一月五日召开本盟中央执行委员会第三次全体大会。本会于开幕之日，既以"紧急声明"郑重否认本盟总部之被迫解散，兹于闭幕之时，复以下列数事昭告于国人：

一、本盟为求中国民主和平独立统一的实现而奋斗，此一目标，始终不变。惟因国际与国内形势的转变，为何方能达到这一目标，则今天与二中全会时显已不同，过去本盟主张以"和平"求民主，以"公开"争合法。但在今天，南京国民党反动集团既已关闭和平之门，且不复容许任何不同意一党专政的反对党存在，则欲实现中国的和平民主，已不可能由谈判妥协中求之。我们必须粉碎一个独裁反动贪污腐化的政权，才能建立一个和平民主廉洁有效能的新政权。我们今后必须发动，领导中国人民积极从事此项斗争。我们过去一贯的主张是反对内战，恢复和平，今日也依然如此。但我们所要反对的是国民党反动集团所进行的反人民的内战，我们所要求的是真正的永久的民主的和平。

二、对于卖国独裁的国民党反动集团，我们要反对的不只是独裁者个人，而是那代表地主豪绅买办封建的整个集团。为了彻底消灭整个反动集团的统治，中国人民就得彻底消除这一反动统治所寄托的经济基础，那就是彻底消灭封建剥削的土地关系，实行耕者有其田，彻底实行土地改革，在消极方面可以铲除反动统治的经济基础，使之无所凭借，在积极方面也可为真正的民主政治开了一条道路，因为占人口百分之八十五以上是农民，如果得不到真正的解放，都市之商业就谈不到繁荣，实现民主政治也就会变成一句空话。

三、对于过去一年多来，美国反动派在中国所执行的援蒋政策，本盟不能不加以严重的指责。自从去年魏德迈来华调查之后，美国的对华侵略政策非但没有丝毫的转变，反而以各种各样直接间接的方式加强援助国民党反动独裁势力。在美国政府中，援蒋虽有所谓急进缓进之分，但在基本上同样支持中国的反动独裁力量以反对中国革命的民主势力，这一点却是极清楚的。本盟认为美国目前的这种对华政策，决不足以代表爱好和平民主的美国人民，不过是执行着少数金融寡头独占资本家的意志，而这种对华政策执行的结果，业已使中国的战火扩大，使中国人民的痛苦加深。本盟站在中国人民的立场，坚决地反对美国目前的对华政策，反对美国把中国当成远东反苏反共的基地，反对美国反动派一切直接间接危害中国主权的行动。本盟并且愿意唤起美国政府的注意：中国人民决不承认美国政府与南京政府所签订的一切损害中国人民利益的条约，并认为美国政府给予南京政府的所有援助，都是与中国人民为敌。

四、为了反对独裁卖国，实现真正的民主的和平，本盟愿伸出手来，欢迎一切民主党派的合作，而且要与一切民主党派结成坚强的民主统一战线。中国共产党为民主事业而奋斗的历史，日寇投降以来，为实现国内和平的努力，是值得每个爱国的中国人赞佩，本盟今后要与他们携手合作。同时，对于最近国民党革命委员会的成立，因为他是国民党的新生，也是中山先生革命精神的复活，本盟亦致其深挚的期望，并愿与其共同奋斗。民主和平自由独立的新中国的实现，是有赖于中国民主同盟、中国共产党、国民党民主派以及其他各民主党派与无党无派民主人士的亲密合作，才能达到的。

以上各项，为本盟最近对时局的态度与主张。最后，我们以十分兴奋的心情指出：今日中国民主与反民主力量的对比，已经起了重大的变化，即民主力量已占着绝对的优势。尽管国民党反动独裁派如何穷凶极恶，倒行逆施，但这并不是他力量的强大，反而证明了他的日暮途穷。在今天，我们对于民主的胜利，有绝对坚定的信心，一个和平民主独立统一的新中国之实现，为期已经不远。我们知道今天中国的民主运动，决不是孤军奋斗。南京的反动独裁集团，有美国反动派替它撑腰，但我们也有全世界的包括美国人民在内的民主力量给我们支援。自然，这决不是民主前途已经没有曲折或者没有困难。但这种困难，只要我们对内加强团结人民与各民主党派，对外与全世界的民主力量及亚洲的被压迫民族联合起来，为实现全世界的民主和平而奋斗，这些困难便绝对可以克服，这也就是说：中国的民主，世界的和平，就一定可以实现。让我们高呼：

一、彻底消灭独裁卖国的国民党反动集团！

二、各民主党派联合起来，建立民主联合政府！

三、保障人民言论、出版、集会、结社、信仰及人身之完全自由！

四、彻底消除封建残余的剥削，实行耕者有其田！

五、保障民族工商业家的营业自由及合法利润！

六、废除国民党官僚资本的经济统制及一切苛捐杂税！

七、没收豪门资本的财产，整理币制，救济难胞！

八、改善工人生活，保障每一公民的就业权利。

九、保障学术教学的完全自由，增加教育经费。

【解析】中国共产党一直以来十分注重与民主党派的关系，新中国的成立离不开民主党派人士的支持与帮助。本篇宣言分析了国内外形势,提出了中国民主同盟对时局的态度和主张,表明要建立一个和平民主廉洁有效能的新政权,彻底实行土地改革;坚决反对美国目前的对华政策及行动;充分肯定中国共产党为民主事业而奋斗的历史;倡导要与中国共产党携手合作。这一宣言的发表,开启了民盟与共产党团结奋斗的历史征程。

(四)《中共中央关于党的百年奋斗重大成就和历史经验的决议》(节选)

在革命斗争中,党弘扬坚持真理、坚守理想,践行初心、担当使命,不怕牺牲、英勇斗争,对党忠诚、不负人民的伟大建党精神,实施和推进党的建设伟大工程,提出着重从思想上建党的原则,坚持民主集中制,坚持理论联系实际、密切联系群众、批评和自我批评三大优良作风,形成统一战线、武装斗争、党的建设三大法宝,努力建设全国范围的、广大群众性的、思想上政治上组织上完全巩固的马克思主义政党。党从一九四二年开始在全党进行整风,这场马克思主义思想教育运动收到巨大成效。党制定《关于若干历史问题的决议》,使全党对中国革命基本问题的认识达到一致。党的七大为建立新民主主义的新中国制定了正确路线方针政策,使全党在思想上政治上组织上达到空前统一和团结。

经过二十八年浴血奋斗,党领导人民,在各民主党派和无党派民主人士积极合作下,于一九四九年十月一日宣告成立中华人民共和国,实现民族独立、人民解放,彻底结束了旧中国半殖民地半封建社会的历史,彻底结束了极少数剥削者统治广大劳动人民的历史,彻底结束了旧中国一盘散沙的局面,彻底废除了列强强加给中国的不平等条约和帝国主义在中国的一切特权,实现了中国从几千年封建专制政治向人民民主的伟大飞跃,也极大改变了世界政治格局,鼓舞了全世界被压迫民族和被压迫人民争取解放的斗争。

党的百年奋斗从根本上改变了中国人民的前途命运。近代以后,中国人民深受三座大山压迫,被西方列强辱为"东亚病夫"。一百年来,党领导人民经过波澜壮阔的伟大斗争,中国人民彻底摆脱了被欺负、被压迫、被奴役的命运,成为国家、社会和自己命运的主人,人民民主不断发展,十四亿多人口实现全面小康,中国人民对美好生活的向往不断变为现实。今天,中国人民更加自信、自立、自强,极大增强了志气、骨气、底气,在历史进程中积累的强大能量充分爆发出来,焕发出前所未有的历史主动精神、历史创造精神,正在信心百倍书写着新时代中国发展的伟大历史。

党的百年奋斗展示了马克思主义的强大生命力。马克思主义揭示了人类社会发展规律,是认识世界、改造世界的科学真理。同时,坚持和发展马克思主义,从理论到实践都需要全世界的马克思主义者进行极为艰巨、极具挑战性的努力。一百年来,党坚持把马克思主义写在自己的旗帜上，不断推进马克思主义中国化时代化，用博大胸怀吸收人类创造的一切优秀文明成果，用马克思主义中国化的科学理论引领伟大实践。马克思主义的科学性和真理性在中国得到充分检验，马克思主义的人民性和实践性在中国得到充分贯彻，马克思主义的开放性和时代性在中国得到充分彰显。马克思主义中国化时代化不断取得成功，使马克思主义以崭新形象展现在世界上，使世界范围内社会主义和资本主义两种意识形态、两种社会制度的历史演进及其较量发生了有利于社会主义的重大转变。

——节选自《中共中央关于党的百年奋斗重大成就和历史经验的决议》（2021年11月11日中国共产党第十九届中央委员会第六次全体会议通过）。

【解析】1949年新中国成立，彻底改变了近代以后100多年中国积贫积弱，受人欺凌的悲惨命运。新民主主义革命时期，面对帝国主义、封建主义、官僚资本主义的重重压迫，正是党团结带领和有效集中全国人民的力量，先后经历了北伐战争、土地革命战争、抗日战争、解放战争的浴血奋战，实现了中国从几千年封建专制制度向人民民主的伟大飞跃，使中国人民成为国家、社会和自己命运的主人。同时，打开实现国家富强，人民幸福的历史通道。党在百年奋斗中改变中国人民的前途命运，展示了马克思主义的强大生命力，可以说真正做到了用马克思主义理论来指导中国的革命，中国共产党走过的这些浴血奋斗的岁月也印证了马克思主义中国化的可行性，毛泽东思想是马克思主义中国化第一次历史性飞跃。

五、习题练习

1.（单选）毛泽东在《中国革命和中国共产党》一文中论述了民主革命和社会主义革命的关系。他指出："民主革命是社会主义革命的必要准备，社会主义革命是民主革命的必然趋势。"这两个革命阶段能够有机连接的原因是（　　）。

A. 资本主义道路在中国走不通

B. 俄国十月革命为中国提供了经验

C. 民主革命中包含了社会主义因素

D. 中国国情决定中国革命必须分两步走

【答案】C

【考点】土地革命战争的严重挫折；民主革命和社会主义革命的关系

【解析】中国共产党领导的革命包括新民主主义革命和社会主义革命两个阶段。新民主主义革命是社会主义革命的必要准备，社会主义革命是新民主主义革命的必然趋势。毛泽东指出，新民主主义革命胜利的一个重要结果，是"社会主义因素的发展"。中国新民主主义革命向社会主义革命的转变，是社会主义因素在新民主主义革命过程中逐步积累和扩大的必然结果。这种社会主义因素是什么呢？就是无产阶级和共产党在全国政治势力中的比重的增长，就是农民、知识分子和城市小资产阶级承认无产阶级和共产党的领导权，就是民主共和国的国营经济和劳动人民的合作经济。故 C 选项为正确答案。ABD 选项不符合题意。

2.（单选）1948 年 10 月 2 日，刘少奇同志在同华北记者团谈话时，讲了一个希腊神话故事：巨人安泰是地神之子，他在同对手搏斗时，只要身不离地，就能从大地母亲那里不断吸取力量，所向无敌。但是，只要他一离开大地，就会毫无力量。他的对手赫拉克勒斯发现了他的这一特征，在一次争执中突然把他举到半空中将他扼死。刘少奇借用这一神话故事强调中国共产党始终要（　　）。

A. 坚持理论联系实际

B. 保持党的方针政策的正确

C. 保持对敌人的高度警惕

D. 保持同人民群众的血肉联系

【答案】D

【考点】中国共产党的作风建设——党和人民群众的联系

【解析】在刘少奇同志同记者团的谈话所讲到的故事中，"大地"指的是中国共产党的力量来源，即人民群众。群众路线是中国共产党根本的政治路线和组织路线，即一切为了群众，一切依靠群众，从群众中来，到群众中去。离开了人民群众，就会失去力量。强调的是中国共产党始终要保持同人民群众的血肉联系，故 D 选项为正确答案。ABC 选项不符合题意。

3.（单选）"房子是应该经常打扫的，不打扫就会积满了灰尘；脸是应该经常洗的，不洗也就会灰尘满面。我们同志的思想、我们党的工作，也会沾染灰尘的，也应该打扫和洗涤。"这段话形象地反映了中国共产党在长期革命实践中形成的（　　）。

A. 密切联系群众的优良作风

B. 艰苦奋斗的优良作风

C. 理论联系实际的优良作风

D. 批评与自我批评的优良作风

【答案】D

【考点】党的三大优良作风

【解析】党在领导新民主主义革命的过程中逐步形成了理论和实践相结合的作风，和人民群众紧密地联系在一起的作风，批评与自我批评的作风。这是中国共产党区别于其他任何政党的显著标志。与题中最贴切的是"批评与自我批评"，故 D 选项为正确答案。ABC 选项不符合题意。

4.（单选）1945 年 8 月 29 日，重庆《大公报》就毛泽东赴重庆谈判发表了《毛泽东先生来了！》的社评，其中写道："毛泽东先生来了，中国人听了高兴，世界人听了高兴，无疑问的大家都认为这是中国的一件大喜事。"毛泽东赴重庆谈判的目的是（　　）。

A. 结束国内战争

B. 商讨联合抗日

C. 寻求外国援助

D. 争取和平民主

【答案】D

【考点】中国共产党争取和平民主斗争的有关知识点

【解析】1945 年 8 月蒋介石连发三电，邀请毛泽东赴重庆谈判，为了揭露国民党反动派假和平真内战的阴谋，向社会各界宣示共产党争取和平民主的意愿，为了争取和平民主，毛泽东不顾个人安危，与国民党当局进行谈判，最终双方签署了《双十协定》，确认和平建国的基本方针，同意"长期合作，坚决避免内战"。故 D 选项为正确答案。ABC 选项不符合题意。

5.（单选）1946 年 5 月 4 日，中共中央发出《关于清算、减租及土地问题的指示》（史称《五四指示》），决定将党在抗日战争时期实行的减租减息政策改变为（　　）。

A. "保存富农经济"的政策

B. "地主不分地，富农分坏田"的政策

C. "耕者有其田"的政策

D. "没收一切土地"的政策

【答案】C

【考点】解放战争时期的土地政策

【解析】1946 年 5 月 4 日，在全面内战爆发前夕，中共中央发出《关于清算、减租及土地问题的指示》(史称《五四指示》),决定将党在抗日战争时期实行的减租减息政策改变为实现"耕者有其田"的政策,标志着解放区在农民土地问题上,开始由抗日战争时期的削弱封建剥削,向变革土地关系、废除封建剥削的过渡。故 C 选项为正确答案。ABD 选项不符合题意。

6.(单选)1947 年 6 月底,根据中共中央的决策和部署,刘伯承、邓小平率领的晋冀鲁豫野战军主力,一举突破黄河天险,千里跃进大别山;陈毅、粟裕指挥的华东野战军主力为东路,挺进苏鲁豫皖地区;陈赓、谢富治指挥的晋冀鲁豫野战军一部为西路,挺进豫西。三路大军相互策应,机动歼敌,迫使国民党军处于被动地位,这表明( )。

A. 人民解放军在数量上已经超过国民党军队

B. 人民解放战争战略进攻的序幕由此揭开

C. 人民解放军同国民党军队进行战略决战的时机已经成熟

D. 人民解放战争进入战略相持阶段

【答案】B

【考点】全国解放战争的胜利进展

【解析】本题考查的是对于解放战争过程的了解,解放战争分为战略防御、战略进攻和战略决战三个阶段,没有战略相持阶段,因此排除 D 选项。其中由战略防御转入战略进攻,以三路大军发动进攻为标志;战略决战是以渡江战役、辽沈战役和淮海战役为标志,因此 C 选项排除。而在进攻的时候,人民解放军的数量并没有超过国民党军队。因此 A 选项排除。综上所述,故 B 选项为正确答案。

7.(单选)1949 年 3 月 23 日上午,中共中央离开西柏坡向北平进发,临行前,毛泽东把进北平比作"进京赶考"。说"我们决不当李自成,我们都希望考个好成绩。" 3 月 25 日,毛泽东等中共中央领导人与中央机关、人民解放军总部进驻北平香山,标志着( )。

A. 民主主义革命向新民主主义革命转变

B. 新民主主义社会向社会主义社会过渡

C. 党的工作重心由农村转向城市

D. 民族民主革命任务完成

【答案】C

【考点】进京赶考

【解析】1949 年 3 月 25 日,毛泽东等中共中央领导人与中央机关、人民解放军总部进驻北平香山,标志着党的工作重心由农村转向城市。A 选项指的是 1919 年五四运动;B 选项指的是 1953 年三大改造；D 选项指的是 1949 年 10 月 1 日中华人民共和国成立。故 C 选项为正确答案。ABD 选项不符合题意。

8.（多选）抗日战争结束后，中国共产党为避免内战，实现和平建国，采取的主要措施有（ ）。

　　A. 参加政协会议并维护政协协议

　　B. 赴重庆与国民党当局进行谈判

　　C. 在国统区开辟第二条战线

　　D. 在解放区开展土地改革运动

【答案】AB

【考点】和平建国的措施

【解析】"为建设新中国而奋斗"是中国人民的根本利益之所在，中国共产党曾经希望通过和平的途径对中国进行政治社会的改革，逐步向新中国这个目标进取，为此进行了重庆谈判和政治协商会议。综上所述，AB 选项正确。C 选项是在解放战争过程中以国统区学生为主体的；D 选项是在解放战争中中国共产党为了广泛发动群众展开的，CD 两项不符合题意均排除。

9.（多选）1946 年 1 月 10 日，政治协商会议在重庆开幕，出席会议的有国民党、共产党、民主同盟、青年党和无党派人士的代表 38 人。会议通过了宪法草案、政府组织案、国民大会案、和平建国纲领、军事问题案五项协议。按照协议规定建立的政治体制相当于英国、法国的议会制和内阁制，不是新民主主义性质的，而且国民党在政府中占着明显的优势。对政协的上述协议，共产党赞同并决心严格履行，这是因为它有利于（ ）。

　　A. 推进民主政治的发展和进步

　　B. 打破国民党专制独裁的局面

　　C. 改变国共两党军事力量对比

　　D. 保障解放区政权的合法地位

【答案】ABD

【考点】1946 年政治协商会议

【解析】1946 年的政协决议虽然还不是中国共产党所主张的新民主主义纲领，但它否定了国民党的专制独裁、个人独裁的政治制度，否定了国民党的反人民的内战政策，迫使国民党承认党派存在的合法性和各党派的平等地位，确定了民主改革的总方向。宪法草案的一些规定对于解放区民主政权的存在和发展可以起到一种保障作用。国共两党军事力量对比的改变是在全面内战爆发后，因此，C 选项不符合题意。故 ABD 选项为正确答案。

10.（多选）以毛泽东同志为核心的党的第一代中央领导集体带领全党和全国各族人民完成了新民主主义革命，进行了社会主义改造，确立了社会主义基本制度，这一基本制度的确立（　　）。

A. 为当代中国一切发展进步奠定了根本政治前提和制度基础

B. 是中国历史上最深刻最伟大的社会变革

C. 标志着马克思主义同中国实际第二次结合的完成

D. 使广大劳动人民真正成为国家的主人

【答案】ABD

【考点】社会主义基本制度的确立

【解析】社会主义基本制度的确立是中国历史上最深刻最伟大的社会变革，它为当代中国一切发展进步奠定了根本政治前提和制度基础，使广大人民真正成为国家的主人和社会生产资料的主人。综上所述，ABD 选项为正确答案。1956 年，毛泽东同志提出了马克思主义同中国实际"第二次结合"的任务，但在毛泽东时代并未完成。因此 C 选项排除。

专题八　怎样理解社会主义制度的确立是历史和人民的选择

一、学习目的

了解新民主主义社会的科学内涵和新民主主义社会的历史进程，把握中国由新民主主义社会向社会主义社会过渡的理论的形成、发展及其主要内容，准确地认识和把握社会主义改造的理论成果的精髓及其内在关系。

认识社会主义道路是历史和人民的必然选择，中国共产党开创了有中国特色的向社会主义过渡道路。

二、重难点解析

（一）"从新民主主义向社会主义过渡"的认识过程是什么

1. 马克思等人关于过渡时期的理论。马克思认为，从资本主义到社会主义有一个过渡时期，这个时期政治上是无产阶级专政。社会主义是后于并高于资本主义的社会形态，它以生产的高度社会化为基础，是资本主义私有制与生产社会化之间矛盾不可调和的产物。列宁明确指出："没有建筑在现代科学最新成就的大资本主义技术，社会主义就无从设想。"列宁在领导俄国革命和建设过程中实行新经济政策，也是为了实现向社会主义的过渡。斯大林的社会主义过渡时期理论对中国影响最大，斯大林领导苏联进行社会主义工业化、农业集体化，在1936年宣布建成社会主义，这是中国共产党过渡时期理论的直接参照坐标。

2. 中国新民主主义思想的发展。早在20世纪30年代后期40年代前期，毛泽东从半殖民地半封建社会的基本国情出发，对中国革命的阶段和前途提出了完整的构想。由于中国半殖民地半封建的社会性质，中国革命将分两步走：第一阶段是要建立以中国无产阶级为首的中国各个革命阶级联合专政的新民主主义社会；第二阶段是建立中国的社会主义社会。在《论联合政府》的报告中，毛泽东指出，在中国的现阶段，反帝反封建的革命任务还没有完成以前，"要想在殖民地半殖民地半封建的废墟上建立起社会主义社会来，那只是完全的空想"。在《论人民民主专政》中，毛泽东在总结中国近代民主革命的经验时说："资产阶级的民主主义让位给工人阶级领导的人民民主主义，资产阶级共和国让位给人民共和国。这样造成了一种可能性：经过人民共和国到达社会主义和共产主义，到达阶级的消灭和世界的大同。"这里，毛泽东不仅清楚地论证了革命分两步走的问题，而且也涉及了革命的转变。总之，毛泽东坚信，新民主主义社会作为新式民主革命的结果，是半殖民地半封建的中国向社会主义社会过渡的形式，但又是不可移易的必要形式。

3. 中国共产党关于从新民主主义社会向社会主义社会过渡的设想及其实践。新中国成立以后，通过三年的实践，新民主主义社会已经是一个融新民主主义的政治、经济和文化为一体的相对独立的社会形态。毋庸置疑，新民主主义社会已经成为向社会主义社会过渡的必经阶段。1952年以后，毛泽东对新民主主义社会的认识发生了转变，认为新中国的成立，就标志着从新民主主义社会向社会主义社会过渡的开始。强调"过渡性"，否认新民主主义社会是一个相对独立的发展阶段。

（二）过渡时期总路线提出前的国内情况

1952年，受当时国内形势的变化以及其他因素的影响，中国共产党提出了过渡时期总路线。到1952年，土地改革和恢复国民经济的任务完成后，中国农村和城市出现的新矛盾影响了生产力的进一步发展。在农村，主要是土改后农民分散落后的个体经济不能满足国家工业化和人民对粮食与原料的不断增长的需要，而两极分化的苗头也开始出现，这促使党必须考虑今后农村的发展方向和道路问题。在城市，工人阶级和资产阶级之间限制和反限制的斗争时起时伏，这对国家经济生活有很大影响。工业化的大规模发展引起这些矛盾的加剧，使党不能不考虑加紧和扩大农村的互助合作运动和城市限制资本的措施。随着形势的变化和新的经验的积累，1952年9月，毛泽东在中共中央书记处的一次会议上首次提出：我们现在就要开始用10年到15年的时间，基本上完成到社会主义的过渡，而不是10年或者以后才开始过渡。此后，毛泽东还几次强调"从现在逐步过渡到社会主义去"的重要思想。毛泽东的这一设想很快得到刘少奇、周恩来等中央领导人的赞同和进一步阐述。

1953年12月，毛泽东在审定和修改中宣部拟定的关于过渡时期总路线的学习和宣传提纲中，形成了对总路线的完整表述，即："从中华人民共和国成立，到社会主义改造基本完成，这是一个过渡时期。党在这个过渡时期的总路线和总任务，是要在一个相当长的时期内，逐步实现国家的社会主义工业化，逐步实现国家对农业、对手工业和对资本主义工商业的社会主义改造。这条总路线是照耀我们各项工作的灯塔，各项工作离开它，就要犯右倾或'左'倾的错误"。党在过渡时期总路线的特点是"一化三改""一体两翼"。"一化"即逐步实现社会主义工业化，这是主体；"三改"即逐步实现对农业、手工业和资本主义工商业的社会主义改造，这是"两翼"。这两方面互相联系、互相促进、互相制约，体现了发展生产力和变革生产关系、解放生产力的有机统一，是社会主义建设和社会主义改造同时并举的总路线。由于我国原来的生产力发展水平很低，要实现这条总路线必须经过一个"相当长的时期"，当时估计需要三个五年计划即 15 年时间，加上恢复时期 3 年，共 18 年。这表明，中共中央在提出过渡时期总路线时，对逐步过渡的进程，做了较为稳重的估计。

（三）对资本主义工商业的社会主义改造

1. 对资本主义工商业采取和平改造的方针。对资本主义工商业和平改造，不但可以利用私营工商业有利于国计民生的积极作用，促进国民经济的恢复和发展，可以利用其产品，满足市场需要，解决劳动就业问题、培训管理和技术人员，为国家增加积累，这些对发展国民经济都是有利的，而且政治上有利于争取和稳定民族资产阶级，有利于团结各民主党派和各界人士，巩固和发展统一战线。我国民族资产阶级中的大多数人具有不同程度的现代科学文化知识，有一定的技术专长和管理经验，实行和平改造，有利于发挥他们的知识和才能为社会主义建设服务。

2. 通过国家资本主义的各种形式实现对资本主义工商业的社会主义改造。我国对资本主义工商业的改造，是通过国家资本主义的初级形式和高级形式逐步进行的。在 1953 年底以前，主要是实行初级形式的国家资本主义，即对私营工业实行加工订货、统购包销，对私营商业实行经销、代销，使这部分私营工商业的生产和经营开始纳入国家计划的轨道。到 1953 年底，初级形式的国家资本主义在私营、公私合营工业总产值中的比重已上升为 53.6%，公私合营企业的产值占 13.3%。1954 年开始高级形式的国家资本主义迅猛发展。国家资本主义的高级形式是公私合营，包括个别企业的公私合营和全行业公私合营。在迅猛发展的农业合作化高潮的推动下，同时也在毛泽东不断批判右倾保守思想的影响下，1956 年初全国就出现了全行业公私合营的高潮。1956 年 1 月 10 日，北京首先宣布全市实现全行业公私合营。到 1 月底，全国 50 多个大中城市很快地也先后宣布实现了全市的全行业合营。到 1956 年年底，全国 8.8 万多私营工业户的 99%、240 万私营商业户的 82% 都实现了公私合营，这标志着资本主义工商业的社会主义改造已基本完成。全行业公私合营高潮出现后，根据中央的统一安排，相继采取妥善处理企业的清产核资，实施定息。1956 年 5 月，中央正式宣布定息原则是从简从宽，息率统一定为年息五厘，出乎资本家们的意料，他们表示"喜出望外"。1956 年年底，中央宣布定息从 1956 年起 7 年不变，后又两次延长发放定息期限，实际发放至 1966 年 9 月才停止。这样，全行业合营后，企业的生产关系发生了根本变化，资本家的生产资料已归国家所有，由国家统一使用、管理和支配，资本家失去了对企业的财产所有权、经营管理权、人事调配权，因此，这种企业基本上是社会主义企业了。

3. 资本主义工商业社会主义改造的评价。改造资本主义工商业存在的问题主要是因为全行业公私合营高潮来势迅猛，要求过急、过快，工作过于粗糙，造成对一部分工商业者的安排、使用不适当，使他们不能发挥所长来为社会主义服务；同时，在企业改组中，由于合并过多，造成产品单调，质量下降，商业、服务行业网点撤销过多，给人民生活带来不便；特别是把大量没有剥削的小商小贩、小手工业者错定为资本家，使他们卷入到全行业合营中，混淆了劳动者和剥削者的界限，挫伤了他们的社会主义积极性。

（四）社会主义基本制度全面确立的意义

1. 社会主义基本制度在中国全面确立的标志。一是社会主义经济制度在中国建立起来。生产资料私有制的社会主义改造取得决定性的胜利，使中国社会经济结构发生了根本变化。在国民经济中，全民所有制和集体所有制这两种形式的社会主义公有制经济已经占绝对统治地位。1956 年同 1952 年相比，国民收入中各种经济成分的比重，国营经济由 19.1% 上升到 32.2%；合作社经济由 1.5% 上升到 53.4%；公私合营经济由 0.7% 上升到 73%；个体经济由 71.8% 下降到 7.1%；资本主义经济由 69% 下降到接近于零。这表明，社会主义公有制经济已成为国家主体经济成分，社会主义经济制度已经在中国建立起来。二是社会主义基本政治制度的确立。在政治领域，随着人民代表大会制度的实行和社会主义改造的胜利，新民主主义国家已经转变为实质上是无产阶级专政的社会主义国家，社会主义政治制度已经确立；在思想文化领域，以马克思主义为指导的社会主义意识形态已经在各方面树立了领导地位。

2. 社会主义基本制度在中国全面确立的意义。这一切表明，在中国共产党领导下，中国已经从新民主主义社会进入到社会主义社会的初级阶段。社会主义制度的建立，是中国历史上最深刻、最伟大的社会变革，是中华人民共和国历史发展中的一个重要里程碑。虽然我国在社会主义改造的目标模式方面还是以苏联为榜样，但在具体的改造道路方面还是有中国自己的特色的。中国共产党在实践中创造性地开辟了一条具有中国特色的社会主义改造道路。社会主义制度的建立，为我国一切进步和发展奠定了重要基础，为实现中华民族伟大复兴奠定了根本政治前提和制度基础。

三、经典案例分析

案例一 我们是如何走向社会主义改造这一条道路的

新中国建立后，我们为什么一定要进行社会主义改造，除了这一条道路还有别的道路可走吗？这些决定新生政权走向的重大问题需要中国共产党人思考。

国民经济恢复后出现了一系列新的矛盾，证明了进行社会主义改造的重要性和必要性。在工业领域，中国的资本主义先天不足，民族工业资本所占比重小，大多分布在轻纺工业和食品工业中，并且企业规模小。新中国成立初期，雇工在500人以上的民族资本主义工业只占0.1%，69.7%的工厂只有不到10个人，而79.1%的工厂甚至属于工场手工业。要想在这个基础上变成发达的工业化国家是不可能的。

《共同纲领》提出要重点发展重工业。而新中国成立初期可谓一穷二白，资源有限，因此新中国只能有计划地把资金和政策支持投放到重点建设上，同时通过加工订货等手段利用、限制和改造私人资本主义。《关于建国以来党的若干历史问题的决议》说得更明确："国家需要有利于国计民生的资本主义工商业有一定的发展，但资本主义工商业的发展也必然出现不利于国计民生的一面，这就不能不发生限制和反限制的斗争，在资本主义企业和国家的各项经济政策之间，在它们和社会主义国营经济之间，在它们和本企业职工、全国各族人民之间，利益冲突越来越明显。"而且私人资本主义工厂劳动生产率低，无法按照国家计划完成生产，也阻滞了工业发展的速度，影响了工业化发展的进程。

同时，西方帝国主义国家仇视新生的人民政权并对我国进行经济封锁，为了发展工业，特别是重工业，我国只能向苏联等社会主义国家求助，因此受到苏联模式的影响很大，而且苏联模式也确实对我国在这样一穷二白的基础上发展工业有借鉴作用，这也是在工业领域进行社会主义改造的必要性之一。

在农村，农业的发展也开始面临问题，制约了工业化的发展。一是小农经济的生产方式限制了生产力的发展。土地改革之后，摆脱封建生产关系剥削的农民们释放了被压制的生产力，农业生产获得很大发展，但小农经济的生产方式并未改变，规模小、资金不足的小农经济无力扩大再生产，限制了农村生产力的进一步提高。因此，当时的中国共产党认为，推行合作化势在必行，合作化的优点在于可以集中农民的人力物力，搞好分工合作，促进农业生产力的进一步发展。陈云曾经指出："只有在农业合作化以后，各种增产措施才更容易见效。"当然，合作化应该是在农民自愿的基础上进行的，此后的社会主义实践证明，农业合作化确实在一定程度上促进了农业的发展，但过于急切地进入人民公社则给农业发展带来了损失。二是小农生产方式经过一定阶段，必然会产生土地兼并。在新中国，土改后仅仅数年间，有的农村就出现了富农兼并土地、贫富分化扩大的情况，这与党的政策是相悖的。因此，在农村也很有必要进行社会主义改造。

【案例分析】

1949年到1952年，社会主义改造的进程已经实际展开了。这些进程包括没收官僚资本，确立社会主义国营经济的领导地位。新中国成立后，在扶持民族资产阶级的同时，没收了官僚资本主义的企业作为国营经济的基础，加上新中国成立初期大规模投资扶持重工业等举措，新建扩建的企业中国营经济的比重大幅提高。在工业领域内，三年中，国营工业的比重已经提高到了50%，而其工业产值更是达到了全国工业总产值的56%，这与新中国成立前刘少奇提出的数字相比已经有了天壤之别。国营工业的发展，实际上已经是社会主义改造的一部分了，更为此后正式向社会主义过渡奠定了基础。

而对于私营资本主义企业，则将其纳入国家资本主义的轨道。在新中国成立初期利用私营资本主义发展的同时，我们也对它们进行了限制和改造。通过加工订货、统购统销等手段，私营资本主义中不利于国计民生的部分逐渐被淘汰，保留的部分对于国营经济的依赖度也越来越高。"打击投机倒把、调整和改组工商业、进行'五反'运动、工人监督生产、粮棉统购统销等一系列必要的措施和步骤，必然地把原来落后、混乱、畸形发展、唯利是图的资本主义工商业逐步引上社会主义改造的道路。"这为过渡时期对资本主义工商业的改造创造了条件。

在农村，国家积极引导农民走上互助合作的道路，至1952年已经有40%的农民加入了互助组，甚至有的已经加入了合作社。这为农业的社会主义改造积累了经验。

经过对新中国成立初期三年经济建设实践的研究，中国共产党进一步发现了进行社会主义改造的必要性,也在这三年中初步推动了一些社会主义改造的进程,为社会主义改造创造了条件、积累了经验。因此,推行社会主义改造的条件已经成熟,中国共产党带领中国人民走上既定社会主义道路的时机已经到来了。

案例二 全聚德的公私合营

在北京前门大街上的全聚德店内,一进入门厅,地面上镶嵌彩色圆形的瓷砖上写着1864 年,它在告诉你这家企业的历史。

全聚德公司由河北冀县杨家寨人杨寿山于 1864 年创立。当时他盘下了北京前门肉市街一家濒临倒闭的干果店,立新字号为"全聚德",开始经营烤鸭子和烤炉肉。企业经过不断发展,在京城有了一定名气。清朝时在北京前门地区,全聚德是第一家盖起二层小楼的企业,被称为"天下第一楼"。

20 世纪 40 年代,战乱使中国经济受到重创,市场购买力也逐渐消减,私营工商业陷入了严重的困难。很多企业产品大量积压,资金周转不开,开工不足,歇业企业增加。据不完全统计:1950 年到 1952 年,私营经济在全社会商品零售总额中所占比重,由 88.3%下降为 65.2%;私营商业在全国纯商业机构销售额中所占比重,由 80.9%下降为 47.3%;私营商业及饮食业从业人员在全社会商业及饮食业的从业人员中所占比重,由 94.7%下降为 85.8%。

当时的经济环境对于全聚德来说日子也十分难熬。大的经济环境欠佳,国民党军队在撤退时欠下了大笔饭费,再加上物价飞涨,到饭店来吃饭的人越来越少。此时的全聚德经营十分困难,到了发不出工资的程度。

1952 年,杨家第四代传人为了维持企业发展,把嫁妆和家里的财产都卖掉来维持经营,可是局面还是很难改观。在万不得已的情况下,全聚德向北京市政府提出了歇业请求。刚刚成立不久的新中国,对全聚德这样的老字号十分重视。私人资本如何利用,成了摆在新中国面前的难题。

为帮助私营资本克服困难,中国共产党七届三中全会上提出要合理调整工商业,并把它作为争取国家财政经济根本好转的基本措施之一。

为解决私营工商业的困境,1952 年年初中国政府在"五反"运动中期便采取了相应措施,对工商业进行调整。全聚德的歇业请求被上报到了北京市政府,时任北京市市长彭真提出像全聚德这样的品牌企业必须保留,政府应该给予支持,北京市政府根据中央的政策方针，在 1952 年对全聚德进行了公私合营改造。

中国全聚德（集团）股份有限公司董事长姜俊贤在全聚德将迎来 145 周岁生日时说，当年公私合营采取五五分成的比例，即作为国家的政府持有 50% 的股份，私人资本持有另外一半股份。"并不像现在实行 51% 控股权什么的，反正就是双方合作"。

可以说在岌岌可危的时刻，全聚德得到了政府的救助，通过公私合营方式保存了下来。如今在全聚德自己的博物馆里，还保存着当年公私合营的老照片。在当时情况下，私人资本企业通过公私合营的方式保留了下来，有的日后得到发展壮大，全聚德和同仁堂就是这样的企业。

从 1949 年新中国成立到 1952 年，私人资本经济发展从整体上说呈现上升趋势。私人资本企业数及职工人数逐年增加。到 1952 年，私营工业户数比 1949 年增加 21.4%，私营商业户数比 1949 年增加 18.5%，私营饮食业较 1950 年增加 13.3%。私营饮食业从业人员比 1950 年增加 20.8%。通过积极有效的政策，新中国对这些民间资本进行了很好的"盘活"。

中国全聚德（集团）股份有限公司董事长姜俊贤把公司发展总结为三个阶段：第一阶段，1864 年到 1952 年是杨家自己打天下的阶段；第二阶段，1952 年到 1993 年是全聚德发展壮大的阶段；第三阶段，1993 年组建集团公司到现在是全聚德快速发展的阶段。

中华人民共和国成立后，随着不断地与世界各国建交，外国友人到中国频率也开始增加。而全聚德这家以烤鸭为特色的饭店，经常成为中国领导人宴请外宾的地方。

时任总理周恩来就是全聚德的常客。随着社会的不断发展，顾客越来越多，全聚德前门店接待能力有些捉襟见肘。同时，加上前门地区交通不便，周总理建议，全聚德可否再开一家交通便利、接待能力大点的店。按照周总理指示，1979 年 5 月，全聚德和平门店开张，建筑面积 1.5 万平方米，餐厅使用面积近 4000 平方米，全店可接待 2000 多位宾客同时就餐，是世界最大的烤鸭店。

【案例分析】

全聚德公司于 1864 年创立。北京市政府根据中央的政策方针，在 1952 年对全聚德进行公私合营改造，政府持有 50% 的股份，挽救了一个百年品牌老店。

新中国成立初期，对于民族资本主义工商业，政府顺应当时的生产关系，通过实行各种形式的国家资本主义来发展和改造它们，促进其发展，也促进国民经济的发展和恢复。公私合营是国家资本主义的最高级形式，也是最终完成社会主义改造的重要手段。社会主义改造中的公私合营，创造性地使用和平赎买的方式，稳定了国民经济，平稳而迅速地过渡到了社会主义经济形式。在这个过程中，政府充分尊重对革命和国民经济恢复有贡献的民族资本家的利益。从全聚德实行公私合营的例子中可以看出，早在全国大规模公私合营的高潮到来之前，政府就为拯救经营困难的企业提供帮助，实现了公私合营，这也是人民政权尊重民族资本主义工商业的表现。

案例三　对社会主义道路的探索在理论和实践上的成就

中国共产党对于中国社会主义建设的探索，有成功的经验，也有失败的教训，总体而言取得了辉煌的成果。

特别是早期的社会主义道路探索中取得了积极的进展。1956年，毛泽东在大量调研和听取汇报的基础上，于4月25日的中央政治局扩大会议和5月2日的最高国务会议上做了题为《论十大关系》的报告。报告讨论了几大重要关系，报告指出：在重工业和轻工业、农业的关系问题上，要用多发展一些农业、轻工业的办法来发展重工业；在沿海工业和内地工业的关系问题上，要充分利用和发展沿海的工业基地，以便更有力量来发展和支持内地工业；在经济建设和国防建设的关系问题上，在强调加强国防建设的重要性时，提出把军政费用降到一个适当的比例，增加经济建设费用，只有把经济建设发展得更快，国防建设才能够有更大的进步；在国家、生产单位和生产者个人的关系问题上，三者的利益必须兼顾，不能只顾一头，既要提倡艰苦奋斗，又要关心群众生活；在中央和地方的关系问题上，要在巩固中央统一领导的前提下，扩大地方的权力（权力下放给地方），让地方办更多的事情，发挥中央和地方两个积极性；在汉族与少数民族的关系问题上，要着重反对大汉族主义，也要反对地方民族主义，要诚心诚意地积极帮助少数民族发展经济建设和文化建设；在党和非党的关系问题上，共产党和民主党派要长期共存，互相监督；在革命和反革命的关系问题上，必须分清敌我，化消极因素为积极因素；在是非关系问题上，对犯错误的同志要实行"惩前毖后，治病救人"的方针，要允许人家犯错误，允许并帮助他们改正错误；在中国和外国的关系问题上，要学习一切民族、一切国家的长处，包括资本主义国家先进的科学技术和科学管理方法，要反对不加分析地一概排斥或一概照搬。

《论十大关系》是以毛泽东为核心的党的第一代中央领导集体经过调查研究，针对当时中国社会主义建设的具体实践，结合马克思主义基本理论，将马克思主义同中国实际进行结合的突出代表之一，为我国社会主义建设探索指明了道路。总之，"初步总结了我国社会主义建设的经验，提出了探索适合我国国情的社会主义建设道路的任务"。

1956年9月，党的八大在北京召开。大会指出：社会主义制度在我国已经基本上建立起来；我们还必须为解放台湾、为彻底完成社会主义改造、最后消灭剥削制度和继续肃清反革命残余势力而斗争，但是国内主要矛盾已经不再是工人阶级和资产阶级的矛盾，而是人民群众对于经济文化迅速发展的需要同当前经济文化不能满足人民需要的状况之间的矛盾；全国人民的主要任务是集中力量发展社会生产力，实现国家工业化，逐步满足人民日益增长的物质和文化需要；虽然还有阶级斗争，还要加强人民民主专政，但其根本任务已经是在新的生产关系下面保护和发展生产力。大会坚持了1956年5月党中央提出的既反保守又反冒进，即在综合平衡中稳步前进的经济建设方针。大会着重提出了执政党的建设问题，强调要坚持民主集中制和集体领导制度，反对个人崇拜，发展党内民主和人民民主，加强党和群众的联系。八大的路线是正确的，它为新时期社会主义事业的发展和党的建设指明了方向。

在党的八大正确思想的指导下，中国共产党人进一步积极探索建设新中国的道路。在党的八大所开启的集中力量发展生产力的全面建设社会主义的历史时期中，党领导全国人民奋发图强，改变中国经济落后的面貌，初步建立起独立的比较完整的工业体系和国民经济体系。这是党的八大路线的继续贯彻和进一步发展。党的八大确定的以经济建设为中心的政治路线，对于社会主义建设的发展和党的建设具有长远的重要的影响。

这一时期所取得的伟大成就主要有以下几个方面：在钢铁工业方面，除了我国最大的钢铁基地鞍山钢铁基地进一步建设以外，武汉、包头两大内地钢铁基地主要是在这十年中建设起来的。在机械工业方面，分别形成了冶金、采矿、电站、石化等工业设备制造以及飞机、汽车、工程机械制造等十几个基本行业，并且能够独立设计和制造一部分现代化大型设备。工业的地区布局和门类结构有了改善。在石油工业方面，大庆油田的建成，中国人靠"洋油"过日子的时期结束了。在交通运输业方面，10年新修铁路近8000公里。鹰厦、包兰、兰青、兰新、川黔、桂黔等线建成通车。成昆、贵昆、湘黔等线也在加紧修建。全国除西藏外，各省、自治区都有了铁路。福建、宁夏、青海、新疆第一次通了火车。在尖端科技方面，1964年10月16日，中国成功地爆炸了第一颗原子弹。1965年，我国首先完成人工合成牛胰岛素结晶。以上种种成就，不但在当时是举世瞩目的，提高了综合国力和人民生活水平，也为改革开放以后中国经济的腾飞奠定了基础，其成就是不可磨灭的。

【案例分析】

从新中国成立到改革开放前夕，党领导人民完成社会主义革命，消灭一切剥削制度，实现了中华民族有史以来最为广泛而深刻的社会变革，实现了一穷二白、人口众多的东方大国大步迈进社会主义社会的伟大飞跃。在社会主义道路探索过程中，虽然经历了严重曲折，但党在社会主义革命和建设中取得的独创性理论成果和巨大成就，为在新的历史时期开创中国特色社会主义提供了宝贵经验、理论准备、物质基础。

中国共产党和中国人民以英勇顽强的奋斗向世界庄严宣告，中国人民不但善于破坏一个旧世界，也善于建设一个新世界，只有社会主义才能救中国，只有社会主义才能发展中国。

四、拓展阅读

（一）《在纪念中国人民志愿军抗美援朝出国作战70周年大会上的讲话》（节选）

70年前，由中华优秀儿女组成的中国人民志愿军，肩负着人民的重托、民族的期望，高举保卫和平、反抗侵略的正义旗帜，雄赳赳、气昂昂，跨过鸭绿江，发扬伟大的爱国主义精神和革命英雄主义精神，同朝鲜人民和军队一道，历经两年零9个月艰苦卓绝的浴血奋战，赢得了抗美援朝战争伟大胜利。

伟大的抗美援朝战争，抵御了帝国主义侵略扩张，捍卫了新中国安全，保卫了中国人民和平生活，稳定了朝鲜半岛局势，维护了亚洲和世界和平。

抗美援朝战争伟大胜利，将永远铭刻在中华民族的史册上！永远铭刻在人类和平、发展、进步的史册上！

——70年来，我们始终没有忘记老一辈革命家为维护国际正义、捍卫世界和平、保卫新生共和国所建立的不朽功勋，始终没有忘记党中央和毛泽东同志当年作出中国人民志愿军出国作战重大决策的深远意义。此时此刻，我们要向老一辈革命家，表示最深切的怀念！

——70年来，我们始终没有忘记谱写了气壮山河英雄赞歌的中国人民志愿军将士，以及所有为这场战争胜利作出贡献的人们。我代表党中央、国务院和中央军委，向所有健在的中国人民志愿军老战士、老同志、伤残荣誉军人，向当年支援抗美援朝战争的全国各族人民特别是参战支前人员，向中国人民志愿军烈属、军属，致以最诚挚的问候！

——70年来，我们始终没有忘记在抗美援朝战争中英勇牺牲的烈士们。19万7千多名英雄儿女为了祖国、为了人民、为了和平献出了宝贵生命。烈士们的功绩彪炳千秋，烈士们的英名万古流芳！

……

抗美援朝战争伟大胜利，是中国人民站起来后屹立于世界东方的宣言书，是中华民族走向伟大复兴的重要里程碑，对中国和世界都有着重大而深远的意义。

经此一战，中国人民粉碎了侵略者陈兵国门、进而将新中国扼杀在摇篮之中的图谋，可谓"打得一拳开，免得百拳来"，帝国主义再也不敢作出武力进犯新中国的尝试，新中国真正站稳了脚跟。这一战，拼来了山河无恙、家国安宁，充分展示了中国人民不畏强暴的钢铁意志！

经此一战，中国人民彻底扫除了近代以来任人宰割、仰人鼻息的百年耻辱，彻底扔掉了"东亚病夫"的帽子，中国人民真正扬眉吐气了。这一战，打出了中国人民的精气神，充分展示了中国人民万众一心的顽强品格！

经此一战，中国人民打败了侵略者，震动了全世界，奠定了新中国在亚洲和国际事务中的重要地位，彰显了新中国的大国地位。这一战，让全世界对中国刮目相看，充分展示了中国人民维护世界和平的坚定决心！

经此一战，人民军队在战争中学习战争，愈战愈勇，越打越强，取得了重要军事经验，实现了由单一军种向诸军兵种合成军队转变，极大促进了国防和军队现代化。这一战，人民军队战斗力威震世界，充分展示了敢打必胜的血性铁骨！

经此一战，第二次世界大战结束后亚洲乃至世界的战略格局得到深刻塑造，全世界被压迫民族和人民争取民族独立和人民解放的正义事业受到极大鼓舞，有力推动了世界和平与人类进步事业。它用铁一般的事实告诉世人，任何一个国家、任何一支军队，不论多么强大，如果站在世界发展潮流的对立面，恃强凌弱、倒行逆施、侵略扩张，必然会碰得头破血流。这一战，再次证明正义必定战胜强权，和平发展是不可阻挡的历史潮流！

……

在波澜壮阔的抗美援朝战争中，英雄的中国人民志愿军始终发扬祖国和人民利益高于一切、为了祖国和民族的尊严而奋不顾身的爱国主义精神，英勇顽强、舍生忘死的革命英雄主义精神，不畏艰难困苦、始终保持高昂士气的革命乐观主义精神，为完成祖国和人民赋予的使命、慷慨奉献自己一切的革命忠诚精神，为了人类和平与正义事业而奋斗的国际主义精神，锻造了伟大抗美援朝精神。

——无论时代如何发展,我们都要砥砺不畏强暴、反抗强权的民族风骨。70年前,帝国主义侵略者将战火烧到了新中国的家门口。中国人民深知,对待侵略者,就得用他们听得懂的语言同他们对话,这就是以战止战、以武止戈,用胜利赢得和平、赢得尊重。中国人民不惹事也不怕事,在任何困难和风险面前,腿肚子不会抖,腰杆子不会弯,中华民族是吓不倒、压不垮的!

——无论时代如何发展,我们都要汇聚万众一心、勠力同心的民族力量。在抗美援朝战争中,中国人民在爱国主义旗帜感召下,同仇敌忾、同心协力,让世界见证了蕴含在中国人民之中的磅礴力量,让世界知道了"现在中国人民已经组织起来了,是惹不得的。如果惹翻了,是不好办的"!

——无论时代如何发展,我们都要锻造舍生忘死、向死而生的民族血性。在朝鲜战场上,志愿军将士面对强大而凶狠的作战对手,身处恶劣而残酷的战场环境,抛头颅、洒热血,以"钢少气多"力克"钢多气少",谱写了惊天地、泣鬼神的雄壮史诗。志愿军将士冒着枪林弹雨勇敢冲锋,顶着狂轰滥炸坚守阵地,用胸膛堵枪眼,以身躯作人梯,抱起炸药包、手握爆破筒冲入敌群,忍饥受冻绝不退缩,烈火烧身岿然不动,敢于"空中拼刺刀"。在他们中涌现出杨根思、黄继光、邱少云等30多万名英雄功臣和近6000个功臣集体。英雄们说:我们的身后就是祖国,为了祖国人民的和平,我们不能后退一步!这种血性令敌人胆寒,让天地动容!

——无论时代如何发展,我们都要激发守正创新、奋勇向前的民族智慧。勇于创新者进,善于创造者胜。志愿军将士面对陌生的战场、陌生的敌人,坚持"你打你的,我打我的,你打原子弹,我打手榴弹",把灵活机动战略战术发挥得淋漓尽致。面对来自各方面的风险挑战,面对各种阻力压力,中国人民总能逢山开路、遇水架桥,总能展现大智大勇、锐意开拓进取,"杀出一条血路"!

同志们、朋友们!

抗美援朝战争胜利60多年来,在中国共产党坚强领导下,中国发生了前所未有的历史巨变,中国特色社会主义进入了新时代,中华民族迎来了从站起来、富起来到强起来的伟大飞跃。

今天,我们正站在实现"两个一百年"奋斗目标的历史交汇点上,全面建成小康社会胜利在望,全面建设社会主义现代化国家前景光明。前进道路不会一帆风顺。我们要铭记抗美援朝战争的艰辛历程和伟大胜利,敢于斗争、善于斗争,知难而进、坚韧向前,把新时代中国特色社会主义伟大事业不断推向前进。

——节选自习近平《在纪念中国人民志愿军抗美援朝出国作战 70 周年大会上的讲话》（2020 年 10 月 23 日）。

【解析】抗美援朝战争是我国在建国之初以保家卫国为目的参与的对外作战，是以暂时停滞解放台湾进程为代价参与的战争。这篇讲话习近平总书记全面回顾总结了抗美援朝战争的伟大胜利的巨大贡献，深刻阐释了抗美援朝精神的历史意义和时代价值。中华人民共和国作为一个新生的主权国家急需向世界证明自己的实力，中国人恰恰是通过这场战役向世界宣布中华民族已经有足够的实力屹立世界之林，用"打得一拳开，免得百拳来"换来了国家初期宝贵的发展时机，在中国共产党的带领下大踏步地迈向社会主义。

（二）《论十大关系》（节选）

最近几个月，中央政治局听了中央工业、农业、运输业、商业、财政等三十四个部门的工作汇报，从中看到一些有关社会主义建设和社会主义改造的问题。综合起来，一共有十个问题，也就是十大关系。

提出这十个问题，都是围绕着一个基本方针，就是要把国内外一切积极因素调动起来，为社会主义事业服务。过去为了结束帝国主义、封建主义和官僚资本主义的统治，为了人民民主革命的胜利，我们就实行了调动一切积极因素的方针。现在为了进行社会主义革命，建设社会主义国家，同样也实行这个方针。但是，我们工作中间还有些问题需要谈一谈。特别值得注意的是，最近苏联方面暴露了他们在建设社会主义过程中的一些缺点和错误，他们走过的弯路，你还想走？过去我们就是鉴于他们的经验教训，少走了一些弯路，现在当然更要引以为戒。

什么是国内外的积极因素？在国内，工人和农民是基本力量。中间势力是可以争取的力量。反动势力虽是一种消极因素，但是我们仍然要做好工作，尽量争取化消极因素为积极因素。在国际上，一切可以团结的力量都要团结，不中立的可以争取为中立，反动的也可以分化和利用。总之，我们要调动一切直接的和间接的力量，为把我国建设成为一个强大的社会主义国家而奋斗。

下面我讲十个问题。

一、重工业和轻工业、农业的关系

重工业是我国建设的重点。必须优先发展生产资料的生产，这是已经定了的。但是决不可以因此忽视生活资料尤其是粮食的生产。如果没有足够的粮食和其他生活必需品，首先就不能养活工人，还谈什么发展重工业？所以，重工业和轻工业、农业的关系，必须处理好。

在处理重工业和轻工业、农业的关系上，我们没有犯原则性的错误。我们比苏联和一些东欧国家做得好些。像苏联的粮食产量长期达不到革命前最高水平的问题，像一些东欧国家由于轻重工业发展太不平衡而产生的严重问题，我们这里是不存在的。他们片面地注重重工业，忽视农业和轻工业，因而市场上的货物不够，货币不稳定。我们对于农业轻工业是比较注重的。我们一直抓了农业，发展了农业，相当地保证了发展工业所需要的粮食和原料。我们的民生日用商品比较丰富，物价和货币是稳定的。

我们现在的问题，就是还要适当地调整重工业和农业、轻工业的投资比例，更多地发展农业、轻工业。这样，重工业是不是不为主了？它还是为主，还是投资的重点。但是，农业、轻工业投资的比例要加重一点。

加重的结果怎么样？加重的结果，一可以更好地供给人民生活的需要，二可以更快地增加资金的积累，因而可以更多更好地发展重工业。重工业也可以积累，但是，在我们现有的经济条件下，轻工业农业积累得更多更快些。

这里就发生一个问题，你对发展重工业究竟是真想还是假想，想得厉害一点，还是差一点？你如果是假想，或者想得差一点，那就打击农业轻工业，对它们少投点资。你如果是真想，或者想得厉害，那你就要注重农业轻工业，使粮食和轻工业原料更多些，积累更多些，投到重工业方面的资金将来也会更多些。

我们现在发展重工业可以有两种办法，一种是少发展一些农业轻工业，一种是多发展一些农业轻工业。从长远观点来看，前一种办法会使重工业发展得少些和慢些，至少基础不那么稳固，几十年后算总账是划不来的。后一种办法会使重工业发展得多些和快些，而且由于保障了人民生活的需要，会使它发展的基础更加稳固。

二、沿海工业和内地工业的关系

我国的工业过去集中在沿海。所谓沿海，是指辽宁、河北、北京、天津、河南东部、山东、安徽、江苏、上海、浙江、福建、广东、广西。我国全部轻工业和重工业，都有约百分之七十在沿海，只有百分之三十在内地。这是历史上形成的一种不合理的状况。沿海的工业基地必须充分利用，但是，为了平衡工业发展的布局，内地工业必须大力发展。在这两者的关系问题上，我们也没有犯大的错误，只是最近几年，对于沿海工业有些估计不足，对它的发展不那么十分注重了。这要改变一下。

过去朝鲜还在打仗，国际形势还很紧张，不能不影响我们对沿海工业的看法。现在，新的侵华战争和新的世界大战,估计短时期内打不起来,可能有十年或者更长一点的和平时期。这样,如果还不充分利用沿海工业的设备能力和技术力量,那就不对了。不说十年,就算五年,我们也应当在沿海好好地办四年的工业,等第五年打起来再搬家。从现有材料看来,轻工业工厂的建设和积累一般都很快,全部投产以后,四年之内,除了收回本厂的投资以外,还可以赚回三个厂,两个厂,一个厂,至少半个厂。这样好的事情为什么不做?认为原子弹已经在我们头上,几秒钟就要掉下来,这种形势估计是不合乎事实的,由此而对沿海工业采取消极态度是不对的。

这不是说新的工厂都建在沿海。新的工业大部分应当摆在内地,使工业布局逐步平衡,并且利于备战,这是毫无疑义的。但是沿海也可以建立一些新的厂矿,有些也可以是大型的。至于沿海原有的轻重工业的扩建和改建,过去已经作了一些,以后还要大大发展。

好好地利用和发展沿海的工业老底子,可以使我们更有力量来发展和支持内地工业。如果采取消极态度,就会妨碍内地工业的迅速发展。所以这也是一个对于发展内地工业是真想还是假想的问题。如果是真想,不是假想,就必须更多地利用和发展沿海工业,特别是轻工业。

三、经济建设和国防建设的关系

国防不可不有。现在,我们有了一定的国防力量。经过抗美援朝和几年的整训,我们的军队加强了,比第二次世界大战前的苏联红军要更强些,装备也有所改进。我们的国防工业正在建立。自从盘古开天辟地以来,我们不晓得造飞机,造汽车,现在开始能造了。

我们现在还没有原子弹。但是,过去我们也没有飞机和大炮,我们是用小米加步枪打败了日本帝国主义和蒋介石的。我们现在已经比过去强,以后还要比现在强,不但要有更多的飞机和大炮,而且还要有原子弹。在今天的世界上,我们要不受人家欺负,就不能没有这个东西。怎么办呢?可靠的办法就是把军政费用降到一个适当的比例,增加经济建设费用。只有经济建设发展得更快了,国防建设才能够有更大的进步。

一九五〇年,我们在党的七届三中全会上,已经提出精简国家机构、减少军政费用的问题,认为这是争取我国财政经济情况根本好转的三个条件之一。第一个五年计划期间,军政费用占国家预算全部支出的百分之三十。这个比重太大了。第二个五年计划期间,要使它降到百分之二十左右,以便抽出更多的资金,多开些工厂,多造些机器。经过一段时间,我们就不但会有很多的飞机和大炮,而且还可能有自己的原子弹。

这里也发生这么一个问题,你对原子弹是真正想要、十分想要,还是只有几分想,没有十分想呢?你是真正想要、十分想要,你就降低军政费用的比重,多搞经济建设。

你不是真正想要、十分想要，你就还是按老章程办事。这是战略方针的问题，希望军委讨论一下。

现在我们把兵统统裁掉好不好，那不好。因为还有敌人，我们还受敌人欺负和包围嘛！我们一定要加强国防，因此，一定要首先加强经济建设。

……

我认为，中国有两条缺点，同时又是两条优点。

第一，我国过去是殖民地、半殖民地，不是帝国主义，历来受人欺负。工农业不发达，科学技术水平低，除了地大物博，人口众多，历史悠久，以及在文学上有部《红楼梦》等等以外，很多地方不如人家，骄傲不起来。但是，有些人做奴隶做久了，感觉事事不如人，在外国人面前伸不直腰，像《法门寺》里的贾桂一样，人家让他坐，他说站惯了，不想坐。在这方面要鼓点劲，要把民族自信心提高起来，把抗美援朝中提倡的"藐视美帝国主义"的精神发展起来。

第二，我们的革命是后进的。虽然辛亥革命打倒皇帝比俄国早，但是那时没有共产党，那次革命也失败了。人民革命的胜利是在一九四九年，比苏联的十月革命晚了三十几年。在这点上，也轮不到我们来骄傲。苏联和我们不同，一、沙皇俄国是帝国主义，二、后来又有了一个十月革命。所以许多苏联人很骄傲，尾巴翘得很高。

我们这两条缺点，也是优点。我曾经说过，我们一为"穷"二为"白"。"穷"就是没有多少工业，农业也不发达。"白"，就是一张白纸，文化水平、科学水平都不高。从发展的观点看，这并不坏。穷就要革命，富的革命就困难。科学技术水平高的国家，就骄傲得很。我们是一张白纸，正好写字。

因此，这两条对我们都有好处。将来我们国家富强了，我们一定还要坚持革命立场，还要谦虚谨慎，还要向人家学习，不要把尾巴翘起来。不但在第一个五年计划期间要向人家学习，就是在几十个五年计划之后，还应当向人家学习。一万年都要学习嘛！这有什么不好呢？

——节选自毛泽东.论十大关系［M］//中共中央文献研究室编.建国以来重要文献选编：第八册.北京：中央文献出版社，1994.

【解析】这是毛泽东1956年在中央政治局扩大会议上的讲话。讲话共十个部分：第一，重工业和轻工业、农业的关系；第二，沿海工业和内地工业的关系；第三，经济建设和国防建设的关系；第四，国家、生产单位和生产者个人的关系；第五，中央和地方的关系；

第六，汉族和少数民族的关系；第七，党和非党的关系；第八，革命和反革命的关系；第九，是非关系；第十，中国和外国的关系。讲话提出十大关系问题的主要目的在于要以苏联经验为鉴戒，总结我国的经验，调动国内外一切积极因素，寻找一条适合我国情况的社会主义建设道路。《论十大关系》是毛泽东关于社会主义建设的代表作，标志着党探索中社会主义道路的良好开端。

（三）《在纪念毛泽东同志诞辰 120 周年座谈会上的讲话》（节选）

新中国成立后，以毛泽东同志为核心的党的第一代中央领导集体带领人民，在迅速医治战争创伤、恢复国民经济的基础上，不失时机提出了过渡时期总路线，创造性地完成了由新民主主义革命向社会主义革命的转变，使中国这个占世界四分之一人口的东方大国进入了社会主义社会，成功实现了中国历史上最深刻最伟大的社会变革。新民主主义革命的胜利，社会主义基本制度的确立，为当代中国一切发展进步奠定了根本政治前提和制度基础。

社会主义基本制度确立以后，如何在中国建设社会主义，是党面临的崭新课题。毛泽东同志对适合中国情况的社会主义建设道路进行了艰苦探索。他以苏联的经验教训为鉴戒，提出要创造新的理论、写出新的著作，把马克思列宁主义基本原理同中国实际进行"第二次结合"，找出在中国进行社会主义革命和建设的正确道路，制定把我国建设成为一个强大的社会主义国家的战略思想。

在中国共产党领导下，我国各族人民意气风发投身中国历史上从来不曾有过的热气腾腾的社会主义建设。在不长的时间里，我国社会就发生了翻天覆地的变化，建立起独立的比较完整的工业体系和国民经济体系，独立研制出"两弹一星"，成为在世界上有重要影响的大国，积累起在中国这样一个社会生产力水平十分落后的东方大国进行社会主义建设的重要经验。

毛泽东同志为中国新民主主义革命的胜利、社会主义革命的成功、社会主义建设的全面展开，为实现中华民族独立和振兴、中国人民解放和幸福，作出了彪炳史册的贡献。毛泽东同志毕生最突出最伟大的贡献，就是领导我们党和人民找到了新民主主义革命的正确道路，完成了反帝反封建的任务，建立了中华人民共和国，确立了社会主义基本制度，取得了社会主义建设的基础性成就，并为我们探索建设中国特色社会主义的道路积累了经验和提供了条件，为我们党和人民事业胜利发展、为中华民族阔步赶上时代发展潮流创造了根本前提，奠定了坚实的理论和实践基础。

在革命和建设长期实践中，以毛泽东同志为主要代表的中国共产党人，根据马克思列宁主义基本原理，形成了适合中国情况的科学指导思想，这就是毛泽东思想。毛泽东思想以独创性理论丰富和发展了马克思列宁主义。毛泽东思想教育了几代中国共产党人，它培养的大批骨干，不仅在新民主主义革命、社会主义革命、社会主义建设时期发挥了重要作用，也为新的历史时期开创和建设中国特色社会主义发挥了重要作用。邓小平同志说，毛泽东思想这个旗帜丢不得，丢掉了实际上就否定了我们党的光辉历史；任何时候都不能动摇高举毛泽东思想旗帜的原则，我们将永远高举毛泽东思想的旗帜前进。

在为中国人民不懈奋斗的光辉一生中，毛泽东同志表现出一个伟大革命领袖高瞻远瞩的政治远见、坚定不移的革命信念、勇于开拓的非凡魄力、炉火纯青的斗争艺术、杰出高超的领导才能。他思想博大深邃、胸怀坦荡宽广，文韬武略兼备、领导艺术高超，心系人民群众、终生艰苦奋斗，为中华民族和中国人民建立了不朽功勋。

毛泽东同志属于中国，也属于世界。他不仅赢得了全党全国各族人民爱戴和敬仰，而且赢得了世界上一切向往进步的人们敬佩。毛泽东同志的革命实践和光辉业绩已经载入中华民族史册。他的名字、他的思想、他的风范，将永远鼓舞我们继续前进。

人世间没有一帆风顺的事业。综观世界历史，任何一个国家、一个民族的发展，都会跌宕起伏甚至充满曲折。"艰难困苦，玉汝于成""多难兴邦，殷忧启圣""失败为成功之母"。毛泽东同志也常说，前途是光明的，道路是曲折的。这是一切正义事业发展的历史逻辑。我们的事业之所以伟大，就在于经历世所罕见的艰难而不断取得成功。

不能否认，毛泽东同志在社会主义建设道路的探索中走过弯路，他在晚年特别是在"文化大革命"中犯了严重错误。对毛泽东同志的历史功过，党的十一届六中全会作出的《关于建国以来党的若干历史问题的决议》进行了全面评价。邓小平同志说，毛泽东同志的功绩是第一位的，他的错误是第二位的，他的错误在于违反了他自己正确的东西，是一个伟大的革命家、伟大的马克思主义者所犯的错误。

在中国这样的社会历史条件下建设社会主义，没有先例，犹如攀登一座人迹未至的高山，一切攀登者都要披荆斩棘、开通道路。毛泽东同志晚年的错误有其主观因素和个人责任，还在于复杂的国内国际的社会历史原因，应该全面、历史、辩证地看待和分析。

对历史人物的评价，应该放在其所处时代和社会的历史条件下去分析，不能离开对历史条件、历史过程的全面认识和对历史规律的科学把握，不能忽略历史必然性和历史偶然性的关系。不能把历史顺境中的成功简单归功于个人，也不能把历史逆境中的挫折简单归咎于个人。不能用今天的时代条件、发展水平、认识水平去衡量和要求前人，不能苛求前人干出只有后人才能干出的业绩来。

革命领袖是人不是神。尽管他们拥有很高的理论水平、丰富的斗争经验、卓越的领导才能,但这并不意味着他们的认识和行动可以不受时代条件限制。不能因为他们伟大就把他们像神那样顶礼膜拜,不容许提出并纠正他们的失误和错误;也不能因为他们有失误和错误就全盘否定,抹杀他们的历史功绩,陷入虚无主义的泥潭。

前事不忘,后事之师。一个马克思主义政党对自己的错误所抱的态度,是衡量这个党是否真正履行对人民群众所负责任的一个最重要最可靠的尺度。我们党对自己包括领袖人物的失误和错误历来采取郑重的态度,一是敢于承认,二是正确分析,三是坚决纠正,从而使失误和错误连同党的成功经验一起成为宝贵的历史教材。

——节选自习近平在纪念毛泽东诞辰120周年座谈会上的讲话[N].www.gov.cn,2013—12—26.

【解析】在这篇重要讲话中,习近平回顾了毛泽东一生的丰功伟绩,总结了以毛泽东同志为主要代表的中国共产党人对中国革命和建设作出的卓越贡献,全面科学地评价了毛泽东和毛泽东思想的历史功绩和历史地位,强调必须始终坚持马克思主义的立场观点方法,坚持全面正确的历史观,坚持实事求是、群众路线、独立自主,毫不动摇走党和人民在长期实践探索中开辟出来的正确道路,把中国特色社会主义伟大事业继续推向前进。

(四)西安医学院——一份"1951年解剖学教学总结"

老一辈无产阶级革命家陈毅在留守中央苏区的艰苦斗争中慨叹,"断头今日意如何,创业艰难百战多"。展现出革命者面对血雨腥风毫不退缩地大无畏的豪迈气概。当时针拨到新中国成立初的和平时期,社会主义的建设者们同样也面临着创业的挑战和艰辛。陕西卫生技术学校的拓荒者们从零开始,勇敢接受挑战,为陕西省卫生教育事业开辟出了一片新的领域。陕西卫生技术学校的开创史,就是一部体现社会主义建设者开创精神和奋斗精神的历史。一份1951年解剖学教学总结,把我们带回到了那个充满激情的创业岁月。

这份教学总结的撰写者是陕西卫生技术学校的解剖学老师刘放,他作为首批专职教员1951年3月入校工作,是负责医士科第一届甲乙两班所有同学解剖课的唯一的一位老师。刘放老师具有专业医学教育背景和比较丰富的临床实践经验,虽然参加工作时间不长,但正值青春年华,对工作、对学生充满了热情,投身于刚刚起步的中级医学人才的教育工作中。

创业之初,百般艰难。陕西省卫生技术学校的开设,是全新的医学教育模式在中国的探索，但又面临培训周期短、没有现成教材、没有任何教学经验的现实。同时，陕西卫生技术学校也是从零开始进行初建，没有现成校舍、设备和教学器具，专任教师初期仅有5人，师资短缺。要想办好中级医士教育、为陕西基层迅速培养大量合格的医学人才可谓困难重重。

面对创业的挑战，刘老师毫不退缩，全身心投入。

第一，解决讲义问题。本着"基础服从临床""人民卫生事业需要什么，我就给学生来教什么；学生们学到了什么，将来毕业后就去应用什么"和"要快要好"的精神，他开创性地提出编写讲义的三部曲：第一步，采集材料。将现有各种医学教材对照参阅，将其中共同部分，即重点内容提取出来；第二步，提炼浓缩。对所有教学材料内容进行浓缩整理，尤其是将其转变为内容简洁、且具有逻辑条理的教学讲义；第三步，通俗化。将晦涩难懂的医学术语转变为学生可以理解的通俗词句，同时加入日常所见事例，帮助学生理解。

第二，解决标本问题。医学教学离不开标本和实物。刘老师鼓动同学们自力更生，组成小组在荒郊野外采集人骨。第一届同学和现在的大家一样，都是十七八岁的年龄，刚刚学习医学，对于亲手采集人骨很是畏惧。刘老师先做思想动员，告诉同学们世界上没有鬼，如果这些埋在黄土中的骨骸使用在医学教育中，那是对活着的人的贡献，是"功德无量"的事情。在做好学生思想工作后，刘老师将所有同学分为4人一个小组并进行细致的分工：心理顾虑最多的学生，筹备采集工作；心理顾虑较少的学生，清洗及整理采回的标本；心理无顾虑但胆怯的学生，协助采集；完全没有顾虑的学生，主动采集。经过这样精心的安排准备，所有同学都被动员起来，大家利用一周课余时间采集了40多付完整骨骼标本，每个互助小组都有了一幅以上的完整骨学标本。由于同学们热情太高，学校领导甚至开会希望同学们采集骨骼时保持低调。

第三，讲课时的教学设计。在学习目的上给同学们强调说明：现在为谁而学，将来为谁而用，使每个学生建立起为人民服务的意识。在课程内容上，采取灵活的方式，从实际需求出发，常用的多讲解、多实习，使每个学生必须掌握好；少用的，稍微一提，进行示教。在学习方式上，密切联系临床工作需要，将解剖学和同学们未来医务工作实践联系在一起，在课堂上时常把学生身上的部位作为示教的范例。在教学环境上，在解剖教室四周张贴满解剖学挂图，许多挂图都是刘老师亲自动手精心绘制，解剖台四周陈列所有解剖学模型及标本，为同学们营造一个随时学习的氛围。

第四，自制实验课代用模型。学校初建时模型奇缺，讲骨学时刘老师便使用新鲜兽骨代替；讲关节韧带时，刘老师事先用厚纸剪成各种关节束或韧带的形式，并用糨糊贴在骨骼上，把它们连接成近似正常的人体骨骼，并让学生们先看后做，以使同学们能印象更深刻。局部解剖学只有一具尸体，他就让同学们在代用模型上先行操作，之后与尸体进行对照，最后再回到代用模型上操作予以复习。在讲解神经系统时，用厚纸（神经鞘）包裹细铁丝（神经纤维），做成各种主要的神经丛，用面袋或大块纱布缝成大网膜囊，以及把各种色纸剪贴成各种类的人体代用品。可以说，为了让同学们迅速掌握医学知识，刘老师在极其困难条件下殚精竭虑，无所不能，不仅是医学知识的传授者，还是手工制作的精通者。

刘老师的努力和付出得到了丰厚的回报，第一届171名同学，98%同学解剖学期末考试及格，80%以上的同学取得80分以上的优异成绩。这对于刚刚学习医学、文化知识水平参差不齐的同学们而言是非常难得的。更重要的是，刘放老师一学期的教学经验积累，为陕西卫生技术学校的解剖课找到了继续前进的方向。在总结中，刘放老师对于教学不足进行了检讨，比如教材还需继续优化，特别是从陕西当地医疗实际情况出发进行不断更新，教材内容上还需进一步形成"图多字少"的形象讲义，以更加形象化的教学帮助同学们迅速掌握医学知识。

【解析】从刘放老师的教学总结中，我们可以感受到初创业者们扑面而来的创业激情，也反映出陕西卫生技术学校创办中级医士教育的艰辛历程，正是刘放老师这样的创业者们的艰难探索，才造就出今日西安医学院的欣欣向荣。医学教育代代传承，奋斗精神永不停歇。在西安医学院这样一所充满奋斗传统、革新精神的医学教育殿堂里，让我们所有人做好自己的本职工作、学习，不负韶华，创造未来。

五、习题练习

1.（单选）人民政协是中国共产党把马克思列宁主义统一战线理论、政党理论、民主政治理论同中国实际相结合的伟大成果，是中国共产党领导各民主党派、无党派人士、人民团体和各族各界人士在政治制度上进行的伟大创造。1949年9月21日，中国人民政治协商会议第一届全体会议在北平开幕。人民政治协商会议的召开，标志着中国（　　）。

A. 民族区域自治制度的确立

B. 工农兵代表大会制度的确立

C. 人民代表大会制度的确立

D. 新型政党制度的确立

【答案】D

【考点】中国的新型政党制度

【解析】人民政治协商会议的召开标志着中国的新型政党制度——中国共产党领导的多党合作和政治协商制度的确立。故 D 选项为正确答案。ABC 选项不符合题意。

2.（单选）邓小平在谈到我国对资本主义工商业进行社会主义改造时说："我国资本主义工商业社会主义改造的胜利完成，是我国和世界社会主义历史上最光辉的胜利之一。这个胜利的取得，是由于中国共产党领导全体工人阶级执行了毛泽东同志根据我国情况制定的马克思主义政策，同时，资本家阶级中的进步分子和大多数人在接受改造方面也起了有益的配合作用。"我国对资本主义工商业的社会主义改造执行的是（　　）。

A. 互助合作的政策

B. 调整巩固的政策

C. 和平赎买的政策

D. 剥夺没收的政策

【答案】C

【考点】资本主义工商业改造

【解析】1953—1956 年资本主义工商业进行社会主义改造，把民族资本主义工商业改造成为社会主义性质的企业。实行和平赎买政策，这是具有中国特色的社会主义改造方式，故 C 选项为正确答案。ABD 选项不符合题意。

3.（单选）1956 年社会主义改造基本完成。随着中国社会主义基本政治制度的建立，社会主义基本经济制度也建立起来。社会主义基本制度的建立，标志着中国（　　）。

A. 进入了全面建设社会主义的历史阶段

B. 半殖民地半封建社会结束

C. 社会主义工业化已经初步实现

D. 新民主主义革命基本胜利

【答案】A

【考点】中国社会主义基本制度的建立

【解析】中国半殖民地半封建社会结束以及新民主主义革命基本胜利的标志是新中国的成立，故 BD 选项错误。社会主义工业化是一个过程，从 1958 年到 1978 年这 20 年间，经过全国人民的艰苦奋斗，我国建成了一个独立的、比较完整的社会主义工业体系和国民经济体系，故 C 选项错误。1956 年，社会主义基本制度的全面确立，标志着中国进入全面建设社会主义的历史阶段。故 A 选项为正确答案。

4.（单选）1956 年 4 月，毛泽东提出把马列主义基本原理同中国具体实际进行"第二次结合"，目的是（　　）。

A. 加强中国共产党自身的建设

B. 为社会主义改造创造条件

C. 找出中国怎样建设社会主义道路

D. 全面建设社会主义现代化强国

【答案】C

【考点】全面建设社会主义的开端

【解析】1956 年是我国历史发生重要转变的一年，国际国内环境发生了很大的变化，从国内环境看，社会主义改造基本结束，标志着我国从新民主主义向社会主义的转变，进入了社会主义的初级阶段，开始了全面建设社会主义的新时期。面对要建设怎样的社会主义和怎样建设社会主义这个问题，1956 年 4 月初，在中共中央书记处会议上，毛泽东提出我们要进行"第二次结合"，找出在中国进行社会主义革命和建设的正确道路。马克思主义同中国实际的"第二次结合"，为探索适合中国情况的社会主义建设道路，提供了基本的指导原则。因此，C 选项为正确答案。"第二次结合"的任务，为探索适合中国情况的社会主义建设道路，提供了基本的指导原则。故排除 A 选项。1956 年，我国社会主义改造已基本完成，故 B 选项错误。党的十九大明确全面建设社会主义现代化国家及其"两步走"战略安排，全面建设社会主义现代化强国属于"两步走"战略的第二步，计划将于本世纪中叶完成，故 D 选项排除。

5.（多选）1949 年 10 月 1 日，首都军民 30 万人齐集北京天安门广场，欢庆中华人民共和国的诞生。中华人民共和国的成立，标志着（　　）。

A. 新民主主义革命取得了基本的胜利

B. 半殖民地半封建社会的结束

C. 中国共产党的地位发生了根本性的变化

D. 社会主义基本制度的确立

【答案】ABC

【考点】中华人民共和国成立的伟大历史意义

【解析】中华人民共和国的成立，标志着新民主主义革命的基本胜利，完成了反帝反封建的任务，表明中国半殖民地半封建社会的终结，中国共产党的地位发生了根本性的变化，由革命党变为执政党。社会主义改造的基本完成，标志着社会主义基本制度的确立，故 D 选项错误。综上所述，故 ABC 选项为正确答案。

6.（多选）1950 年 6 月，朝鲜战争爆发，美国宣布武装援助南朝鲜，同时命令其海军第七舰队开入台湾海峡，"阻止对台湾的任何进攻"，公然干涉中国内政。中国政府在美国把战火烧到鸭绿江边的时候，毅然作出抗美援朝的决策。中朝两国人民及其军队经过艰苦作战以及谈判斗争，终于在 1953 年 7 月迫使美国代表在停战协定上签字。克拉克后来在回忆录中沮丧地写道："我是美国历史上第一个在没有取得胜利的停战协定上签字的司令官。"抗美援朝战争的胜利（ ）。

A. 打退了美国侵略扩张的势头，结束了美国在东方的霸权

B. 提高了新中国的国际威望，为新中国赢得了相对稳定的和平环境

C. 保卫了中国的国家安全，为维护亚洲和世界的和平作出了贡献

D. 打破了美国军队不可战胜的神话，增强了中国人民的民族自信心和自豪感

【答案】BCD

【考点】抗美援朝战争

【解析】抗美援朝战争的胜利，不仅支援了朝鲜人民、保卫了中国的国家安全，还维护了亚洲和世界和平，打破了美帝国主义不可战胜的神话，使新中国的国际威望空前提高，极大地增强了中国人民的民族自信心和自豪感，为国内经济建设和社会改革赢得了相对稳定的和平环境。故 BCD 选项为正确答案。美国的东方强权并没有结束，故 A 选项不正确。

7.（多选）从 1953 年开始，在过渡时期总路线的指引下，中国共产党领导人民开始进行有计划的社会主义建设和系统的社会主义改造。当时中国之所以要着力进行和可能进行社会主义改造，主要是因为（ ）。

A. 资本主义国家的封锁和钳制，社会主义国家的同情和援助

B. 资本主义经济力量弱小、发展困难

C. 对个体农业进行社会主义改造，是实现国家工业化的一个必要条件

D. 社会主义性质的国营经济力量相对来说比较强大

【答案】ABCD

【考点】社会主义改造的国内外条件

【解析】当时中国之所以要着力进行和可能进行社会主义改造主要是因为：①社会主义性质的国营经济力量，相对来说比较强大，它是实现国家工业化的主要基础；②资本主

义经济力量弱小、发展困难，不可能成为中国工业起飞的基础；③对个体农业进行社会主义改造是保护工业发展、实现国家工业化的一个必要条件；④当时的国际环境也使得中国在选择社会主义道路成立新中国以后，长期受到英国等西方资本主义国家经济上、外交上和军事上的严密封锁，只有社会主义的苏联能援助中国。综上所述，故ABCD选项为正确答案。

8. （多选）从中华人民共和国成立到社会主义改造基本完成，是我国从新民主主义到社会主义的过渡时期。这一时期中国社会的阶级构成主要包括（ ）。

  A. 工人阶级

  B. 农民阶级

  C. 民族资产阶级

  D. 城市小资产阶级

【答案】ABCD

【考点】新民主主义社会的阶级构成

【解析】从1949年中华人民共和国成立到1956年"三化一改"基本完成，我国处于由新民主主义社会向社会主义社会的过渡时期。这一时期在阶级构成上，包括工人阶级、农民阶级、民族资产阶级和其他小资产阶级。综上所述，故ABCD选项为正确答案。

9. （多选）1957年2月，毛泽东在最高国务会议上发表了《关于正确处理人民内部矛盾的问题》的讲话，强调指出（ ）。

  A. 社会主义社会充满着矛盾

  B. 社会主义社会的基本矛盾仍然是生产关系和生产力之间、上层建筑和经济基础之间的矛盾

  C. 社会主义社会的矛盾可以通过社会主义制度本身得到解决

  D. 把正确处理人民内部矛盾作为国家政治生活的主题

【答案】ABCD

【考点】《关于正确处理人民内部矛盾的问题》的讲话内容

【解析】党的八大前后，毛泽东在1957年2月作的《关于正确处理人民内部矛盾的问题》的报告，系统论述了社会主义社会矛盾理论。毛泽东指出："社会主义社会充满着矛盾，正是这些矛盾推动着社会主义社会不断向前发展。"关于社会主义社会基本矛盾，毛泽东指出："在社会主义社会中，基本的矛盾仍然是生产关系和生产力之间的矛盾，上层建筑和经济基础之间的矛盾。"但社会主义社会的基本矛盾同以往社会的基本矛盾具有根

本不同的性质和情况，社会主义社会的基本矛盾是生产关系与生产力基本适应、上层建筑和经济基础基本适应条件下的矛盾，与以往社会对抗性的矛盾不同，是非对抗性的矛盾，由于社会主义社会的矛盾是非对抗性的矛盾，因此，它可以经过社会主义制度本身，不断地得到解决。毛泽东指出："我国存在着两种不同性质的矛盾，即敌我矛盾和人民内部矛盾，正确处理人民内部矛盾是国家政治主题。"故 ABCD 选项为正确答案。

10.（多选）中国从开始全面建设社会主义到1976年，尽管经历过严重的曲折，但从总体上说，社会主义建设取得的成就是巨大的。这主要表现在（　　）。

A. 人民生活水平的提高与文化、教育、医疗、科技事业的发展

B. 独立的、比较完整的工业体系和国民经济体系的建立

C. 国际地位的提高与国际环境的改善

D. 探索中形成的建设社会主义的若干重要原则

【答案】ABCD

【考点】社会主义建设时期取得的成就

【解析】社会主义建设时期取得的显著成就主要表现在四方面：第一，人民生活水平的提高与文化教育医疗科技事业的发展；第二，独立完整的工业体系的建立和国民体系的建设；第三，国际地位的提高与国际环境的改善；第四，探索中形成的建设社会主义的若干重要原则。故 ABCD 选项为正确答案。

专题九　改革开放与中国特色社会主义的开创与发展

一、学习目的

通过对中国共产党领导中国人民进行改革开放伟大历程的学习，了解改革开放以来我国经济、政治、文化、社会、生态文明等各领域的发展与变迁，了解改革开放和社会主义现代化建设的历史进程及所取得的巨大成就。

深刻理解改革开放是党和人民大踏步赶上时代的重要法宝，是坚持和发展中国特色社会主义的必由之路，是决定当代中国命运的关键一招，也是决定实现"两个一百年"奋斗目标、实现中华民族伟大复兴的关键一招。

二、重难点解析

（一）党的十一届三中全会的重大历史意义

1978年12月，党的十一届三中全会在北京召开。全会冲破长期"左"的错误的严重束缚，彻底否定"两个凡是"的错误方针，高度评价关于真理标准问题的讨论，果断停止使用"以阶级斗争为纲"的口号，决定从1979年1月起把全党的工作重心转移到社会主义现代化建设上来。全会提出了改革开放的任务。会议指出，实现四个现代化是一场广泛、深刻的革命。要采取一系列新的重大的经济措施，对经济管理体制和经营管理方法进行认真的改革，在自力更生的基础上积极发展同世界各国平等互利的经济合作。

党的十一届三中全会的胜利召开，标志着中国共产党重新确立了马克思主义的思想路线、政治路线、组织路线，实现了新中国成立以来党的历史上具有深远意义的伟大转折，开启了我国改革开放和社会主义现代化建设新时期。全会作出实行改革开放的历史性决策，是基于对党和国家前途命运的深刻把握，是基于对社会主义革命和建设实践的深刻总结，是基于对时代潮流的深刻洞察，是基于对人民群众期盼和需要的深刻体悟。改革开放是中国共产党的一次伟大觉醒，正是这个伟大觉醒，孕育了党从理论到实践的伟大创造。从党的十一届三中全会开始，改革开放和开创中国特色社会主义的大幕拉开，邓小平理论也逐步形成和发展起来。党的十一届三中全会作为一个伟大转折点而被载入光辉史册。

（二）邓小平对中国特色社会主义理论与实践的贡献和历史地位

1. 重新确立实事求是的思想路线，解放思想，为改革开放和开创中国特色社会主义打破思想束缚，创造思想条件。"文化大革命"结束，为党的指导思想回到马克思主义正确轨道上来提供了转机。但党内又出现了将毛泽东晚年的思想绝对化、教条化的"两个凡是"的思想禁锢，给党和人民系统纠正"文化大革命"的错误造成了严重的思想障碍。邓小平率先鲜明地反对"两个凡是"。1978年12月13日，邓小平在中央工作会议闭幕会上发表了《解放思想，实事求是，团结一致向前看》的重要讲话。他指出，首先是解放思想，只有思想解放了，我们才能正确地以马列主义、毛泽东思想为指导，解决过去遗留的问题，解决新出现的一系列问题。一个党，一个国家，一个民族，如果一切从本本出发，思想僵化，迷信盛行，那它就不能前进，它的生机就停止了，就要亡党亡国。

1981年6月，党的十一届六中全会通过了邓小平主持下，中共中央着手起草的《关于建国以来党的若干历史问题的决议》（以下简称《决议》）。《决议》科学地评价了毛泽东和毛泽东思想的历史地位，并指出毛泽东思想是马克思列宁主义在中国的运用和发展，是被实践证明了的关于中国革命和建设的正确的理论原则和经验总结，是中国共产党集体智慧的结晶。《决议》对毛泽东思想的科学体系和活的灵魂（即实事求是、群众路线、独立自主）作了概括，强调毛泽东思想是我们党的宝贵的精神财富，它将长期指导我们的行动。《决议》不仅对全党摆脱长期以来"左"的思想的影响，特别是"文化大革命"极"左"思潮的影响，彻底打破"两个凡是"的思想禁锢具有极为重要的意义，而且对于维护毛泽东思想的指导地位和实事求是认识党的历史，增进全党思想统一和团结具有极为重要的意义。

重新确立实事求是的思想路线，解放思想，为改革开放清除了思想障碍，使中国开启了从僵化半僵化到全面改革，从封闭半封闭到对外开放的历史性转变。同时也为后来坚持和发展中国特色社会主义创造了思想条件。

2. 创立邓小平理论，开创中国特色社会主义理论体系。邓小平是邓小平理论的主要创立者，是中国特色社会主义理论体系的创始者，为坚持和发展中国特色社会主义确立了基本思路和基本原则，奠定了理论基础。党的十四大，提出用邓小平建设有中国特色社会主义理论武装全党的任务：大会报告从发展道路、发展阶段、根本任务、发展动力、外部条件、政治保证、战略步骤、领导力量和依靠力量、祖国统一九个方面，对建设有中国特色社会主义理论的主要内容作了概括，指出这个理论第一次比较系统地初步回答了在中国这样的经济文化比较落后的国家如何建设社会主义、如何巩固和发展社会主义的一系列基本问题，用新的思想、观点继承和发展了马克思主义。

中国共产党第十五次全国代表大会首次使用"邓小平理论"这个概念，把这一理论同马克思列宁主义、毛泽东思想一道确立为中国共产党的指导思想，并写入修改后的《中国共产党章程》。大会指出，邓小平理论围绕"什么是社会主义、怎样建设社会主义"这个根本问题，第一次比较系统地初步回答了建设有中国特色社会主义的一系列基本问题。大会对邓小平理论的历史地位和指导意义做了深刻阐述，指出马克思列宁主义同中国实际相结合有两次历史性飞跃，产生了两大理论成果。第一次飞跃的理论成果是被实践证明了的关于中国革命和建设的正确的理论原则和经验总结，它的主要创立者是毛泽东，我们党把它称为毛泽东思想。第二次飞跃的理论成果是建设有中国特色社会主义理论，它的主要创立者是邓小平，我们党把它称为邓小平理论。

3. 改革开放和社会主义现代化建设的总设计师。邓小平是中国改革开放和社会主义现代化建设的总设计师，他在开创中国特色社会主义道路和理论体系的过程中，将理论与实践紧密结合起来，对改革开放和社会主义现代化建设作出一系列基本设计。比如党和国家基本政治路线设计，社会主义初级阶段的基本经济制度设计，社会主义经济体制改革设计，社会主义现代化发展战略设计，社会主义现代化发展的战略重点设计，对外开放目标、途径及步骤设计，社会主义民主法制建设的目标、途径设计，社会主义精神文明建设设计，实现祖国和平统一的方式设计，党的建设的目标、要求设计，等等。这些相当于对一项宏大工程的全面设计，开创了中国特色社会主义的伟大实践，为坚持和发展中国特色社会主义奠定了坚实的实践基础。正是在这一基础上，党领导人民不断推进全面深化改革和全面对外开放，不断从广度和深度上推进社会主义现代化建设，不断拓展了改革开放和社会主义现代化建设的新局面。

（三）中国特色社会主义市场经济体制的确立

西方曾有人断言：社会主义和市场经济不可能兼容，社会主义不可能搞市场经济。党的十一届三中全会以来的改革开放实践和理论总结，有力而响亮地打破了这个谶言。社会主义市场经济体制改革目标的确立，把社会主义制度与市场经济结合起来，形成了具有中国特色的经济发展模式，为改革开放和社会主义现代化建设插上了腾飞的翅膀。建立和完善社会主义市场经济体制，作为前无古人的伟大创举，是中国共产党人对马克思主义的重大创新，是社会主义发展史上的重大突破。

以邓小平南方谈话和党的十四大为标志，改革开放和现代化建设事业进入从计划经济体制向社会主义市场经济体制转变的新阶段，由此打开了中国经济、政治、文化发展的崭新局面。邓小平南方谈话后，党中央围绕把经济建设和改革开放搞得更快更好，进行了深入思考，形成了"社会主义市场经济体制"初步构想。党的十四大系统总结了党的十一届三中全会以来改革开放14年的基本实践和基本经验，确定我国经济体制改革的目标是建立社会主义市场经济体制，提出20世纪90年代加快改革开放、推动经济发展和社会全面进步的主要任务，阐述了党和国家的对外方针政策，对新形势下加强党的建设和改善党的领导作出了战略部署。大会提出用邓小平建设有中国特色社会主义的理论武装全党的任务，把"建设有中国特色社会主义的理论"写入了大会通过的《中国共产党章程（修正案）》，确立了这一理论在全党的指导地位。

1993年11月召开的党的十四届二中全会，通过了《关于建立社会主义市场经济体制若干问题的决定》，将党的十四大提出的社会主义市场经济体制改革的目标和基本原则具体化，进一步勾画了建立社会主义市场经济体制的基本框架：在坚持以公有制为主体、多种经济成分共同发展的基础上，建立现代企业制度、全国统一开放的市场体系、完善的宏观调控体系、合理的收入分配制度和多层次的社会保障制度。我国经济体制改革开始向着建立社会主义市场经济体制的目标整体推进。

三、经典案例分析

案例一　习仲勋与广东改革开放

创办经济特区，是党和国家推进改革开放和社会主义现代化建设的伟大创举。1978年4月，习仲勋南下主政广东，先后担任中共广东省委第二书记、第一书记，广东省省长，广州军区第一政委、党委第一书记。他以高超的政治智慧、丰富的革命经验、巨大的改革勇气和忘我的奉献精神，带领广东人民解放思想、大胆实践、开拓创新、奋力改革。

习仲勋认为改革应该搞试点，提出改革应"先搞试点，而不是一哄而上"。他一针见血地指出："中国这么大的国家，各省有各省的特点，有些应根据省的特点来搞。"习仲勋清楚,广东邻近港澳、华侨众多,开展外贸出口工业,发展外向型经济,具有得天独厚的优势,因此,他认为"广东要从全国的大局出发",在改革当中先走一步。他认为,麻雀虽小,五脏俱全,广东作为一个省,是个大麻雀,等于人家一个或几个国家。但现在省的地方机构权力太小,我们要求在全国的集中统一领导下,放手一点,搞活一点。这样做,对地方有利,对国家也有利。他果断向中央"要权"。他认为,先走一步要有先走一步的条件,改革要有改革的样子,不能有太多条条框框的限制。

1979年4月,习仲勋参加中央工作会议时提出:"希望中央给点权,让广东能够充分利用自己的有利条件在四个现代化中先走一步""中央能给广东更大的支持,同时多给地方处理问题的机动余地",准备在深圳、珠海、汕头办"贸易合作区"。这些请求得到了党中央的支持。1979年7月,党中央、国务院正式批准广东在改革开放中实行特殊政策、灵活措施和创办经济特区。这些举措使广东成为中国改革开放的窗口、综合改革的试验区和排头兵,为国家制定和实行对外开放政策提供了宝贵经验。

——节选自黄硕忠. 习仲勋与广东改革开放[J]. 百年潮,2019(9):14—15.

【案例分析】

习仲勋是广东改革开放的主要开创者和重要奠基人之一,为广东改革开放"先行一步"建立了不可磨灭的功勋,使得广东成为中国改革开放的开路先锋和战略要冲,为中国特色社会主义理论体系的建立和形成作出了重大贡献。1979年4月,广东省委第一书记习仲勋在中共中央工作会议发言中提出,广东的对外开放应该先走一步,希望中央下放若干权力,让广东在对外经济活动中有必要的自主权。他还提出,允许广东在深圳、珠海和汕头举办出口加工区。福建省委也提出类似的设想,中央对此表示支持。同年7月,党中央、国务院批准广东、福建两省对外经济活动实行特殊政策和灵活措施,先走一步,把经济尽快搞上去,并决定在深圳、珠海划出部分地区试办出口特区。1980年5月,党中央、国务院正式将"出口特区"定名为"经济特区"。8月,第五届全国人民代表大会常务委员会第十五次会议批准广东、福建两省在深圳、珠海、汕头、厦门设置经济特区。

在中央决策的推动下,来自四面八方的建设者艰苦创业,在几年时间里,将深圳、珠海这些昔日落后的渔村小镇建设成生机勃勃的崭新城市,创造了敢闯敢试、敢为人先、埋头苦干的特区精神。经济特区的创办,是党中央坚强领导、悉心指导的结果,是广大建设者开拓进取、奋勇拼搏的结果,是全国人民和四面八方倾力支持、广泛参与的结果。经济特区不辱使命,成为中国改革开放的重要窗口,向世界展示了中国改革开放的磅礴伟力。

案例二　邓小平的南方谈话

深圳是改革开放后党和人民一手缔造的崭新城市，是中国特色社会主义在一张白纸上的精彩演绎。

1992年邓小平南方谈话之前，中国面临着复杂的国际国内形势。一方面，在多极化进程中，我国打破西方国家的"制裁"后，回旋余地增大。另一方面，我国经济运行中存在的深层次问题尚未得到根本解决，在治理整顿期间，经济发展速度有所放缓。同时，世界社会主义遭遇的挫折对我国也产生一定的负面影响。

在这重要历史关头，1992年1月18日至2月21日，邓小平同志先后到武昌、深圳、珠海、上海等地视察，发表了重要谈话，明确回答了长期困扰和束缚人们思想的许多重大认识问题。比如，基本路线要管一百年，判断姓"社"姓"资"的标准，发展才是硬道理，社会主义的本质，等等。

……

邓小平谈话的内容，主要集中在以下几个方面：强调要毫不动摇地坚持党的"一个中心、两个基本点"的基本路线，坚持不懈地推进改革开放；提出进一步明确什么是社会主义、怎样建设社会主义这一重大理论问题；提出判断改革开放的"三个有利于"标准，计划与市场都是手段，社会主义的本质是解放生产力、发展生产力，消灭剥削，消除两极分化，最终达到共同富裕；强调发展才是硬道理这一论断，对于我们这样发展中的大国来说，经济要发展得快一点；明确坚持"两手抓、两手都要硬"，一手抓改革开放，一手抓打击各种犯罪活动，要靠法制和必须始终坚持四项基本原则；提出正确的政治路线要靠正确的组织路线来保证；提出社会主义经历一个长期发展过程后必然代替资本主义，这是社会历史发展不可逆转的总趋势。

……

东方风来满眼春。全程记录邓小平同志视察深圳的时任《深圳特区报》副总编辑的陈锡添告诉记者，对当时的深圳人来说，邓小平同志的到来，如一阵春风拂过，焕发了这座城市的生机。

——节选自邓小平南方谈话——春天的故事很精彩［N］.人民日报，2021—03—25（4）.

【案例分析】

随着苏联解体、东欧剧变，冷战结束，世界开始走向多极化，经济全球化进程加快，周边一些国家呈现强劲发展势头。我国经济在治理整顿后走出了低谷，但一些深层次问题尚未得到根本解决，社会主义事业发展仍面临巨大的困难和压力，世界社会主义运动的严重曲折对我国也产生了一定的负面影响。能否坚持党的基本路线不动摇，抓住机遇、加快发展，把改革开放和现代化建设继续推向前进，成为中国共产党人必须回答和解决的重大课题。

1992年1月18日至2月21日，我国改革开放的总设计师、当时已近88岁高龄的邓小平怀揣一腔忧国忧民的热血，到南方的湖北武昌、广东深圳、珠海和上海等地进行视察，发表了一系列重要谈话，科学总结了党的十一届三中全会以后党的基本实践和基本经验，以高屋建瓴、振聋发聩的新观点、新论断宣布坚定不移地继续走改革开放之路。

邓小平的南方谈话，从理论上深刻回答了长期困扰和束缚人们思想的许多重大问题，是把改革开放和现代化建设推向新阶段的又一个解放思想、实事求是的宣言书，不仅对即将召开的党的十四大具有十分重要的指导作用，而且对中国整个社会主义现代化建设事业具有重大而深远的意义。

案例三　马克思主义中国化新的飞跃

党深刻认识到，开创改革开放和社会主义现代化建设新局面，必须以理论创新引领事业发展。邓小平同志指出，一个党，一个国家，一个民族，如果一切从本本出发，思想僵化，迷信盛行，那它就不能前进，它的生机就停止了，就要亡党亡国。党领导和支持开展真理标准问题大讨论，从新的实践和时代特征出发坚持和发展马克思主义，科学回答了建设中国特色社会主义的发展道路、发展阶段、根本任务、发展动力、发展战略、政治保证、祖国统一、外交和国际战略、领导力量和依靠力量等一系列基本问题，形成中国特色社会主义理论体系，实现了马克思主义中国化新的飞跃。

——节选自《中共中央关于党的百年奋斗重大成就和历史经验的决议》（2021年11月11日中国共产党第十九届中央委员会第六次全体会议通过）。

【案例分析】

以1978年党的十一届三中全会为标志，中国进入改革开放和社会主义现代化建设新时期。为了实现中华民族伟大复兴，中国共产党团结带领中国人民，解放思想、锐意进取，创造了改革开放和社会主义现代化建设的伟大成就，实现了新中国成立以来党的历史上具有深远意义的伟大转折，确立了党在社会主义初级阶段的基本路线，坚定不移推进改革开放，战胜来自各方面的风险挑战，开创、坚持、捍卫、发展中国特色社会主义，党领导人民实现了从高度集中的计划经济体制到充满活力的社会主义市场经济体制、从封闭半封闭到全方位开放的历史性转变，实现了从生产力相对落后的状况到经济总量跃居世界第二的历史性突破，实现了人民生活从温饱不足到总体小康、奔向全面小康的历史性跨越，创造了改革开放和社会主义现代化建设的伟大成就，为实现中华民族伟大复兴提供了充满新的活力的体制保证和快速发展的物质条件，实现了"推进了中华民族从站起来到富起来的伟大飞跃"。

四、拓展阅读

（一）《在武昌、深圳、珠海、上海等地的谈话要点》（节选）

1984年我来过广东。当时，农村改革搞了几年，城市改革刚开始，经济特区才起步。8年过去了，这次来看，深圳、珠海特区和其他一些地方，发展得这么快，我没有想到。看了以后，信心增加了。

革命是解放生产力，改革也是解放生产力。推翻帝国主义、封建主义、官僚资本主义的反动统治，使中国人民的生产力获得解放，这是革命，所以革命是解放生产力。社会主义基本制度确立以后，还要从根本上改变束缚生产力发展的经济体制，建立起充满生机和活力的社会主义经济体制，促进生产力的发展，这是改革，所以改革也是解放生产力。过去，只讲在社会主义条件下发展生产力，没有讲还要通过改革解放生产力，不完全。应该把解放生产力和发展生产力两个讲全了。

……

在这短短的十几年内，我们国家发展得这么快，使人民高兴，世界瞩目，这就足以证明三中全会以来路线、方针、政策的正确性，谁想变也变不了。说过去说过来，就是一句话，坚持这个路线、方针、政策不变。改革开放以来，我们立的章程并不少，而且是全方位的。经济、政治、科技、教育、文化、军事、外交等各个方面都有明确的方针和政策，而且有准确的表述语言。这次十三届八中全会开得好，肯定农村家庭联产承包责任制不变。一变就人心不安，人们就会说中央的政策变了。农村改革初期，安徽出了个"傻子瓜子"问题。当时许多人不舒服，说他赚了一百万，主张动他。我说不能动，一动人们就会说政策变了，得不偿失。像这一类的问题还有不少，如果处理不当，就很容易动摇我们的方针，影响改革的全局。城乡改革的基本政策，一定要长期保持稳定。当然，随着实践的发展，该完善的完善，该修补的修补，但总的要坚定不移。即使没有新的主意也可以，就是不要变，不要使人们感到政策变了。有了这一条，中国就大有希望。

改革开放胆子要大一些，敢于试验，不能像小脚女人一样。看准了的，就大胆地试，大胆地闯。深圳的重要经验就是敢闯。没有一点闯的精神，没有一点"冒"的精神，没有一股气呀、劲呀，就走不出一条好路，走不出一条新路，就干不出新的事业。不冒点风险，办什么事情都有百分之百的把握，万无一失，谁敢说这样的话？一开始就自以为是，认为百分之百正确，没那么回事，我就从来没有那么认为。每年领导层都要总结经验，对的就坚持，不对的赶快改，新问题出来抓紧解决。恐怕再有 30 年的时间，我们才会在各方面形成一整套更加成熟、更加定型的制度。在这个制度下的方针、政策，也将更加定型化。现在建设中国式的社会主义，经验一天比一天丰富。经验很多，从各省的报刊材料看，都有自己的特色。这样好嘛，就是要有创造性。

改革开放迈不开步子，不敢闯，说来说去就是怕资本主义的东西多了，走了资本主义道路。要害是姓"资"还是姓"社"的问题。判断的标准，应该主要看是否有利于发展社会主义社会的生产力，是否有利于增强社会主义国家的综合国力，是否有利于提高人民的生活水平。对办特区，从一开始就有不同意见，担心是不是搞资本主义。深圳的建设成就，明确回答了那些有这样那样担心的人。特区姓"社"不姓"资"。从深圳的情况看，公有制是主体，外商投资只占四分之一，就是外资部分，我们还可以从税收、劳务等方面得到益处嘛！多搞点"三资"企业，不要怕。只要我们头脑清醒，就不怕。我们有优势，有国营大中型企业，有乡镇企业，更重要的是政权在我们手里。有的人认为，多一分外资，就多一分资本主义，"三资"企业多了，就是资本主义的东西多了，就是发展了资本主义。这些人连基本常识都没有。我国现阶段的"三资"企业，按照现行的法规政策，外商总是要赚一些钱。但是，国家还要拿回税收，工人还要拿回工资，我们还可以学习技术和管理，还可以得到信息、打开市场。因此，"三资"企业受到我国整个政治、经济条件的制约，是社会主义经济的有益补充，归根到底是有利于社会主义的。

计划多一点还是市场多一点，不是社会主义与资本主义的本质区别。计划经济不等于社会主义，资本主义也有计划；市场经济不等于资本主义，社会主义也有市场。计划和市场都是经济手段。社会主义的本质，是解放生产力，发展生产力，消灭剥削，消除两极分化，最终达到共同富裕。就是要对大家讲这个道理。证券、股市，这些东西究竟好不好，有没有危险，是不是资本主义独有的东西，社会主义能不能用？允许看，但要坚决地试。看对了，搞一两年对了，放开；错了，纠正，关了就是了。关，也可以快关，也可以慢关，也可以留一点尾巴。怕什么，坚持这种态度就不要紧，就不会犯大错误。总之，社会主义要赢得与资本主义相比较的优势，就必须大胆吸收和借鉴人类社会创造的一切文明成果，吸收和借鉴当今世界各国包括资本主义发达国家的一切反映现代社会化生产规律的先进经营方式、管理方法。

走社会主义道路，就是要逐步实现共同富裕。共同富裕的构想是这样提出的：一部分地区有条件先发展起来，一部分地区发展慢点，先发展起来的地区带动后发展的地区，最终达到共同富裕。如果富的愈来愈富，穷的愈来愈穷，两极分化就会产生，而社会主义制度就应该而且能够避免两极分化。解决的办法之一，就是先富起来的地区多交点利税，支持贫困地区的发展。当然，太早这样办也不行，现在不能削弱发达地区的活力，也不能鼓励吃"大锅饭"。什么时候突出地提出和解决这个问题，在什么基础上提出和解决这个问题，要研究。可以设想，在本世纪末达到小康水平的时候，就要突出地提出和解决这个问题。到那个时候，发达地区要继续发展，并通过多交利税和技术转让等方式大力支持不发达地区。不发达地区又大都是拥有丰富资源的地区，发展潜力是很大的。总之，就全国范围来说，我们一定能够逐步顺利解决沿海同内地贫富差距的问题。

对改革开放，一开始就有不同意见，这是正常的。不只是经济特区问题，更大的问题是农村改革，搞农村家庭联产承包，废除人民公社制度。开始的时候只有三分之一的省干起来，第二年超过三分之二，第三年才差不多全部跟上，这是就全国范围讲的。开始搞并不踊跃呀，好多人在看。我们的政策就是允许看。允许看，比强制好得多。我们推行三中全会以来的路线、方针、政策，不搞强迫，不搞运动，愿意干就干，干多少是多少，这样慢慢就跟上来了。不搞争论，是我的一个发明。不争论，是为了争取时间干。一争论就复杂了，把时间都争掉了，什么也干不成。不争论，大胆地试，大胆地闯。农村改革是如此，城市改革也应如此。

……

抓住时机，发展自己，关键是发展经济。现在，周边一些国家和地区经济发展比我们快，如果我们不发展或发展得太慢，老百姓一比较就有问题了。所以，能发展就不要阻挡，有条件的地方要尽可能搞快点，只要是讲效益，讲质量，搞外向型经济，就没有什么可以担心的。低速度就等于停步，甚至等于后退。要抓住机会，现在就是好机会。我就担心丧失机会。不抓呀，看到的机会就丢掉了，时间一晃就过去了。

我国的经济发展，总要力争隔几年上一个台阶。当然，不是鼓励不切实际的高速度，还是要扎扎实实，讲求效益，稳步协调地发展。比如广东，要上几个台阶，力争用20年的时间赶上亚洲"四小龙"，比如江苏等。发展比较好的地区，就应该比全国平均速度快。又比如上海，目前完全有条件搞得更快一点。上海在人才、技术和管理方面都有明显的优势，辐射面宽。回过头看，我的一个大失误就是搞四个经济特区时没有加上上海。要不然，现在长江三角洲，整个长江流域，乃至全国改革开放的局面，都会不一样。

……

经济发展得快一点，必须依靠科技和教育。我说科学技术是第一生产力。近一二十年来，世界科学技术发展得多快啊！高科技领域的一个突破，带动一批产业的发展。我们自己这几年，离开科学技术能增长得这么快吗？要提倡科学，靠科学才有希望。近十几年来我国科技进步不小，希望在90年代，进步得更快。每一行都树立一个明确的战略目标，一定要打赢。高科技领域，中国也要在世界占有一席之地。我是个外行，但我要感谢科技工作者为国家作出的贡献和争得的荣誉。大家要记住那个年代，钱学森、李四光、钱三强那一批老科学家，在那么困难的条件下，把两弹一星和好多高科技搞起来。应该说，现在的科学家更幸福，因此对他们的要求会更多。我说过，知识分子是工人阶级的一部分。老科学家、中年科学家很重要，青年科学家也很重要。希望所有出国学习的人回来。不管他们过去的政治态度怎么样，都可以回来，回来后妥善安排。这个政策不能变。告诉他们，要做出贡献，还是回国好。希望大家通力合作，为加快发展我国科技和教育事业多做实事。搞科技，越高越好，越新越好。越高越新，我们也就越高兴。不只我们高兴，人民高兴，国家高兴。对我们的国家要爱，要让我们的国家发达起来。

要坚持两手抓，一手抓改革开放，一手抓打击各种犯罪活动。这两只手都要硬。打击各种犯罪活动，扫除各种丑恶现象，手软不得。广东20年赶上亚洲"四小龙"，不仅经济要上去，社会秩序、社会风气也要搞好，两个文明建设都要超过他们，这才是有中国特色的社会主义。新加坡的社会秩序算是好的，他们管得严，我们应当借鉴他们的经验，而且比他们管得更好。开放以后，一些腐朽的东西也跟着进来了，中国的一些地方也出现了丑恶的现象，如吸毒、嫖娼、经济犯罪等。要注意很好地抓，坚决取缔和打击，决不能任其发展。新中国成立以后，只花了3年时间，这些东西就一扫而光。吸鸦片烟、吃白面，世界上谁能消灭得了？国民党办不到，资本主义办不到。事实证明，共产党能够消灭丑恶的东西。在整个改革开放过程中都要反对腐败。对干部和共产党员来说，廉政建设要作为大事来抓。还是要靠法制，搞法制靠得住些。总之，只要我们的生产力发展，保持一定的经济增长速度，坚持两手抓，社会主义精神文明建设就可以搞上去。

在整个改革开放的过程中，必须始终注意坚持四项基本原则。十二届六中全会我提出反对资产阶级自由化还要搞20年，现在看起来还不止20年。资产阶级自由化泛滥，后果极其严重。特区搞建设，花了十几年时间才有这个样子，垮起来可是一夜之间啊。垮起来容易，建设就很难。在苗头出现时不注意，就会出事。

依靠无产阶级专政保卫社会主义制度，这是马克思主义的一个基本观点。马克思说过，阶级斗争学说不是他的发明，真正的发明是关于无产阶级专政的理论。历史经验证明，刚刚掌握政权的新兴阶级，一般来说，总是弱于敌对阶级的力量，因此要用专政的手段来巩固政权。对人民实行民主，对敌人实行专政，这就是人民民主专政。运用人民民主专政的力量，巩固人民的政权，是正义的事情，没有什么输理的地方。我们搞社会主义才几十年，还处在初级阶段。巩固和发展社会主义制度，还需要一个很长的历史阶段，需要我们几代人、十几代人，甚至几十代人坚持不懈地努力奋斗，决不能掉以轻心。

正确的政治路线要靠正确的组织路线来保证。中国的事情能不能办好，社会主义和改革开放能不能坚持，经济能不能快一点发展起来，国家能不能长治久安，从一定意义上说，关键在人。

……

学马列要精，要管用的。长篇的东西是少数搞专业的人读的，群众怎么读？要求都读大本子，那是形式主义的，办不到。我的入门老师是《共产党宣言》和《共产主义ＡＢＣ》。最近，有的外国人议论，马克思主义是打不倒的。打不倒，并不是因为大本子多，而是因为马克思主义的真理颠扑不破。实事求是是马克思主义的精髓。要提倡这个，不要提倡本本。我们改革开放的成功，不是靠本本，而是靠实践，靠实事求是。农村搞家庭联产承包，这个发明权是农民的。农村改革中的好多东西，都是基层创造出来，我们把它拿来加工提高作为全国的指导。实践是检验真理的唯一标准。我读的书并不多，就是一条，相信毛主席讲的实事求是。过去我们打仗靠这个，现在搞建设、搞改革也靠这个。我们讲了一辈子马克思主义，其实马克思主义并不玄奥。马克思主义是很朴实的东西，很朴实的道理。

我坚信，世界上赞成马克思主义的人会多起来的，因为马克思主义是科学。它运用历史唯物主义揭示了人类社会发展的规律。封建社会代替奴隶社会，资本主义代替封建主义，社会主义经历一个长过程发展后必然代替资本主义。这是社会历史发展不可逆转的总趋势，但道路是曲折的。资本主义代替封建主义的几百年间，发生过多少次王朝复辟？所以，从一定意义上说，某种暂时复辟也是难以完全避免的规律性现象。一些国家出现严重曲折，社会主义好像被削弱了，但人民经受锻炼，从中吸收教训，将促使社会主义向着更加健康的方向发展。因此，不要惊慌失措，不要认为马克思主义就消失了，没用了，失败了。哪有这回事！

世界和平与发展这两大问题，至今一个也没有解决。社会主义中国应该用实践向世界表明，中国反对霸权主义、强权政治，永不称霸。中国是维护世界和平的坚定力量。

我们要在建设有中国特色的社会主义道路上继续前进。资本主义发展几百年了，我们干社会主义才多长时间！何况我们自己还耽误了20年。如果从建国起，用100年时间把我国建设成中等水平的发达国家，那就很了不起！从现在起到下世纪中叶，将是很要紧的时期，我们要埋头苦干。我们肩膀上的担子重，责任大啊！

——节选自中共中央文献研究室编.十三大以来重要文献选编：下［M］.北京：人民出版社，1993.

【解析】1992年初，在党和国家事业发展面临严峻挑战的重大历史关头，为了坚持党的基本路线不动摇，抓住机遇，加快发展，把改革开放和现代化建设继续推向前进，邓小平于1月18日至2月21日先后赴武昌、深圳、珠海、上海等地视察，沿途发表了一系列重要谈话，史称邓小平南方谈话。南方谈话紧紧围绕我们党"一个中心、两个基本点"的基本路线，及时深刻地阐释了一系列事关党和国家事业发展的重大理论和实践问题，从理论上深刻回答了长期困扰和束缚人们思想的许多重大问题，是把改革开放和现代化建设推向新阶段的又一个解放思想、实事求是的宣言书，不仅对即将召开的党的十四大具有十分重要的指导作用，而且为中国建立社会主义市场经济体制奠定了坚实基础，对中国整个社会主义现代化建设事业具有重大而深远的意义。

（二）习近平关于改革开放前后两个历史时期的重要论述

我们党领导人民进行社会主义建设，有改革开放前和改革开放后两个历史时期，这是两个相互联系又有重大区别的时期，但本质上都是我们党领导人民进行社会主义建设的实践探索。中国特色社会主义是在改革开放历史新时期开创的，但也是在新中国已经建立起社会主义基本制度并进行了20多年建设的基础上开创的。正确认识这个问题，要把握3个方面。一是，如果没有1978年我们党果断决定实行改革开放，并坚定不移推进改革开放，坚定不移把握改革开放的正确方向，社会主义中国就不可能有今天这样的大好局面，就可能面临严重危机,就可能遇到像苏联、东欧国家那样的亡党亡国危机。同时,如果没有1949年建立新中国并进行社会主义革命和建设,积累了重要的思想、物质、制度条件,积累了正反两方面经验,改革开放也很难顺利推进。二是,虽然这两个历史时期在进行社会主义建设的思想指导、方针政策、实际工作上有很大差别,但两者绝不是彼此割裂的,更不是根本对立的。我们党在社会主义建设实践中提出了许多正确主张,当时没有真正落实,改革开放后得到了真正贯彻,将来也还是要坚持和发展的。马克思早就说过:"人们自己创造自己的历史,但是他们并不是随心所欲地创造,并不是在他们自己选定的条件下创造,而是在直接碰到的、既定的、从过去继承下来的条件下创造。"三是,对改革开放前的历史时期要正确评价,不能用改革开放后的历史时期否定改革开放前的历史时期,也不能用改革开放前的历史时期否定改革开放后的历史时期。改革开放前的社会主义实践探索为改革开放后的社会主义实践探索积累了条件,改革开放后的社会主义实践探索是对前一个时期的坚持、改革、发展。对改革开放前的社会主义实践探索,要坚持实事求是的思想路线,分清主流和支流,坚持真理,修正错误,发扬经验,吸取教训,在这个基础上把党和人民事业继续推向前进。

我之所以强调这个问题,是因为这个重大政治问题处理不好,就会产生严重政治后果。古人说:"灭人之国,必先去其史。"国内外敌对势力往往就是拿中国革命史、新中国历史来做文章,竭尽攻击、丑化、污蔑之能事,根本目的就是要搞乱人心,煽动推翻中国共产党的领导和我国社会主义制度。苏联为什么解体?苏共为什么垮台?一个重要原因就是意识形态领域的斗争十分激烈,全面否定苏联历史、苏共历史,否定列宁,否定斯大林,搞历史虚无主义,思想搞乱了,各级党组织几乎没有任何作用了,军队都不在党的领导之下了。最后,苏联共产党偌大一个党就作鸟兽散了,苏联偌大一个社会主义国家就分崩离析了。这是前车之鉴啊!邓小平同志指出:"毛泽东思想这个旗帜丢不得。丢掉了这个旗帜,实际上就否定了我们党的光辉历史。总的来说,我们党的历史还是光辉的历史。虽然我们党在历史上,包括建国以后的30年中,犯过一些大错误,甚至犯过搞'文化大革命'这样的大错误,但是我们党终究把革命搞成功了。中国在世界上的地位,是在中华人民共和国成立以后才大大提高的。只有中华人民共和国的成立,才使我们这个人口占世界总人口近1/4的大国,在世界上站起来,而且站住了。"他还强调:"对毛泽东同志的评价,对毛泽东思想的阐述,不是仅仅涉及毛泽东同志个人的问题,这同我们党、我们国家的整个历史是分不开的。要看到这个全局。""这不只是个理论问题,尤其是个政治问题,是国际国内的很大的政治问题。"这就是一个伟大马克思主义政治家的眼界和胸怀。试想一下,如果当时全盘否定了毛泽东同志,那我们党还能站得住吗?我们国家的社会主义制度还能站得住吗?那就站不住了,站不住就会天下大乱。所以,正确处理改革开放前后的社会主义实践探索的关系,不只是一个历史问题,更主要的是一个政治问题。建议大家把《关于建国以来党的若干历史问题的决议》找出来再看看。

——节选自习近平. 关于坚持和发展中国特色社会主义的几个问题[J]. 求是,2019(7):1—2.

【解析】辩证看待和评价改革开放前后两个历史时期。历史的道路从来不是笔直的单向度,因而总留给后人一些重大问题需要认识和探讨。作为党的领袖,面对党史上的重大问题,不仅不能回避,而且需要拿出具有说服力的结论。改革开放之初,如何看待新中国前 30 年历史特别是社会主义改造、"大跃进""文化大革命"等重大历史事件,尤其是由此引发的关于毛泽东和毛泽东思想的评价,成为邓小平等中央领导人必须面对和解决的重大课题。通过《关于建国以来党的若干历史问题的决议》,这一课题得到科学解答。伴随着改革开放的持续推进,如何看待改革开放前后两个时期的关系,逐渐成为党史的重大问题。

习近平在《关于坚持和发展中国特色社会主义的几个问题》的讲话中阐述了如何看待两个历史时期的关系及其意义。他指出:"我们党领导人民进行社会主义建设,有改革开放前和改革开放后两个历史时期,这是两个相互联系又有重大区别的时期,但本质上都是我们党领导人民进行社会主义建设的实践探索。中国特色社会主义是在改革开放历史新时期开创的,但也是在新中国已经建立起社会主义基本制度并进行了 20 多年建设的基础上开创的。"如果没有 1978 年我们党果断实行改革开放,社会主义中国就不可能有今天的大好局面,就可能面临严重危机;同样,如果没有 1949 年建立新中国并进行社会主义革命和建设,积累了重要的思想、物质、制度基础,积累了正反两方面经验,改革开放也很难顺利推进;改革开放后的社会主义实践探索是对前一个时期的坚持、改革、发展,两个历史时期绝不是彼此割裂的,更不是根本对立的,不能相互否定。他进一步指出:"正确处理改革开放前后的社会主义实践探索的关系,不只是一个历史问题,更主要的是一个政治问题""处理不好,就会产生严重政治后果"。习近平以苏联剧变为反面例子,以邓小平正确评价毛泽东和毛泽东思想为成功案例,说明在历史问题上政治远见与政治敏锐的重要。概言之,辩证看待改革开放前后两个历史时期,关系党接力前进的整体历史形象,关系党坚定不移地高扬改革开放的旗帜、坚定不移地走中国特色社会主义道路。

（三）改革开放和社会主义现代化建设新时期新的飞跃

改革开放和社会主义现代化建设新时期，党面临的主要任务是，继续探索中国建设社会主义的正确道路，解放和发展社会生产力，使人民摆脱贫困、尽快富裕起来，为实现中华民族伟大复兴提供充满新的活力的体制保证和快速发展的物质条件。

"文化大革命"结束以后，在党和国家面临何去何从的重大历史关头，党深刻认识到，只有实行改革开放才是唯一出路，否则我们的现代化事业和社会主义事业就会被葬送。一九七八年十二月，党召开十一届三中全会，果断结束"以阶级斗争为纲"，实现党和国家工作中心战略转移，开启了改革开放和社会主义现代化建设新时期，实现了新中国成立以来党的历史上具有深远意义的伟大转折。党作出彻底否定"文化大革命"的重大决策。四十多年来，党始终不渝坚持这次全会确立的路线方针政策。

党的十一届三中全会以后，以邓小平同志为主要代表的中国共产党人，团结带领全党全国各族人民，深刻总结新中国成立以来正反两方面经验，围绕什么是社会主义、怎样建设社会主义这一根本问题，借鉴世界社会主义历史经验，创立了邓小平理论，解放思想，实事求是，作出把党和国家工作中心转移到经济建设上来、实行改革开放的历史性决策，深刻揭示社会主义本质，确立社会主义初级阶段基本路线，明确提出走自己的路、建设中国特色社会主义，科学回答了建设中国特色社会主义的一系列基本问题，制定了到二十一世纪中叶分三步走、基本实现社会主义现代化的发展战略，成功开创了中国特色社会主义。

党的十三届四中全会以后，以江泽民同志为主要代表的中国共产党人，团结带领全党全国各族人民，坚持党的基本理论、基本路线，加深了对什么是社会主义、怎样建设社会主义和建设什么样的党、怎样建设党的认识，形成了"三个代表"重要思想，在国内外形势十分复杂、世界社会主义出现严重曲折的严峻考验面前捍卫了中国特色社会主义，确立了社会主义市场经济体制的改革目标和基本框架，确立了社会主义初级阶段公有制为主体、多种所有制经济共同发展的基本经济制度和按劳分配为主体、多种分配方式并存的分配制度，开创全面改革开放新局面，推进党的建设新的伟大工程，成功把中国特色社会主义推向二十一世纪。

党的十六大以后，以胡锦涛同志为主要代表的中国共产党人，团结带领全党全国各族人民，在全面建设小康社会进程中推进实践创新、理论创新、制度创新，深刻认识和回答了新形势下实现什么样的发展、怎样发展等重大问题，形成了科学发展观，抓住重要战略机遇期，聚精会神搞建设，一心一意谋发展，强调坚持以人为本、全面协调可持续发展，着力保障和改善民生，促进社会公平正义，推进党的执政能力建设和先进性建设，成功在新形势下坚持和发展了中国特色社会主义。

为了推进改革开放，党重新确立马克思主义的思想路线、政治路线、组织路线，彻底否定"两个凡是"的错误方针，正确评价毛泽东同志的历史地位和毛泽东思想的科学体系。党明确我国社会的主要矛盾是人民日益增长的物质文化需要同落后的社会生产之间的矛盾，解决这个主要矛盾就是我们的中心任务，提出小康社会目标。党在各方面工作中恢复并制定一系列正确政策，调整国民经济。党领导全面开展思想、政治、组织等领域拨乱反正，大规模平反冤假错案和调整社会关系。党制定《关于建国以来党的若干历史问题的决议》，标志着党在指导思想上的拨乱反正胜利完成。

党深刻认识到，开创改革开放和社会主义现代化建设新局面，必须以理论创新引领事业发展。邓小平同志指出，一个党，一个国家，一个民族，如果一切从本本出发，思想僵化，迷信盛行，那它就不能前进，它的生机就停止了，就要亡党亡国。党领导和支持开展真理标准问题大讨论，从新的实践和时代特征出发坚持和发展马克思主义，科学回答了建设中国特色社会主义的发展道路、发展阶段、根本任务、发展动力、发展战略、政治保证、祖国统一、外交和国际战略、领导力量和依靠力量等一系列基本问题，形成中国特色社会主义理论体系，实现了马克思主义中国化新的飞跃。

——节选自《中共中央关于党的百年奋斗重大成就和历史经验的决议》（2021年11月11日中国共产党第十九届中央委员会第六次全体会议通过）。

【解析】 党的十九届六中全会通过的《中共中央关于党的百年奋斗重大成就和历史经验的决议》指出，100年来的四个"伟大飞跃"。新民主主义革命时期——实现了中国从几千年封建专制政治向人民民主的伟大飞跃；社会主义革命和建设时期——实现了一穷二白、人口众多的东方大国大步迈进社会主义社会的伟大飞跃；改革开放和社会主义现代化建设新时期——实现了人民生活从温饱不足到总体小康、奔向全面小康的历史性跨越，推进了中华民族从站起来到富起来的伟大飞跃；党的十八大以来，中国特色社会主义进入新时代——中华民族迎来了从站起来、富起来到强起来的伟大飞跃。这四个"伟大飞跃"的成就一脉相承，是中国共产党百年奋斗，始终以"实现中华民族伟大复兴"为主题的辉煌成果，实现中华民族伟大复兴，进入了不可逆转的历史进程。

五、习题练习

1.（单选）党的十三大召开前夕，邓小平强调指出："社会主义本身是共产主义的初级阶段，而我们中国又处在社会主义的初级阶段，就是不发达的阶段，一切都要从这个实际出发，根据这个实际来制定规划。"这一论述（   ）。

　　A. 首次提出了社会主义初级阶段概念

　　B. 首次系统阐述了社会主义初级阶段理论

　　C. 首次把社会主义初级阶段作为事关全局的基本国情加以把握

　　D. 首次对社会主义发展阶段进行了划分

【答案】C

【考点】社会主义初级阶段

【解析】党的十三大首次系统阐述了社会主义初级阶段理论，邓小平同志在十三大召开前夕的论述，首次把社会主义初级阶段作为事关全局的基本国情加以把握。故 C 选项为正确答案。ABD 选项为错误说法。

2.（单选）1981 年党的十一届六中全会通过《关于建国以来党的若干历史问题的决议》，对我国社会主要矛盾做了规范的表述："社会主义改造完成以后，我国所要解决的主要矛盾，是人民日益增长的物质文化需要同落后的社会生产之间的矛盾。"我国社会主要矛盾的主要方面将长期是（   ）。

　　A. 生产力落后

　　B. 生产力不断发展的要求

　　C. 经济文化发展不平衡

　　D. 人民日益增长的物质文化需要

【答案】A

【考点】社会主义初级阶段的主要矛盾

【解析】社会主义初级阶段的主要矛盾是人民日益增长的物质文化需要同落后的社会生产之间的矛盾。这个主要矛盾，深刻反映了我国社会主义初级阶段的特殊本质。从社会需要方面来看，随着社会主义制度的建立，人民群众在旧社会被压抑的社会需求被广泛释放出来，人民对于崭新的社会制度能够满足他们的物质文化需要，寄予了很大的期望。从社会生产方面看，经过几十年来的社会主义建设，我国的社会生产力和经济实力有了巨大的增长，教育科学文化事业也有了相当发展，但是生产力落后、经济文化发展很不平衡的状况还没有得到根本改变。所以在我国社会主要矛盾中，生产力落后将长期是矛盾的主要方面。故 A 选项为正确答案。BCD 选项为错误说法。

3.（单选）1997 年 7 月 1 日，中国政府对香港恢复行使主权，香港特别行政区成立。香港特别行政区基本法开始实施。香港进入了"一国两制""港人治港"、高度自治的历史新纪元。香港特别行政区的高度自治权是（　　）。

A．特别行政区的完全自治权

B．中央授权之外的剩余权力

C．特别行政区本身固有的权力

D．中央授予的地方事务管理权

【答案】D

【考点】"一国两制"

【解析】高度自治不是完全自治，而是中央政府授予香港的地方事务管理权，也不是中央授权之外的剩余权力，因此，ABC 选项都是错误说法。故 D 选项为正确答案。

4.（单选）1992 年，党的十四大提出了我国经济体制改革的目标是建立社会主义市场经济体制。经过十四大到十八届三中全会 20 多年的实践，党对政府和市场的关系有了新的科学定位，提出使市场在资源配置中起（　　）。

A．辅助性作用

B．决定性作用

C．基础性作用

D．补充性作用

【答案】B

【考点】社会主义市场经济体制

【解析】本题考查的是市场经济的作用。十八届三中全会提出社会主义市场经济在资源配置中起决定性作用。故 B 选项为正确答案。ACD 选项为错误说法。

5.（单选）改革开放以来，人民代表大会制度建设和人民代表大会的工作得到不断推进。全国和地方各级人民代表大会的代表（　　）。

A．实行差额选举

B．按党派分配名额

C．按单位分配名额

D. 实行等额选举

【答案】A

【考点】人民代表大会制度

【答案解析】改革开放以来，全国和地方各级人民代表大会的代表实行普遍的差额选举。故 A 选项为正确答案。BCD 选项为错误说法。

6.（多选）1976 年，针对当时存在的是否还要坚持毛泽东思想的问题，邓小平指出："有些同志说，我们只拥护'正确的毛泽东思想'，而不拥护'错误的毛泽东思想'。这种说法也是错误的。""这种说法"之所以错误，是因为（   ）。

A. 没有把毛泽东思想与毛泽东的思想区分开来

B. 没有把毛泽东思想与有中国特色的社会主义理论区分开来

C. 没有把毛泽东晚年的错误与毛泽东思想的科学体系区分开来

D. 没有把毛泽东与党的其他领导人对毛泽东思想的贡献区分开来

【答案】AC

【考点】对毛泽东思想的评价

【解析】1981 年十一届六中全会通过的《关于建国以来党的若干历史问题的决议》科学地评价了毛泽东和毛泽东思想的历史地位，充分论述了毛泽东思想作为党的指导思想的伟大意义。毛泽东是马克思主义中国化的伟大开拓者，是毛泽东思想的主要创立者，毛泽东思想是马克思列宁主义在中国的运用和发展，是被实践证明了的关于中国革命和建设的正确理论原则和经验总结，是中国共产党集体智慧的结晶，应正确区分毛泽东思想与毛泽东的思想。题干中所体现出的说法的错误在于没有把毛泽东思想与毛泽东的思想区分开来，没有把毛泽东晚年的错误与毛泽东思想的科学体系区分开来，因此，BD 选项为错误说法。故 AC 选项为正确答案。

7.（多选）1981 年 6 月，十一届六中全会审议并通过了《关于建国以来党的若干历史问题的决议》，科学评价了毛泽东和毛泽东思想的历史地位，将毛泽东思想活的灵魂概括为（   ）。

A. 实事求是

B. 独立自主

C. 群众路线

D. 武装斗争

【答案】ABC

【考点】毛泽东思想

【解析】本题考查的是关于毛泽东思想的基础知识，难度较小。1981 年 6 月 27 日至 29 日，中国共产党第十一届中央委员会第六次全体会议在北京举行。全会一致通过《关于建国以来党的若干历史问题的决议》。《关于建国以来党的若干历史问题的决议》指出，毛泽东思想的活的灵魂，是贯穿于上述各个理论组成部分的立场、观点和方法，它们有三个基本方面，即实事求是，群众路线，独立自主。故 ABC 为正确答案。D 选项为错误说法。

8.（多选）1992 年初，在关乎中国改革开放和社会主义现代化建设前途命运的关键时刻，邓小平在视察武昌、深圳、珠海、上海等地时，发表了重要谈话。谈话的主要内容有（　　）。

A. 革命是解放生产力，改革也是解放生产力

B. 不坚持社会主义，不改革开放，不发展经济，不改善人民生活，只能是死路一条

C. 走社会主义道路，就是要逐步实现共同富裕

D. 计划多一点还是市场多一点，不是社会主义与资本主义的本质区别

【答案】ABCD

【考点】改革开放的历史性突破

【解析】1992 年 1 月 18 日至 2 月 21 日，邓小平先后视察武昌、深圳、珠海、上海等地并发表重要谈话。谈话的主要内容有：第一，计划和市场都是经济手段。邓小平指出："计划多一点还是市场多一点，不是社会主义与资本主义的本质区别。"第二，阐明了社会主义本质。邓小平指出："社会主义的本质，是解放生产力，发展生产力，消灭剥削，消除两极分化，最终达到共同富裕。"第三，提出了"发展才是硬道理"。判断改革开放和各项工作成败得失的"三个有利于"标准。邓小平强调，"革命是解放生产力，改革也是解放生产力"。第四，强调加强党的建设。第五，提出基本路线要管 100 年，动摇不得。第六，关于社会主义初级阶段的长期性和前途。综上所述，故 ABCD 为正确答案。

9.（多选）我国经济体制的改革首先在农村取得突破性进展。党的十一届三中全会曾指出："我国农业近二十年来的发展速度不快，它同人民的需要和四个现代化的需要之间存在着极其尖锐的矛盾。"当时我国农业和农村经济发展面临的主要问题有（　　）。

A. 农民的温饱问题尚未完全解决

B. 农村的土地改革尚未完成

C. 人民公社体制亟待改革

D. 乡镇企业管理体制亟待改革

【答案】AC

【考点】农村改革的突破性进展

【解析】党的十一届三中全会以后,农业和农村经济发展面临两大难题:一是"政社合一"的人民公社体制亟待改革;二是还有 1 亿多农民的温饱问题尚未解决。因此,AC 选项为正确答案。农村的土地改革在十一届三中全会之前就已经完成了,B 选项不正确。乡镇企业管理体制改革是改革开放之后的内容,与本题所问不相干,D 选项不正确。

10.(多选)1992 年初,邓小平在南方谈话中指出:"社会主义的本质是解放生产力,发展生产力。消灭剥削,消除两极分化,最终达到共同富裕。"这一概括对社会主义传统认识的突破主要体现在(　　)。

A. 破除了脱离生产力水平抽象谈论社会主义的认识

B. 否定了社会主义必须坚持公有制和按劳分配原则的认识

C. 摆脱了长期以来忽视建设社会主义根本目的和目标的认识

D. 纠正了把社会主义本质等同于社会主义具体做法的认识

【答案】ACD

【考点】社会主义本质

【解析】邓小平的这一论断强调了解放和发展生产力在社会主义本质中的地位,破除了脱离生产力水平谈论社会主义的认识,从中国的国情出发,把实现共同富裕作为社会主义的根本目标,揭示了实现社会主义本质与建设社会主义道路之间的内在逻辑关系。故 ACD 选项为正确答案。社会主义本质理论只是纠正了把社会主义本质等同于公有制和按劳分配的认识,但并不否认社会主义初级阶段依然要坚持公有制的主体地位和按劳分配原则。故 B 选项不符合题意。

专题十 中国特色社会主义进入新时代

一、学习目的

通过对党的十八大以来改革开放历史的回顾，深刻理解党的十八大以来党和国家事业发生的历史性变革的内涵，体会中国共产党巨大的政治勇气和智慧，体悟中国共产党人开拓创新、锐意变革的精神，坚定"四个自信"。

理解中国特色社会主义进入新时代，在新的历史方位下，中华民族迎来了实现伟大复兴的光明前景，比历史上任何时期都更接近伟大复兴的目标，比历史上任何时期都更有信心、有能力实现这个目标的历史必然性。

理解中华民族迎来了从站起来、富起来到强起来的伟大飞跃的内涵，从学习中汲取精神和力量，迎难而上，开拓进取，将"小我"融入"大我"，为实现第二个百年奋斗目标、实现中华民族伟大复兴的中国梦而不懈奋斗。

二、重难点解析

（一）中国特色社会主义进入新时代的依据和意义

党的十九大作出中国特色社会主义进入新时代、我国社会主要矛盾发生新变化的重大政治判断。大会指出，经过长期努力，中国特色社会主义进入了新时代。这个重大政治论断揭示了党和人民事业所处的历史方位和发展阶段，是党明确阶段性中心任务、制定路线方针政策的根本依据。

大会提出我国社会主要矛盾已经转化为人民日益增长的美好生活需要和不平衡不充分的发展之间的矛盾，这是关系全局的历史性变化，对党和国家工作提出了许多新要求。从人民日益增长的物质文化需要同落后的社会生产之间的矛盾，到人民日益增长的美好生活需要和不平衡不充分的发展之间的矛盾，是经济社会发展的必然结果。

中国特色社会主义进入新时代的意义是什么？从2017年7月26日，中共中央总书记、国家主席、中央军委主席习近平在省部级主要领导干部"学习习近平总书记重要讲话精神，迎接党的十九大"专题研讨班开班式上的重要讲话，到2022年党的二十大报告，习近平从三个方面阐释了它的意义：一是从民族复兴的角度来看，意味着近代以来久经磨难的中华民族迎来了从站起来、富起来到强起来的伟大飞跃，迎来了实现中华民族伟大复兴的光明前景；二是从社会主义角度来看，意味着科学社会主义在21世纪的中国焕发出强大生机活力，在世界上高高举起了中国特色社会主义伟大旗帜；三是从中国特色社会主义对世界发展中国家的贡献来看，意味着中国特色社会主义道路、理论、制度、文化不断发展，拓展了发展中国家走向现代化的途径，给世界上那些既希望加快发展又希望保持自身独立性的国家和民族提供了全新选择，为解决人类问题贡献了中国智慧和中国方案。

（二）习近平新时代中国特色社会主义思想的历史地位

党的十九大审议通过了《中国共产党章程（修正案）》，把习近平新时代中国特色社会主义思想确立为党的指导思想，在党章中把习近平新时代中国特色社会主义思想同马克思列宁主义、毛泽东思想、邓小平理论、"三个代表"重要思想、科学发展观一道确立为党的行动指南。

2018年3月，十三届全国人民代表大会第一次会议通过的宪法修正案，把习近平新时代中国特色社会主义思想载入宪法，实现了国家指导思想的与时俱进，反映了全国各族人民共同意志和全社会共同意愿。

党的十八大以来，以习近平同志为核心的党中央从理论和实践结合上系统回答了新时代坚持和发展什么样的中国特色社会主义、怎样坚持和发展中国特色社会主义这个重大时代课题，回答了新时代坚持和发展中国特色社会主义的总目标、总任务、总体布局、战略布局和发展方向、发展方式、发展动力、战略步骤、外部条件、政治保证等基本问题，并且根据新的实践对经济、政治、法治、科技、文化、教育、民族、宗教、社会、生态文明、国家安全、国防和军队、"一国两制"和祖国统一、统一战线、外交、党的建设等各方面作出理论分析和政策指导，创立了习近平新时代中国特色社会主义思想。

习近平以马克思主义政治家、思想家、战略家的非凡勇气、卓越政治智慧、强烈使命担当，提出一系列具有开创性意义的新理念新思想新战略，为习近平新时代中国特色社会主义思想的创立发挥了决定性作用、作出了决定性贡献，是这一思想的主要创立者。

新时代中国特色社会主义思想是当代中国马克思主义、二十一世纪马克思主义，是中华文化和中国精神的时代精华，实现了马克思主义中国化新的飞跃。习近平新时代中国特色社会主义思想为发展马克思主义作出了原创性贡献。这一思想是不断发展的开放的理论，是在理论与实践相结合的基础上不断与时俱进的科学理论，在指导新时代伟大社会革命和伟大自我革命的历史进程中，随着中国特色社会主义伟大实践的深入推进而持续发展、不断丰富、更加完善。习近平强军思想、经济思想、外交思想、生态文明思想、法治思想是这一理论体系在相关领域的展开。实践永无止境，理论创新也永无止境，习近平新时代中国特色社会主义思想作为当代中国马克思主义、二十一世纪马克思主义，必然随着时代的变化和实践的发展不断实现创新发展。

（三）新时代脱贫攻坚取得全面胜利

消除贫困、改善民生、逐步实现共同富裕，是中国特色社会主义的本质要求，是中国共产党的重要历史使命。习近平强调："全面建成小康社会、实现第一个百年奋斗目标，农村贫困人口全部脱贫是一个标志性指标。""历史充分证明，江山就是人民，人民就是江山，人心向背关系党的生死存亡。"

以习近平同志为核心的党中央，坚持以人民为中心的发展思想，把脱贫攻坚摆到治国理政的重要位置，提升到事关全面建成小康社会、实现第一个百年奋斗目标的政治高度，充分发挥党的领导和中国社会主义制度的政治优势，采取了许多具有原创性、独特性的重大举措，组织实施了人类历史上规模最大、力度最强的脱贫攻坚战。2017年10月，党的十九大向全党全国人民发出坚决打赢脱贫攻坚战的动员令，在党中央的坚强领导下，全社会积极参与，广大党员发挥先锋模范作用，精准扶贫、精准脱贫，扶真贫、真扶贫、真脱贫。注重扶贫同扶志、扶智相结合，深入实施东西部扶贫协作，重点攻克深度贫困地区脱贫任务。2020年，这场举全党全国之力的脱贫攻坚战取得决定性胜利，11月23日，是一个载入史册的不平凡的日子，中国最后9个贫困县宣布贫困退出。经过8年的持续奋斗，全国832个贫困县全部摘帽，12.8万个贫困村全部出列，近1亿贫困人口实现脱贫，消除了绝对贫困和区域性整体贫困。2021年2月25日，全国脱贫攻坚总结表彰大会举行，习近平在会上庄严宣告：我国脱贫攻坚战取得了全面胜利。这是中国人民的伟大光荣，是中国共产党的伟大光荣，是中华民族的伟大光荣！

农村贫困人口全部脱贫，为实现全面建成小康社会目标任务作出了关键性贡献，脱贫地区经济社会发展大踏步赶上来，整体面貌发生历史性巨变，脱贫群众精神风貌焕然一新、增添了自立自强的信心勇气，党群干群关系明显改善，中国共产党在农村的执政基础更加牢固，创造了减贫治理的中国样本，为全球减贫事业作出了更大贡献。

（四）"两个确立"的重大意义

党的十九届六中全会通过的《中共中央关于党的百年奋斗重大成就和历史经验的决议》（以下简称《决议》）指出："党确立习近平同志党中央的核心、全党的核心地位，确立习近平新时代中国特色社会主义思想的指导地位，反映了全党全军全国各族人民共同心愿，对新时代党和国家事业发展、对推进中华民族伟大复兴历史进程具有决定性意义。""两个确立"为进行伟大斗争、建设伟大工程、推进伟大事业、实现伟大梦想培根铸魂、凝心聚力，是夺取新征程新胜利的根本保证。

"两个确立"反映了全党全军全国各族人民的共同心愿，必将为实现中华民族伟大复兴提供更为坚强的政治保证。确立习近平同志党中央的核心、全党的核心地位，确立习近平新时代中国特色社会主义思想的指导地位，是时代呼唤、历史选择、民心所向。

"两个确立"是时代、历史和人民的共同选择、郑重选择、必然选择，是党和国家之幸、人民之幸、中华民族之幸，必将以强大的号召力、坚定的推动力、坚实的保障力，为中华民族复兴伟业提供更为坚强的政治保证。

"两个确立"体现了我们党在指导思想上的与时俱进，必将为实现中华民族伟大复兴提供更为强大的思想指引。

"两个确立"展现了我们党推进新时代党和人民事业伟大实践的历史担当，必将为实现中华民族伟大复兴汇聚更为磅礴的奋进力量。

"两个确立"宣示了我们党牢记初心使命、永葆生机活力的坚定决心，必将为实现中华民族伟大复兴提供更为强大的组织优势。

一个国家、一个政党，领导核心至关重要。全党有核心，党中央才有权威，党才有力量。党中央的权威和集中统一领导，关乎党的创造力、凝聚力、战斗力，关乎党的事业兴衰成败，关乎党的生死存亡。党的十八大以来，以习近平同志为核心的党中央总揽全局、协调各方，开创了中国特色社会主义新时代，推动中华民族伟大复兴进入了不可逆转的历史进程。党的十九届六中全会以《决议》的形式进一步阐明"两个确立"这一重大历史结论、重大政治判断，进一步强调党中央集中统一领导是党的领导的最高原则，进一步彰显了党的领导是中国特色社会主义最本质的特征、中国特色社会主义制度的最大优势，对于把我们党团结凝聚成"一块坚硬的钢铁"，心往一处想、劲往一处使，团结一致向前进，具有十分重大而深远的政治意义和历史意义。

在以习近平同志为核心的党中央坚强领导下,在习近平新时代中国特色社会主义思想科学指引下,我们实现了第一个百年奋斗目标,在中华大地上全面建成了小康社会,已经踏上全面建设社会主义现代化国家新征程,正在向第二个百年奋斗目标迈进。党确立习近平同志党中央的核心、全党的核心地位,确立习近平新时代中国特色社会主义思想的指导地位,为坚定不移推进中华民族伟大复兴历史进程提供了根本保证。新征程上,切实增强对"两个确立"的政治认同、思想认同、理论认同、情感认同,把"两个确立"真正转化为坚决做到"两个维护"的思想自觉、政治自觉、行动自觉,我们就一定能够汇聚起更为磅礴的奋进力量,实现中华民族伟大复兴的宏伟目标。

三、经典案例分析

案例一 习近平参观《复兴之路》展览

2012年11月29日上午,习近平等来到国家博物馆,走进一个个展厅,仔细观看展览,认真听取工作人员讲解。一幅幅图片,一张张图表,一件件实物,一段段视频,把人们带回了近代以来跌宕起伏、波澜壮阔的难忘岁月。

在19世纪末列强割占领土、设立租借地、划定势力范围示意图前,在鸦片战争期间虎门的大炮前,在反映辛亥革命的文物和照片前,在《共产党宣言》第一个中文全译本前,在《中国共产党的第一个纲领》等反映中国共产党成立的文物和照片前,在李大钊狱中亲笔自述前,在中华人民共和国第一面五星红旗前,在党的十一届三中全会照片前,习近平等不时停下脚步,认真观看,详细询问和了解有关情况。

在参观过程中,习近平发表了重要讲话。他表示,《复兴之路》这个展览,回顾了中华民族的昨天,展示了中华民族的今天,宣示了中华民族的明天,给人以深刻教育和启示。中华民族的昨天,可以说是"雄关漫道真如铁"。近代以后,中华民族遭受的苦难之重、付出的牺牲之大,在世界历史上都是罕见的。但是,中国人民从不屈服,不断奋起抗争,终于掌握了自己的命运,开始了建设自己国家的伟大进程,充分展示了以爱国主义为核心的伟大民族精神。中华民族的今天,正可谓"人间正道是沧桑"。改革开放以来,我们总结历史经验,不断艰辛探索,终于找到了实现中华民族伟大复兴的正确道路,取得了举世瞩目的成果。这条道路就是中国特色社会主义。中华民族的明天,可以说是"长风破浪会有时"。经过鸦片战争以来170多年的持续奋斗，中华民族伟大复兴展现出光明的前景。现在，我们比历史上任何时期都更接近中华民族伟大复兴的目标，比历史上任何时期都更有信心、有能力实现这个目标。

——节选自承前启后　继往开来　继续朝着中华民族伟大复兴目标奋勇前进 [N]．新华网，2012—11—29．

【案例分析】

2012年11月29日，习近平在参观《复兴之路》展览时首次提出并阐释实现中华民族伟大复兴的中国梦。习近平强调，实现中华民族伟大复兴就是中华民族近代以来最伟大的梦想，需要一代又一代中国人共同为之努力。我们坚信"到中国共产党成立100年时全面建成小康社会的目标一定能实现，到新中国成立100年时建成富强民主文明和谐的社会主义现代化国家的目标一定能实现，中华民族伟大复兴的梦想一定能实现"。

此后，习近平在十二届全国人大一次会议等重要场合，进一步阐述和丰富了中国梦的基本内涵、实践途径和依靠力量。习近平指出，中国梦核心内涵是中华民族伟大复兴，本质是国家富强、民族振兴、人民幸福。实现中国梦必须走中国道路，这就是中国特色社会主义道路；必须弘扬中国精神，这就是以爱国主义为核心的民族精神和以改革创新为核心的时代精神；必须凝聚中国力量，这就是中国各族人民大团结的力量。中国梦是国家的梦、民族的梦，也是每一个中华儿女的梦，中国梦归根到底是人民的梦，必须紧紧依靠人民来实现，必须不断为人民造福。中国梦是和平、发展、合作、共赢的梦，不仅造福中国人民，而且造福世界人民。

案例二　总书记这样引领中国式现代化

"中国幅员辽阔、人口众多，要想发展振兴，最重要的就是立足国情、走自己的路。"

"我会见一些国家的领导人时，他们感慨地说，中国这么大的国家怎么治理呢？"

2013年3月19日，习近平主席在接受金砖国家媒体联合采访时娓娓而谈："这样一个大国，这样多的人民，这么复杂的国情，领导者要深入了解国情，了解人民所思所盼，要有'如履薄冰，如临深渊'的自觉，要有'治大国如烹小鲜'的态度，丝毫不敢懈怠，丝毫不敢马虎，必须夙夜在公、勤勉工作。"

时光荏苒，又一个早春时节。

2019年3月22日，习近平主席会见意大利众议长菲科时指出："这么大一个国家，责任非常重、工作非常艰巨。我将无我，不负人民。我愿意做到一个'无我'的状态，为中国的发展奉献自己。"

两段话语，映照初心，折射出治理一个人口规模巨大国家的不易。

大国之大，在人口规模之大。以中国的体量，再大的成就除以14亿多人都会变得很小，再小的问题乘以14亿多人都会变得很大。

大国之大，在地区差异之大。"我国幅员辽阔、人口众多，各地区自然资源禀赋差别之大在世界上是少有的，统筹区域发展从来都是一个重大问题。"习近平总书记指出。

"大国之大，也有大国之重。"作为有着14亿多人口的国家，中国用几十年的时间走完了发达国家几百年走过的发展历程。同时，我们也清醒认识到，中国仍然是世界上最大的发展中国家，仍然处于社会主义初级阶段。让14亿多人都过上好日子，还需要进行长期艰苦努力。

"我们不能一边宣布实现了全面建成小康社会目标，另一边还有几千万人口生活在扶贫标准线以下。"习近平总书记的话语重若千钧。

2021年2月25日，习近平总书记在全国脱贫攻坚总结表彰大会上庄严宣告，经过全党全国各族人民共同努力，在迎来中国共产党成立一百周年的重要时刻，我国脱贫攻坚战取得了全面胜利，现行标准下9899万农村贫困人口全部脱贫，832个贫困县全部摘帽，12.8万个贫困村全部出列，区域性整体贫困得到解决，完成了消除绝对贫困的艰巨任务，创造了又一个彪炳史册的人间奇迹！

党的十八大以来，平均每年1000多万人脱贫，相当于一个中等国家的人口脱贫。

这样的人间奇迹，写在幅员辽阔的中国大地上，写在人口规模巨大的中国式现代化道路上。

历尽天华成此景，人间万事出艰辛。在这样超大规模的国家实现现代化，是一个世界性和世纪性的难题——迄今为止，全球实现现代化的国家和地区人口约为10亿人，不到全球人口的1/7。

凡益之道，与时偕行。走自己的路，是我们党百年奋斗得出的历史结论。习近平总书记指出："中国幅员辽阔、人口众多，要想发展振兴，最重要的就是立足国情、走自己的路。"

2021年3月22日傍晚，武夷山九曲溪畔，正在福建考察的习近平总书记走进朱熹园。总书记意味深长地说："如果没有中华五千年文明，哪里有什么中国特色？如果不是中国特色，哪有我们今天这么成功的中国特色社会主义道路？"

2021年6月7日至9日，习近平总书记在青海考察时表示："我相信，到新中国成立一百年时，中华民族一定能够更加坚强地屹立于世界民族之林。到那个时候，一个幸福的国家、一个现代化的国家，一定会建设起来。"

领航壮阔征程，指引前进道路。"历史和实践已经并将进一步证明，这条道路，不仅走得对、走得通，而且也一定能够走得稳、走得好。我们将坚定不移沿着这条光明大道走下去，既发展自身又造福世界。"习近平总书记话语铿锵。

——节选自总书记这样引领中国式现代化　坚定不移沿着这条光明大道走下去［N］. 人民日报，2022—02—28（1）.

【案例分析】

习近平总书记在党的二十大报告中指出：中国式现代化"既有各国现代化的共同特征，更有基于自己国情的中国特色"。深入理解和把握中国式现代化的本质要求，一个重要方面在于将中国式现代化的本质要求与中国特色结合起来，深刻认识和把握两者之间的辩证统一关系。

从"人口规模巨大的现代化"来认识中国式现代化的本质要求。坚持中国共产党领导，坚持中国特色社会主义，发展全过程人民民主，是中国式现代化的本质要求的重要内容。我国14亿多人口整体迈进现代化社会，规模超过现有发达国家人口的总和，艰巨性和复杂性前所未有。推进中国式现代化，必须坚持党的领导，充分发挥党总揽全局、协调各方的领导核心作用。必须坚持中国特色社会主义，充分发挥社会主义集中力量办大事的优势，在统筹兼顾中协调处理好现代化建设各方面各领域的关系。必须发展全过程人民民主，坚持人民主体地位，充分体现人民意志、保障人民权益、激发人民创造活力。

从"全体人民共同富裕的现代化"来认识中国式现代化的本质要求。共同富裕是中国特色社会主义的本质要求，实现全体人民共同富裕是中国式现代化的本质要求的重要内容。党的十八大以来，以习近平同志为核心的党中央科学把握新发展阶段，把逐步实现全体人民共同富裕摆在更加突出的位置，团结带领全党全国各族人民完成脱贫攻坚、全面建成小康社会的历史任务，实现第一个百年奋斗目标。共同富裕是一个长期的历史过程，要着力维护和促进社会公平正义，着力促进全体人民共同富裕，坚决防止两极分化，不断推动人的全面发展、全体人民共同富裕取得更为明显的实质性进展。

从"物质文明和精神文明相协调的现代化"来认识中国式现代化的本质要求。物质富足、精神富有是社会主义现代化的根本要求。实现高质量发展，丰富人民精神世界，是中国式现代化的本质要求的重要内容。坚持高质量发展，才能不断厚植现代化的物质基础，不断夯实人民幸福生活的物质条件。大力发展社会主义先进文化，加强理想信念教育，传承中华文明，才能不断丰富人民精神世界。只有坚持高质量发展，不断丰富人民精神世界，才能不断促进物的全面丰富和人的全面发展。

从"人与自然和谐共生的现代化"来认识中国式现代化的本质要求。促进人与自然和谐共生是中国式现代化的本质要求之一。尊重自然、顺应自然、保护自然，是全面建设社会主义现代化国家的内在要求。建设人与自然和谐共生的现代化，必须坚持可持续发展，坚持节约优先、保护优先、自然恢复为主的方针，像保护眼睛一样保护自然和生态环境，坚定不移走生产发展、生活富裕、生态良好的文明发展道路，实现中华民族永续发展。

从"走和平发展道路的现代化"来认识中国式现代化的本质要求。推动构建人类命运共同体，是中国式现代化本质要求的重要内容。当前，世界百年未有之大变局加速演进，建设持久和平、共同繁荣的世界是各国人民的共同愿望。必须坚定站在历史正确的一边、站在人类文明进步的一边，高举和平、发展、合作、共赢旗帜，在坚定维护世界和平与发展中谋求自身发展，又以自身发展更好维护世界和平与发展。

世界上既不存在定于一尊的现代化模式，也不存在放之四海而皆准的现代化标准。推进中国式现代化也是创造人类文明新形态的过程。中国式现代化从人类文明发展的高度彰显本质要求和中国特色，彻底打破了现代化就是西方化的迷思，拓展了发展中国家走向现代化的途径，给世界上那些既希望加快发展又希望保持自身独立性的国家和民族提供了全新选择，为人类实现现代化提供了新的选择。

案例三　钟南山——大医大爱　守护生命

2020年9月8日，在全国抗击新冠肺炎疫情表彰大会上，中国工程院院士、广州医科大学附属第一医院国家呼吸系统疾病临床医学研究中心主任钟南山被授予"共和国勋章"。

在抗击新冠肺炎疫情中，钟南山勇挑重担，始终冲在第一线，用仁心仁术守护着人民的生命健康。

……

很多人不会忘记一张钟南山坐高铁赴武汉的照片。那天晚上，他紧急奔赴第一线，被临时安顿在餐车里，一脸倦容，眉头紧锁，闭目养神，身前是一摞刚刚翻看过的文件。两天之后，作为国家卫健委高级别专家组组长，钟南山告知公众新冠肺炎存在"人传人"现象。经过调研，他很快提出"早关注、早部署、早启动、早落实"的策略，为遏制新冠肺炎疫情蔓延赢得了宝贵时间。

"生命至上，在新冠肺炎救治中不放弃每一个生命。"钟南山带领广州医科大学附属第一医院团队，收治了广州大量新冠肺炎重症患者。他主持了《新型冠状病毒肺炎诊疗方案》第二版至第八版的撰写与修订。他还利用远程网络会议系统，牵头对湖北武汉、荆州等地的危重症、重症病例进行远程会诊24场超过55例次，指导临床诊疗工作，提高了危重病例救治的成功率。

……

——节选自大医大爱　守护生命（奋斗百年路　启航新征程·"共和国勋章"获得者）[N]. 人民日报，2021—09—09（4）.

【案例分析】

新冠肺炎疫情发生后，党中央将疫情防控作为头等大事来抓。习近平总书记亲自指挥、亲自部署，坚持把人民生命安全和身体健康放在第一位，提出坚定信心、同舟共济、科学防治、精准施策的总要求。在党中央坚强领导下，中国人民风雨同舟、众志成城，发扬一方有难、八方支援精神，构筑起疫情防控的坚固防线。党中央及时将全国总体防控策略调整为"外防输入、内防反弹"，推动防控工作由应急性超常规防控向常态化防控转变。在自身疫情防控面临巨大压力情况下，尽己所能为国际社会提供援助。针对疫情带来的冲击，党中央统筹推进疫情防控和经济社会发展，加大宏观政策应对力度，在一系列政策作用下，2020年中国经济二季度增速转负为正，三季度延续转正态势，复苏更为强劲，前三季度累计实现正增长，在全球率先复苏，成为当年唯一实现正增长的世界主要经济体。

2020年9月8日，全国抗击新冠肺炎疫情表彰大会隆重举行。中共中央总书记、国家主席、中央军委主席习近平为"共和国勋章"获得者钟南山，"人民英雄"国家荣誉称号获得者张伯礼、张定宇、陈薇，一一颁授勋章奖章。大会还表彰了全国抗击新冠肺炎疫情先进个人和先进集体、全国优秀共产党员和全国先进基层党组织。习近平在大会上深刻阐述生命至上、举国同心、舍生忘死、尊重科学、命运与共的伟大抗疫精神。生命至上，集中体现了中国人民深厚的仁爱传统和中国共产党人以人民为中心的价值追求。举国同心，集中体现了中国人民万众一心、同甘共苦的团结伟力。舍生忘死，集中体现了中国人民敢于压倒一切困难而不被任何困难所压倒的顽强意志。尊重科学，集中体现了中国人民求真务实、开拓创新的实践品格。命运与共，集中体现了中国人民和衷共济、爱好和平的道义担当。习近平指出:"伟大抗疫精神,同中华民族长期形成的特质禀赋和文化基因一脉相承,是爱国主义、集体主义、社会主义精神的传承和发展,是中国精神的生动诠释,丰富了民族精神和时代精神的内涵"。

新冠肺炎疫情加速了世界格局演变,世界不稳定性不确定性明显增加。面对错综复杂的国际环境带来的新矛盾新挑战,面对我国社会主要矛盾变化带来的新特征新要求,党中央统筹中华民族伟大复兴战略全局和世界百年未有之大变局,带领全党全国人民,以"踏平坎坷成大道,斗罢艰险又出发"的顽强意志,努力在危机中育先机、于变局中开新局,向着中华民族伟大复兴的目标继续前进。

四、拓展阅读

(一)《中国共产党第十九届中央委员会第六次全体会议公报》(节选)

全会提出,中国共产党自一九二一年成立以来,始终把为中国人民谋幸福、为中华民族谋复兴作为自己的初心使命,始终坚持共产主义理想和社会主义信念,团结带领全国各族人民为争取民族独立、人民解放和实现国家富强、人民幸福而不懈奋斗,已经走过一百年光辉历程。党和人民百年奋斗,书写了中华民族几千年历史上最恢宏的史诗。

全会提出,新民主主义革命时期,党面临的主要任务是,反对帝国主义、封建主义、官僚资本主义,争取民族独立、人民解放,为实现中华民族伟大复兴创造根本社会条件。在革命斗争中,以毛泽东同志为主要代表的中国共产党人,把马克思列宁主义基本原理同中国具体实际相结合,对经过艰苦探索、付出巨大牺牲积累的一系列独创性经验作了理论概括,开辟了农村包围城市、武装夺取政权的正确革命道路,创立了毛泽东思想,为夺取新民主主义革命胜利指明了正确方向。党领导人民浴血奋战、百折不挠,创造了新民主主义革命的伟大成就,成立中华人民共和国,实现民族独立、人民解放,彻底结束了旧中国半殖民地半封建社会的历史,彻底结束了极少数剥削者统治广大劳动人民的历史,彻底结束了旧中国一盘散沙的局面,彻底废除了列强强加给中国的不平等条约和帝国主义在中国的一切特权,实现了中国从几千年封建专制政治向人民民主的伟大飞跃,也极大改变了世界政治格局,鼓舞了全世界被压迫民族和被压迫人民争取解放的斗争。中国共产党和中国人民以英勇顽强的奋斗向世界庄严宣告,中国人民从此站起来了,中华民族任人宰割、饱受欺凌的时代一去不复返了,中国发展从此开启了新纪元。

全会提出，社会主义革命和建设时期，党面临的主要任务是，实现从新民主主义到社会主义的转变，进行社会主义革命，推进社会主义建设，为实现中华民族伟大复兴奠定根本政治前提和制度基础。在这个时期，以毛泽东同志为主要代表的中国共产党人提出关于社会主义建设的一系列重要思想。毛泽东思想是马克思列宁主义在中国的创造性运用和发展，是被实践证明了的关于中国革命和建设的正确的理论原则和经验总结，是马克思主义中国化的第一次历史性飞跃。党领导人民自力更生、发愤图强，创造了社会主义革命和建设的伟大成就，实现了中华民族有史以来最为广泛而深刻的社会变革，实现了一穷二白、人口众多的东方大国大步迈进社会主义社会的伟大飞跃。我国建立起独立的比较完整的工业体系和国民经济体系，农业生产条件显著改变，教育、科学、文化、卫生、体育事业有很大发展，人民解放军得到壮大和提高，彻底结束了旧中国的屈辱外交。中国共产党和中国人民以英勇顽强的奋斗向世界庄严宣告，中国人民不但善于破坏一个旧世界、也善于建设一个新世界，只有社会主义才能救中国，只有社会主义才能发展中国。

全会提出，改革开放和社会主义现代化建设新时期，党面临的主要任务是，继续探索中国建设社会主义的正确道路，解放和发展社会生产力，使人民摆脱贫困、尽快富裕起来，为实现中华民族伟大复兴提供充满新的活力的体制保证和快速发展的物质条件。党的十一届三中全会以后，以邓小平同志为主要代表的中国共产党人，团结带领全党全国各族人民，深刻总结新中国成立以来正反两方面经验，围绕什么是社会主义、怎样建设社会主义这一根本问题，借鉴世界社会主义历史经验，创立了邓小平理论，解放思想，实事求是，作出把党和国家工作中心转移到经济建设上来、实行改革开放的历史性决策，深刻揭示社会主义本质，确立社会主义初级阶段基本路线，明确提出走自己的路、建设中国特色社会主义，科学回答了建设中国特色社会主义的一系列基本问题，制定了到二十一世纪中叶分三步走、基本实现社会主义现代化的发展战略，成功开创了中国特色社会主义。

全会提出，党的十三届四中全会以后，以江泽民同志为主要代表的中国共产党人，团结带领全党全国各族人民，坚持党的基本理论、基本路线，加深了对什么是社会主义、怎样建设社会主义和建设什么样的党、怎样建设党的认识，形成了"三个代表"重要思想，在国内外形势十分复杂、世界社会主义出现严重曲折的严峻考验面前捍卫了中国特色社会主义，确立了社会主义市场经济体制的改革目标和基本框架，确立了社会主义初级阶段公有制为主体、多种所有制经济共同发展的基本经济制度和按劳分配为主体、多种分配方式并存的分配制度，开创全面改革开放新局面，推进党的建设新的伟大工程，成功把中国特色社会主义推向二十一世纪。

全会提出，党的十六大以后，以胡锦涛同志为主要代表的中国共产党人，团结带领全党全国各族人民，在全面建设小康社会进程中推进实践创新、理论创新、制度创新，深刻认识和回答了新形势下实现什么样的发展、怎样发展等重大问题，形成了科学发展观，抓住重要战略机遇期，聚精会神搞建设，一心一意谋发展，强调坚持以人为本、全面协调可持续发展，着力保障和改善民生，促进社会公平正义，推进党的执政能力建设和先进性建设，成功在新形势下坚持和发展了中国特色社会主义。

全会强调，在这个时期，党从新的实践和时代特征出发坚持和发展马克思主义，科学回答了建设中国特色社会主义的发展道路、发展阶段、根本任务、发展动力、发展战略、政治保证、祖国统一、外交和国际战略、领导力量和依靠力量等一系列基本问题，形成中国特色社会主义理论体系，实现了马克思主义中国化新的飞跃。党领导人民解放思想、锐意进取，创造了改革开放和社会主义现代化建设的伟大成就，我国实现了从高度集中的计划经济体制到充满活力的社会主义市场经济体制、从封闭半封闭到全方位开放的历史性转变，实现了从生产力相对落后的状况到经济总量跃居世界第二的历史性突破，实现了人民生活从温饱不足到总体小康、奔向全面小康的历史性跨越，推进了中华民族从站起来到富起来的伟大飞跃。中国共产党和中国人民以英勇顽强的奋斗向世界庄严宣告，改革开放是决定当代中国前途命运的关键一招，中国特色社会主义道路是指引中国发展繁荣的正确道路，中国大踏步赶上了时代。

全会提出，党的十八大以来，中国特色社会主义进入新时代。党面临的主要任务是，实现第一个百年奋斗目标，开启实现第二个百年奋斗目标新征程，朝着实现中华民族伟大复兴的宏伟目标继续前进。党领导人民自信自强、守正创新，创造了新时代中国特色社会主义的伟大成就。

全会强调，以习近平同志为主要代表的中国共产党人，坚持把马克思主义基本原理同中国具体实际相结合、同中华优秀传统文化相结合，坚持毛泽东思想、邓小平理论、"三个代表"重要思想、科学发展观，深刻总结并充分运用党成立以来的历史经验，从新的实际出发，创立了习近平新时代中国特色社会主义思想。习近平同志对关系新时代党和国家事业发展的一系列重大理论和实践问题进行了深邃思考和科学判断，就新时代坚持和发展什么样的中国特色社会主义、怎样坚持和发展中国特色社会主义，建设什么样的社会主义现代化强国、怎样建设社会主义现代化强国，建设什么样的长期执政的马克思主义政党、怎样建设长期执政的马克思主义政党等重大时代课题，提出一系列原创性的治国理政新理念新思想新战略，是习近平新时代中国特色社会主义思想的主要创立者。习近平新时代中国特色社会主义思想是当代中国马克思主义、二十一世纪马克思主义，是中华文化和中国精神的时代精华，实现了马克思主义中国化新的飞跃。党确立习近平同志党中央的核心、全党的核心地位，确立习近平新时代中国特色社会主义思想的指导地位，反映了全党全军全国各族人民共同心愿，对新时代党和国家事业发展、对推进中华民族伟大复兴历史进程具有决定性意义。

全会指出，以习近平同志为核心的党中央，以伟大的历史主动精神、巨大的政治勇气、强烈的责任担当，统筹国内国际两个大局，贯彻党的基本理论、基本路线、基本方略，统揽伟大斗争、伟大工程、伟大事业、伟大梦想，坚持稳中求进工作总基调，出台一系列重大方针政策，推出一系列重大举措，推进一系列重大工作，战胜一系列重大风险挑战，解决了许多长期想解决而没有解决的难题，办成了许多过去想办而没有办成的大事，推动党和国家事业取得历史性成就、发生历史性变革。

全会强调，党的十八大以来，在坚持党的全面领导上，党中央权威和集中统一领导得到有力保证，党的领导制度体系不断完善，党的领导方式更加科学，全党思想上更加统一、政治上更加团结、行动上更加一致，党的政治领导力、思想引领力、群众组织力、社会号召力显著增强。在全面从严治党上，党的自我净化、自我完善、自我革新、自我提高能力显著增强，管党治党宽松软状况得到根本扭转，反腐败斗争取得压倒性胜利并全面巩固，党在革命性锻造中更加坚强。在经济建设上，我国经济发展平衡性、协调性、可持续性明显增强，国家经济实力、科技实力、综合国力跃上新台阶，我国经济迈上更高质量、更有效率、更加公平、更可持续、更为安全的发展之路。在全面深化改革开放上，党不断推动全面深化改革向广度和深度进军，中国特色社会主义制度更加成熟更加定型，国家治理体系和治理能力现代化水平不断提高，党和国家事业焕发出新的生机活力。在政治建设上，积极发展全过程人民民主，我国社会主义民主政治制度化、规范化、程序化全面推进，中国特色社会主义政治制度优越性得到更好发挥，生动活泼、安定团结的政治局面得到巩固和发展。在全面依法治国上，中国特色社会主义法治体系不断健全，法治中国建设迈出坚实步伐，党运用法治方式领导和治理国家的能力显著增强。在文化建设上，我国意识形态领域形势发生全局性、根本性转变，全党全国各族人民文化自信明显增强，全社会凝聚力和向心力极大提升，为新时代开创党和国家事业新局面提供了坚强思想保证和强大精神力量。在社会建设上，人民生活全方位改善，社会治理社会化、法治化、智能化、专业化水平大幅度提升，发展了人民安居乐业、社会安定有序的良好局面，续写了社会长期稳定奇迹。在生态文明建设上，党中央以前所未有的力度抓生态文明建设，美丽中国建设迈出重大步伐，我国生态环境保护发生历史性、转折性、全局性变化。在国防和军队建设上，人民军队实现整体性革命性重塑、重整行装再出发，国防实力和经济实力同步提升，人民军队坚决履行新时代使命任务，以顽强斗争精神和实际行动捍卫了国家主权、安全、发展利益。在维护国家安全上，国家安全得到全面加强，经受住了来自政治、经济、意识形态、自然界等方面的风险挑战考验，为党和国家兴旺发达、长治久安提供了有力保证。在坚持"一国两制"和推进祖国统一上，党中央采取一系列标本兼治的举措，坚定落实"爱国者治港""爱国者治澳"，推动香港局势实现由乱到治的重大转折，为推进依法治港治澳、促进"一国两制"实践行稳致远打下了坚实基础；坚持一个中国原则和"九二共识"，坚决反对"台独"分裂行径，坚决反对外部势力干涉，牢牢把握两岸关系主导权和主动权。在外交工作上，中国特色大国外交全面推进，构建人类命运共同体成为引领时代潮流和人类前进方向的鲜明旗帜，我国外交在世界大变局中开创新局、在世界乱局中化危为机，我国国际影响力、感召力、塑造力显著提升。中国共产党和中国人民以英勇顽强的奋斗向世界庄严宣告，中华民族迎来了从站起来、富起来到强起来的伟大飞跃。

全会指出了中国共产党百年奋斗的历史意义：党的百年奋斗从根本上改变了中国人民的前途命运，中国人民彻底摆脱了被欺负、被压迫、被奴役的命运，成为国家、社会和自己命运的主人，中国人民对美好生活的向往不断变为现实；党的百年奋斗开辟了实现中华民族伟大复兴的正确道路，中国仅用几十年时间就走完发达国家几百年走过的工业化历程，创造了经济快速发展和社会长期稳定两大奇迹；党的百年奋斗展示了马克思主义的强大生命力，马克思主义的科学性和真理性在中国得到充分检验，马克思主义的人民性和实践性在中国得到充分贯彻，马克思主义的开放性和时代性在中国得到充分彰显；党的百年奋斗深刻影响了世界历史进程，党领导人民成功走出中国式现代化道路，创造了人类文明新形态，拓展了发展中国家走向现代化的途径；党的百年奋斗锻造了走在时代前列的中国共产党，形成了以伟大建党精神为源头的精神谱系，保持了党的先进性和纯洁性，党的执政能力和领导水平不断提高，中国共产党无愧为伟大光荣正确的党。

全会提出，一百年来，党领导人民进行伟大奋斗，积累了宝贵的历史经验，这就是：坚持党的领导，坚持人民至上，坚持理论创新，坚持独立自主，坚持中国道路，坚持胸怀天下，坚持开拓创新，坚持敢于斗争，坚持统一战线，坚持自我革命。以上十个方面，是经过长期实践积累的宝贵经验，是党和人民共同创造的精神财富，必须倍加珍惜、长期坚持，并在新时代实践中不断丰富和发展。

全会提出，不忘初心，方得始终。中国共产党立志于中华民族千秋伟业，百年恰是风华正茂。过去一百年，党向人民、向历史交出了一份优异的答卷。现在，党团结带领中国人民又踏上了实现第二个百年奋斗目标新的赶考之路。全党要牢记中国共产党是什么、要干什么这个根本问题，把握历史发展大势，坚定理想信念，牢记初心使命，始终谦虚谨慎、不骄不躁、艰苦奋斗，不为任何风险所惧，不为任何干扰所惑，决不在根本性问题上出现颠覆性错误，以咬定青山不放松的执着奋力实现既定目标，以行百里者半九十的清醒不懈推进中华民族伟大复兴。

——节选自《中国共产党第十九届中央委员会第六次全体会议公报》。

【解析】 党的十九届六中全会是在重要历史关头召开的一次具有重大历史意义的会议，吹响了全面建设社会主义现代化国家的冲锋号，是引领实现中华民族伟大复兴的里程碑。会议深刻总结了中国共产党百年历程实现的四个"伟大飞跃"，确立习近平同志党中央的核心、全党的核心地位，确立习近平新时代中国特色社会主义思想的指导地位，从坚持党的全面领导、全面从严治党、经济建设、全面深化改革开放等13个方面，梳理了十八大以来党和国家事业取得的历史性成就、发生的历史性变革。从五个方面总结了中国共产党百年奋斗的历史意义，从党的百年奋斗中看清楚过去我们为什么能够成功、弄明白未来我们怎样才能继续成功，总结了中国共产党百年奋斗的十条历史经验，对统一全党思想、坚定信心、开创未来，对认识历史规律、掌握历史主动，对牢记初心使命、传承红色基因，对团结带领全国各族人民夺取新时代中国特色社会主义伟大胜利，具有重大现实意义和深远历史意义。

（二）新时代以来的历史性突破和伟大成就

十九大以来的五年，是极不寻常、极不平凡的五年。党中央统筹中华民族伟大复兴战略全局和世界百年未有之大变局，召开七次全会，分别就宪法修改，深化党和国家机构改革，坚持和完善中国特色社会主义制度、推进国家治理体系和治理能力现代化，制定"十四五"规划和二〇三五年远景目标，全面总结党的百年奋斗重大成就和历史经验等重大问题作出决定和决议，就党和国家事业发展作出重大战略部署，团结带领全党全军全国各族人民有效应对严峻复杂的国际形势和接踵而至的巨大风险挑战，以奋发有为的精神把新时代中国特色社会主义不断推向前进。

五年来，我们坚持加强党的全面领导和党中央集中统一领导，全力推进全面建成小康社会进程，完整、准确、全面贯彻新发展理念，着力推动高质量发展，主动构建新发展格局，蹄疾步稳推进改革，扎实推进全过程人民民主，全面推进依法治国，积极发展社会主义先进文化，突出保障和改善民生，集中力量实施脱贫攻坚战，大力推进生态文明建设，坚决维护国家安全，防范化解重大风险，保持社会大局稳定，大力度推进国防和军队现代化建设，全方位开展中国特色大国外交，全面推进党的建设新的伟大工程。我们隆重庆祝中国共产党成立一百周年、中华人民共和国成立七十周年，制定第三个历史决议，在全党开展党史学习教育，建成中国共产党历史展览馆，号召全党学习和践行伟大建党精神，在新的征程上更加坚定、更加自觉地牢记初心使命、开创美好未来。特别是面对突如其来的新冠肺炎疫情，我们坚持人民至上、生命至上，坚持外防输入、内防反弹，坚持动态清零不动摇，开展抗击疫情人民战争、总体战、阻击战，最大限度保护了人民生命安全和身体健康，统筹疫情防控和经济社会发展取得重大积极成果。面对香港局势动荡变化，我们依照宪法和基本法有效实施对特别行政区的全面管治权，制定实施香港特别行政区维护国家安全法，落实"爱国者治港"原则，香港局势实现由乱到治的重大转折，深入推进粤港澳大湾区建设，支持香港、澳门发展经济、改善民生、保持稳定。面对"台独"势力分裂活动和外部势力干涉台湾事务的严重挑衅，我们坚决开展反分裂、反干涉重大斗争，展示了我们维护国家主权和领土完整、反对"台独"的坚强决心和强大能力，进一步掌握了实现祖国完全统一的战略主动，进一步巩固了国际社会坚持一个中国的格局。面对国际局势急剧变化，特别是面对外部讹诈、遏制、封锁、极限施压，我们坚持国家利益为重、国内政治优先，保持战略定力，发扬斗争精神，展示不畏强权的坚定意志，在斗争中维护国家尊严和核心利益，牢牢掌握了我国发展和安全主动权。五年来，我们党团结带领人民，攻克了许多长期没有解决的难题，办成了许多事关长远的大事要事，推动党和国家事业取得举世瞩目的重大成就。

同志们！十八大召开至今已经十年了。十年来，我们经历了对党和人民事业具有重大现实意义和深远历史意义的三件大事：一是迎来中国共产党成立一百周年，二是中国特色社会主义进入新时代，三是完成脱贫攻坚、全面建成小康社会的历史任务，实现第一个百年奋斗目标。这是中国共产党和中国人民团结奋斗赢得的历史性胜利，是彪炳中华民族发展史册的历史性胜利，也是对世界具有深远影响的历史性胜利。

十年前，我们面对的形势是，改革开放和社会主义现代化建设取得巨大成就，党的建设新的伟大工程取得显著成效，为我们继续前进奠定了坚实基础、创造了良好条件、提供了重要保障，同时一系列长期积累及新出现的突出矛盾和问题亟待解决。党内存在不少对坚持党的领导认识模糊、行动乏力问题，存在不少落实党的领导弱化、虚化、淡化问题，有些党员、干部政治信仰发生动摇，一些地方和部门形式主义、官僚主义、享乐主义和奢靡之风屡禁不止，特权思想和特权现象较为严重，一些贪腐问题触目惊心；经济结构性体制性矛盾突出，发展不平衡、不协调、不可持续，传统发展模式难以为继，一些深层次体制机制问题和利益固化藩篱日益显现；一些人对中国特色社会主义政治制度自信不足，有法不依、执法不严等问题严重存在；拜金主义、享乐主义、极端个人主义和历史虚无主义等错误思潮不时出现，网络舆论乱象丛生，严重影响人们思想和社会舆论环境；民生保障存在不少薄弱环节；资源环境约束趋紧、环境污染等问题突出；维护国家安全制度不完善、应对各种重大风险能力不强，国防和军队现代化存在不少短板弱项；香港、澳门落实"一国两制"的体制机制不健全；国家安全受到严峻挑战，等等。当时，党内和社会上不少人对党和国家前途忧心忡忡。面对这些影响党长期执政、国家长治久安、人民幸福安康的突出矛盾和问题，党中央审时度势、果敢抉择，锐意进取、攻坚克难，团结带领全党全军全国各族人民撸起袖子加油干、风雨无阻向前行，义无反顾进行具有许多新的历史特点的伟大斗争。

十年来，我们坚持马克思列宁主义、毛泽东思想、邓小平理论、"三个代表"重要思想、科学发展观，全面贯彻新时代中国特色社会主义思想，全面贯彻党的基本路线、基本方略，采取一系列战略性举措，推进一系列变革性实践，实现一系列突破性进展，取得一系列标志性成果，经受住了来自政治、经济、意识形态、自然界等方面的风险挑战考验，党和国家事业取得历史性成就、发生历史性变革，推动我国迈上全面建设社会主义现代化国家新征程。

——节选自在中国共产党第二十次全国代表大会的报告《高举中国特色社会主义伟大旗帜 为全面建设社会主义现代化国家而团结奋斗》。

【解析】新时代十年的伟大变革锻造了民族复兴伟业的坚强领导核心。通过新时代十年全面从严治党的实践，我们党找到了自我革命这一跳出治乱兴衰历史周期率的第二个答案，更加坚强有力、更加团结统一、更加充满生机活力，党的政治领导力、思想引领力、群众组织力、社会号召力显著增强，党同人民群众的血肉联系更加牢固。特别是形成了以习近平同志为核心的坚强党中央领导集体，成为风雨来袭时中国人民最可靠的主心骨。全党全国各族人民高度信赖习近平总书记和党中央，坚决拥护"两个确立"、坚决做到"两个维护"。这为我们实现第二个百年奋斗目标、实现中华民族伟大复兴提供了根本政治保证。

中华民族伟大复兴进入了不可逆转的历史进程。党的百年奋斗开辟了实现中华民族伟大复兴的正确道路，中华民族迎来了从站起来、富起来到强起来的伟大飞跃。新时代十年，我们不仅胜利实现第一个百年奋斗目标，而且成功推进和拓展了中国式现代化，中国特色社会主义制度更加成熟更加定型。这为实现中华民族伟大复兴提供了更为坚实的物质基础、更为完善的制度保证、更为主动的精神力量，使民族复兴进程不可逆转。

新时代十年的伟大变革，在党史、新中国史、改革开放史、社会主义发展史、中华民族发展史上具有里程碑意义。对全球发展格局具有重大影响，为实现第二个百年奋斗目标、实现中华民族伟大复兴奠定了更为坚实的政治基础、思想基础、物质基础、制度基础，必将永载史册、光耀千秋。习近平总书记在二十届中共中央政治局常委同中外记者见面时强调，"蓝图已经绘就，号角已经吹响。我们要踔厉奋发、勇毅前行，努力创造更加灿烂的明天。"现在，中国人民积极性、主动性、创造性进一步激发，志气、骨气、底气空前增强，党心军心民心昂扬振奋，正在满怀豪情书写着新时代中国发展的伟大历史。

（三）增进民生福祉，提高人民生活品质

江山就是人民，人民就是江山。中国共产党领导人民打江山、守江山，守的是人民的心。治国有常，利民为本。为民造福是立党为公、执政为民的本质要求。必须坚持在发展中保障和改善民生，鼓励共同奋斗创造美好生活，不断实现人民对美好生活的向往。

我们要实现好、维护好、发展好最广大人民根本利益，紧紧抓住人民最关心最直接最现实的利益问题，坚持尽力而为、量力而行，深入群众、深入基层，采取更多惠民生、暖民心举措，着力解决好人民群众急难愁盼问题，健全基本公共服务体系，提高公共服务水平，增强均衡性和可及性，扎实推进共同富裕。

（一）完善分配制度。分配制度是促进共同富裕的基础性制度。坚持按劳分配为主体、多种分配方式并存，构建初次分配、再分配、第三次分配协调配套的制度体系。努力提高居民收入在国民收入分配中的比重，提高劳动报酬在初次分配中的比重。坚持多劳多得，鼓励勤劳致富，促进机会公平，增加低收入者收入，扩大中等收入群体。完善按要素分配政策制度，探索多种渠道增加中低收入群众要素收入，多渠道增加城乡居民财产性收入。加大税收、社会保障、转移支付等的调节力度。完善个人所得税制度，规范收入分配秩序，规范财富积累机制，保护合法收入，调节过高收入，取缔非法收入。引导、支持有意愿有能力的企业、社会组织和个人积极参与公益慈善事业。

（二）实施就业优先战略。就业是最基本的民生。强化就业优先政策，健全就业促进

机制,促进高质量充分就业。健全就业公共服务体系,完善重点群体就业支持体系,加强困难群体就业兜底帮扶。统筹城乡就业政策体系,破除妨碍劳动力、人才流动的体制和政策弊端,消除影响平等就业的不合理限制和就业歧视,使人人都有通过勤奋劳动实现自身发展的机会。健全终身职业技能培训制度,推动解决结构性就业矛盾。完善促进创业带动就业的保障制度,支持和规范发展新就业形态。健全劳动法律法规,完善劳动关系协商协调机制,完善劳动者权益保障制度,加强灵活就业和新就业形态劳动者权益保障。

(三)健全社会保障体系。社会保障体系是人民生活的安全网和社会运行的稳定器。健全覆盖全民、统筹城乡、公平统一、安全规范、可持续的多层次社会保障体系。完善基本养老保险全国统筹制度,发展多层次、多支柱养老保险体系。实施渐进式延迟法定退休年龄。扩大社会保险覆盖面,健全基本养老、基本医疗保险筹资和待遇调整机制,推动基本医疗保险、失业保险、工伤保险省级统筹。促进多层次医疗保障有序衔接,完善大病保险和医疗救助制度,落实异地就医结算,建立长期护理保险制度,积极发展商业医疗保险。加快完善全国统一的社会保险公共服务平台。健全社保基金保值增值和安全监管体系。健全分层分类的社会救助体系。坚持男女平等基本国策,保障妇女儿童合法权益。完善残疾人社会保障制度和关爱服务体系,促进残疾人事业全面发展。坚持房子是用来住的、不是用来炒的定位,加快建立多主体供给、多渠道保障、租购并举的住房制度。

(四)推进健康中国建设。人民健康是民族昌盛和国家强盛的重要标志。把保障人民健康放在优先发展的战略位置,完善人民健康促进政策。优化人口发展战略,建立生育支持政策体系,降低生育、养育、教育成本。实施积极应对人口老龄化国家战略,发展养老事业和养老产业,优化孤寡老人服务,推动实现全体老年人享有基本养老服务。深化医药卫生体制改革,促进医保、医疗、医药协同发展和治理。促进优质医疗资源扩容和区域均衡布局,坚持预防为主,加强重大慢性病健康管理,提高基层防病治病和健康管理能力。深化以公益性为导向的公立医院改革,规范民营医院发展。发展壮大医疗卫生队伍,把工作重点放在农村和社区。重视心理健康和精神卫生。促进中医药传承创新发展。创新医防协同、医防融合机制,健全公共卫生体系,提高重大疫情早发现能力,加强重大疫情防控救治体系和应急能力建设,有效遏制重大传染性疾病传播。深入开展健康中国行动和爱国卫生运动,倡导文明健康生活方式。

——节选自在中国共产党第二十次全国代表大会的报告《高举中国特色社会主义伟大旗帜 为全面建设社会主义现代化国家而团结奋斗》。

【解析】 在二十届中共中央政治局常委同中外记者见面时,习近平总书记要求"想人民之所想,行人民之所嘱";在瞻仰延安革命纪念地时,习近平总书记强调"全党同志要站稳人民立场,践行党的宗旨,贯彻党的群众路线,保持党同人民群众的血肉联系,自觉把以人民为中心的发展思想贯穿到各项工作之中";在陕西延安和河南安阳考察时,习近平总书记指出"中国共产党是人民的党,是为人民服务的党,共产党当家就是要为老百姓办事,把老百姓的事情办好"……党的二十大胜利闭幕,习近平总书记在多个场合发表重要讲话,"人民至上"是贯穿始终的价值追求,"为了人民"是念兹在兹的深情牵挂。

这十年,我们在幼有所育、学有所教、劳有所得、病有所医、老有所养、住有所居、弱有所扶上持续用力,让现代化建设成果更多更公平惠及全体人民。就业质量显著提升,城镇新增就业年均 1300 万人以上;居民收入不断攀升,2021 年我国居民人均可支配收入超过 3.5 万元,比 2012 年增长近八成;教育事业蓬勃发展,劳动年龄人口平均受教育年限达到 10.9 年;建成世界上规模最大的社会保障体系、住房保障体系、医疗卫生体系……一个个突破性进展,一项项标志性成果,背后是社会建设全面加强、人民生活全方位改善的美好图景。"人民对美好生活的向往,就是我们的奋斗目标"的庄重承诺,已经化作在更高水平上保障和改善民生的现实答卷。

"治国有常,利民为本。"保障和改善民生没有终点,只有连续不断的新起点。在党的二十大报告中,"增进民生福祉,提高人民生活品质"单独作为一个部分进行部署。新征程上,我们必须始终坚持人民至上,深入贯彻以人民为中心的发展思想,与群众有福同享、有难同当,有盐同咸、无盐同淡,"把屁股端端地坐在老百姓的这一面"。要紧紧抓住人民最关心最直接最现实的利益问题,采取更多惠民生、暖民心举措,着力解决好人民群众急难愁盼问题,让人民群众获得感、幸福感、安全感更加充实、更有保障、更可持续。

五、习题练习

1.(单选)共同富裕是社会主义的本质要求,是中国式现代化的重要特征,党的十九届五中全会对扎实推动共同富裕作出了重大战略部署,明确提出了推进共同富裕的 2035 年远景目标。这一目标是( )。

A. 全体人民共同富裕基本实现

B. 全体人民共同富裕取得更为明显的实质性进展

C. 全体人民共同富裕全面实现

D. 全面发展全体人民共同富裕同步实现

【答案】B

【考点】共同富裕

【解析】党的十九届五中全会明确把"全体人民共同富裕取得更为明显的实质性进展"作为 2035 年基本实现社会主义现代化的目标。本题答案按照党的十九届五中全会公报内容，应为"全体人民共同富裕取得更为明显的实质性进展"，故 B 选项为正确答案。ACD 选项不符合题意。

2.（单选）发展格局是经济现代化的路径选择，是关系我国发展全局的重大战略任务。立足新发展阶段，贯彻新发展理念，要致力构建以国内大循环为主体、国内国际双循环相互促进的新发展格局。构建新发展格局的关键在于（　　）。

A. 经济循环的畅通无阻

B. 市场主体的活力

C. 高水平的自立自强

D. 产业链、供应链的优化升级

【答案】A

【考点】新发展格局

【解析】本题考查新发展格局的关键。新发展格局的关键是经济循环的畅通无阻，最本质特征是高水平的自立自强。故 A 选项为正确答案。BCD 选项不符合题意。

3.（单选）解决好"三农"问题始终是全党工作的重中之重。新时代脱贫攻坚目标任务完成以后，"三农"工作重心将历史性地转向全面推进乡村振兴。2021 年的中央一号文件对全面推进乡村振兴，加快农业农村现代化做了进一步的部署。根据这一部署，"十四五"时期"三农"工作摆在首要位置的是（　　）。

A. 依托乡村特色优势资源，打造农业全产业链

B. 扩大农村需求，畅通城乡经济循环

C. 补齐农业农村短板弱项，推动城乡协调发展

D. 巩固拓展脱贫攻坚成果，守住防止规模性返贫底线

【答案】D

【考点】乡村振兴

【解析】习近平总书记强调，脱贫摘帽不是终点，而是新生活、新奋斗的起点。新时代脱贫攻坚目标任务完成以后，"三农"工作重心将历史性地转向全面推进乡村振兴。如

何巩固拓展脱贫攻坚成果，做好同乡村振兴有效衔接，是 2021 年乃至整个"十四五"时期"三农"工作最重要的任务。要把巩固拓展脱贫攻坚成果摆在首要位置，守住不发生规模性返贫的底线。故 D 选项为正确答案。ABC 选项不符合题意。

4.（单选）全面推进依法治国，涉及立法、执法、司法、守法等各个方面，涉及中国特色社会主义事业"五位一体"总体布局的各个领域，必须加强顶层设计、统筹谋划，在实际工作中必须有一个总揽全局、牵引各方的总抓手。全面依法治国的总抓手是（　　）。

A．依法治国和以德治国相结合

B．建设中国特色社会主义法治体系

C．坚持有法可依、有法必依

D．坚持科学立法、严格执法

【答案】B

【考点】全面依法治国

【解析】建设中国特色社会主义法治体系是中国特色社会主义的本质要求和重要保障，推进国家治理体系和治理能力现代化的重要举措，全面依法治国的总抓手。故 B 选项为正确答案。ACD 选项不符合题意。

5.（单选）党的十八大以来，为更好地适应我国国家安全面临的新形势新任务，实现国家长治久安，我们党明确提出了总体国家安全观。总体国家安全观的宗旨是（　　）。

A．政治安全

B．经济安全

C．人民安全

D．军事、文化、社会安全

【答案】C

【考点】总体国家安全观

【解析】总体国家安全观是指坚持国家利益至上，以人民安全为宗旨，以政治安全为根本，以经济安全为基础，以军事、文化、社会安全为保障，以促进国际安全为依托，维护各领域国家安全，构建国家安全体系，走中国特色国家安全道路。故 C 选项为正确答案。ABD 选项不符合题意。

6.（单选）中国特色社会主义法治理念包含"依法治国、执法为民、公平正义、服务大局、党的领导"五个方面的基本内涵，它们是相辅相成、不可分割的有机整体，构成了社会主义法治理念的完整理论体系。其中，公平正义是（　　）。

A. 社会主义法治的价值追求

B. 社会主义法治的本质要求

C. 社会主义法治的核心内容

D. 社会主义法治的重要使命

【答案】A

【考点】法治思维的基本内容

【解析】社会主义法治理念包含"依法治国、执法为民、公平正义、服务大局、党的领导"五个方面的基本内涵。依法治国是基本方略，是社会主义法制的核心内容，执法为民是社会主义法治的本质要求，公平正义是社会主义法治理念的价值追求，服务大局是社会主义法治的重要使命，党的领导是社会主义法治的根本保证。故 A 选项为正确答案。BCD 选项不符合题意。

7.（多选）2013 年 11 月，十八届三中全会在北京举行，通过《中共中央关于全面深化改革若干重大问题的决定》，对全面深化改革作出顶层设计和总体规划。《中共中央关于党的百年奋斗重大成就和历史经验的决议》指出十一届三中全会是划时代的，十八届三中全会也是划时代的。十八届三中全会是划时代的，是因为（　　）。

A. 实现改革由局部探索、破冰突围到系统集成，全面深化的转变

B. 开启了改革开放和社会主义现代化建设的新时期

C. 开创了我国改革开放新局面

D. 确定建立社会主义市场经济体制

【答案】AC

【考点】十八届三中全会

【解析】党的十九届六中全会审议通过的《中共中央关于党的百年奋斗重大成就和历史经验的决议》，深刻总结了改革开放以来特别是党的十八大以来全面深化改革取得的历史性成就，为在新时代新征程上将全面深化改革进行到底提供了宝贵经验和基本遵循。回顾党的十八大以来全面深化改革的非凡历程，习近平总书记指出："我们提出的一系列创新理论、采取的一系列重大举措、取得的一系列重大突破，都是革命性的，开创了以改革开放推动党和国家各项事业取得历史性成就、发生历史性变革的新局面。"在中国特色社会主义进入新时代的重大历史关头，党的十八届三中全会对全面深化改革作出总体部署，确定了全面深化改革的总目标、战略重点、优先顺序、主攻方向、工作机制、推进方式和时间表、路线图。这次划时代的会议，实现了改革由局部探索、破冰突围到系统集成、全

面深化的转变，开创了我国改革开放新局面。故 AC 选项为正确答案。

中共十一届三中全会是新中国成立以来，党的历史上具有深远意义的伟大转折。会议形成了以邓小平为核心的党中央领导集体，揭开了社会主义改革开放的序幕。以这次全会为起点，中国进入了改革开放和现代化建设的历史新时期。因此，B 选项排除。1992 年 10 月 12 日至 18 日，中国共产党第十四次全国代表大会在北京召开。大会作出对建设中国特色社会主义具有深远意义的决策，就是明确以建立社会主义市场经济体制为我国经济体制改革的目标。社会主义市场经济体制为我国经济体制改革的目标模式，标志着我国的经济体制改革和经济发展进入关系全局的一个新的历史阶段。因此，D 选项排除。

8.（多选）党的十八大把科学发展观同马克思列宁主义、毛泽东思想、邓小平理论、"三个代表"重要思想一道确立为党必须长期坚持的指导思想，科学发展观是（　　）。

A. 中国革命、建设、改革经验的科学总结

B. 中国特色社会主义理论体系的最新成果

C. 中国共产党集体智慧的结晶

D. 指导党和国家全部工作的强大思想武器

【答案】BCD

【考点】科学发展观

【解析】科学发展观是马克思主义同当代中国实际和时代特征相结合的产物，是马克思主义关于发展的世界观和方法论的集中体现，对新形势下实现什么样的发展、怎样发展的重大问题作出了科学回答。科学发展观是中国特色社会主义理论体系最新成果，是中国共产党集体智慧的结晶，是指导党和国家全部工作的强大思想武器，故 BCD 选项为正确答案。科学发展观并没有涉及中国革命的问题，因此，A 选项不符合题意。

9.（多选）中国共产党自成立以来不断探索和发展适合中国国情的民主道路，使人民民主在东方大国落地生根、繁荣发展。党的十八大以来，我们党不断深化对民主政治发展规律的认识，践行以人民为中心的发展思想，积极发展全过程人民民主。全过程人民民主（　　）。

A. 是完成制度程序和完整参与实践有机统一的民主

B. 是全链条、全方位、全覆盖的民主

C. 是最广泛、最真实、最管用的社会主义民主

D. 实现了过程民主和成果民主、程序民主和实质民主、直接民主和间接民主、人民民主和国家意志相统一

【答案】ABCD

【考点】全过程人民民主

【解析】本题考查的知识点是全过程人民民主。全过程人民民主，是中国共产党团结带领人民追求民主、发展民主、实现民主的伟大创造，是党不断推进中国民主理论创新、制度创新、实践创新的经验结晶。中共中央总书记、国家主席、中央军委主席习近平在2021年10月13日至14日召开的中央人大工作会议上指出，党的十八大以来，我们深化对民主政治发展规律的认识，提出全过程人民民主的重大理念。我国全过程人民民主不仅有完整的制度程序，而且有完整的参与实践。我国的全过程人民民主实现了过程民主和结果民主、程序民主和实质民主、直接民主和间接民主、人民民主和国家意志相统一，是全链条、全方位、全覆盖的民主，是最广泛、最真实、最管用的社会主义民主。故 ABCD 选项为正确答案。

10.（多选）中国特色社会主义进入新时代，人民群众的新期待内容更广泛。不仅关注"有没有"，更关注"好不好"；不仅包括既有的物质文化需求，更包括在此基础上衍生出来的获得感、幸福感、安全感及尊严、权利等新需求。这一变化表明（　　）。

A. 我国社会主要矛盾发生了历史性变化

B. 我国已经满足了人民"从有到优"的需求

C. 人民群众对日益增长的物质文化需要出现了阶段性新特征

D. 我国不平衡不充分的发展已成为制约满足人民需要的主要根源

【答案】ACD

【考点】新时代我国社会主要矛盾

【解析】进入新时代我国社会的主要矛盾是人民日益增长的美好生活需要和不充分不平衡发展之间的矛盾。故 ACD 选项为正确答案，B 选项已满足"从有到优"的需求是错的，我们新时代正在满足这个需求。

图书在版编目(CIP)数据

中国近现代史纲要专题解读 / 桑利娥主编. —西安：西北大学出版社，2023.12
ISBN 978-7-5604-5220-3

Ⅰ.①中… Ⅱ.①桑… Ⅲ.①中国历史—近现代—高等学校—教学参考资料 Ⅳ.①K25

中国版本图书馆CIP数据核字(2024)第027322号

中国近现代史纲要专题解读
ZHONGGUO JINXIANDAISHI GANGYAO ZHUANTI JIEDU

桑利娥　主编

出版发行　西北大学出版社
（西北大学校内　邮编：710069　电话：029-88303059）
http://nwupress.nwu.edu.cn　　E-mail: xdpress@nwu.edu.cn

经　　销	全国新华书店	
印　　刷	西安日报社印务中心	
开　　本	787毫米×1092毫米　1/16	
印　　张	15	
版　　次	2023年12月第1版	
印　　次	2023年12月第1次印刷	
字　　数	280千字	
书　　号	ISBN 978-7-5604-5220-3	
定　　价	45.00元	

本版图书如有印装质量问题，请拨打029-88302966予以调换。